Vahlens Kurzlehrbücher

Dahmen
Investition

Investition

von

Dr. Andreas Dahmen

accadis Hochschule Bad Homburg

unter Mitarbeit von

Prof. Dr. Marcus Oehlrich

Institut für Deutsches, Europäisches und Internationales
Medizinrecht, Gesundheitsrecht und Bioethik
der Universitäten Heidelberg und Mannheim (IMGB)

accadis Hochschule Bad Homburg

3., vollständig überarbeitete Auflage

Verlag Franz Vahlen München

VERLAG
VAHLEN
MÜNCHEN
www.vahlen.de

ISBN 978 3 8006 3650 1

© 2012 Verlag Franz Vahlen GmbH
Wilhelmstr. 9, 80801 München

Satz: Fotosatz H. Buck
Zweikirchener Str. 7, 84036 Kumhausen

Druck und Bindung: Druckhaus Nomos,
In den Lissen 12, 76547 Sinzheim

Gedruckt auf säurefreiem, alterungsbeständigem Papier
(hergestellt aus chlorfrei gebleichtem Zellstoff)

Vorwort zur dritten Auflage

Der vorliegende Band eines neu konzipierten und vollständig überarbeiteten Kurzlehrbuchs für Investition richtet sich an Studierende der Wirtschaftswissenschaften in Bachelor- und Masterstudiengängen und Auszubildende, die sich vorlesungsbegleitend oder im Rahmen ihrer Prüfungsvorbereitung einen grundlegenden Überblick über traditionelle und aktuelle Entwicklungen auf dem Gebiet der Investitionstheorie verschaffen wollen.

Dabei handelt es sich um die Weiterentwicklung eines bewährten Lehrbuchstoffs, der bereits in zwei erfolgreichen Auflagen in diesem Verlag erschienen ist. Der grundsätzliche Ansatz einer übersichtlichen und praxisorientierten Einleitung in die Investitionstheorie, ohne sich in zwar wissenschaftlich interessanten, aber für Prüfung und Beruf weitgehend irrelevanten Detailfragen zu verirren, wurde jedoch beibehalten. Große Beachtung wird dabei den Übungsaufgaben beigemessen, die am Ende jedes Kapitels die Überprüfung des Lernfortschritts ermöglichen sollen.

Inhaltlich wurden alle Teile des Buches überarbeitet und um neuere Entwicklungen ergänzt. So wurden die Investitionsentscheidungen bei sicheren Erwartungen um die Vermögensendwertmaximierung ergänzt. Bei unsicheren Erwartungen hat sich mittlerweile die Optionspreisbewertung auch außerhalb der Bewertung von Finanztiteln durchgesetzt (Realoptionen). So werden etwa Entscheidungen über industrielle Forschungsprojekte mittlerweile mit Hilfe der Optionspreisbewertung getroffen, da sie nicht die vorherige Bestimmung von Wahrscheinlichkeiten voraussetzt. Daher wurde auch dieser Themenbereich in diese Neuauflage aufgenommen.

Herrn B.A. Björn Schürmann und Herrn B.A. Bastian Heinemann danken wir für die zahlreichen inhaltlichen Hinweise zur Verbesserung der dritten Auflage. Die Hilfskräfte am IMGB haben mit dem Korrekturlesen sowie der Erstellung der Abbildungen und Tabellen eine großartige Unterstützung geleistet. Hierfür danken wir Frau Anna Gloss und Herrn Sebastian Martin. Frau Elisabeth Schalke danken wir für die logistische Unterstützung, ohne die die rechtzeitige Fertigstellung des Manuskripts nicht möglich gewesen wäre. Die Fremdsprachensekretärin des IMGB, Frau Heike Malone, unterstützte insbesondere bei allen englischsprachigen Recherchen sowie bei der Erstellung des Stichwortverzeichnisses; Frau Dipl.-Bibl. Annette Wedler hat die zitierte Literatur auf die jeweils neueste Auflage überprüft. Auch hierfür danken wir herzlich.

Frankfurt am Main, im Oktober 2011   *Andreas Dahmen* und *Marcus Oehlrich*

Vorwort zur zweiten Auflage

Das vorliegende Repetitorium soll den Studenten der Wirtschaftswissenschaften im Grundstudium nicht nur in das Fachgebiet Investition einführen, sondern ihn auch gleichzeitig auf die entsprechende Prüfung vorbereiten. Dazu wird eine ausführliche Erläuterung sowohl der elementaren Grundlagen von Investitionsentscheidungen als auch eine Darstellung schwieriger Bereiche vorgenommen, um dem Leser den Einstieg in weiterführende Ansätze zu ermöglichen. Beispiele erleichtern dabei das Verständnis.

Der große Erfolg der ersten Auflage macht nun eine zweite Auflage möglich. Für die vielen Anregungen und Vorschläge für Verbesserungen möchten wir uns an dieser Stelle bedanken. Aufgrund der fortgeschrittenen Forschung im Bereich der Investition war eine vollständig überarbeitete Auflage notwendig.

Die Konzeption des nun vorliegenden Bandes Investition beruht vor allem auf dem heute nicht mehr aus dem Finanzmanagement wegzudenkenden Ansatz der Maximierung des Shareholder Value. Diese Zielsetzung bildet die Klammer für die in diesem Buch erläuterten Instrumente und Lösungsansätze zur Erreichung optimaler Investitionsentscheidungen.

Dadurch wurde vor allem erforderlich, das erste Kapitel vollständig neu zu konzipieren und die Grundlagen von Investitionsentscheidungen in das Gesamtkonzept des Shareholder Value-Ansatzes einzubetten. Weiterhin wurde im zweiten Kapitel die Darstellung der Kapitalwertmethode wesentlich erweitert um die Einbeziehung der Fremdfinanzierung, der Berücksichtigung von Steuern und der Bestimmung der optimalen Nutzungsdauer ebenfalls mit Steuern.

Neu in diesen Band aufgenommen wurde eine ausführliche Beschreibung des Capital Asset Pricing Model (CAPM), das aufgrund der Bestimmung eines risikoadäquaten Kalkulationszinssatzes ein wichtiger Baustein des Shareholder Value-Ansatzes ist.

Darüber hinaus wurden etliche neue Beispiele zur Verdeutlichung der Thematik eingefügt. Auch der Aufgabenteil mit den Lösungshinweisen wurde überarbeitet und erheblich erweitert.

Herrn Dr. Louis Velthuis danken wir für seine kritischen Anmerkungen zum Manuskript, die für die Fertigstellung dieses Bandes sehr hilfreich waren. Frau Elke Boßerhoff und Herrn Marcus Oehlrich gebührt auch unser Dank für wichtige Hilfestellungen bei der Erstellung der Graphiken und für die Korrektur.

Wir hoffen, mit dieser Auflage dem Leser wieder eine für seine Prüfungsvorbereitung hilfreiche Darstellung an die Hand geben zu können.

Frankfurt, im August 1999   *Andreas Dahmen*

Inhaltsverzeichnis

Abbildungsverzeichnis

Tabellenverzeichnis

Abkürzungs- und Symbolverzeichnis

A	Anfangsvermögen / Auszahlungen
a	Annuität
AfA	Absetzung für Abnutzung
AG	Aktiengesellschaft
AK	Anschaffungskosten
ARAP	Aktive Rechnungsabgrenzungsposten
AZÜ	Auszahlungsüberschuss
B	Barwert
BAZÜ	Bruttoauszahlungsüberschüsse
BEZÜ	Bruttoeinzahlungsüberschüsse
CAPM	Capital Asset Pricing Model
CF	Cash Flow
C_n	Vermögensendwert
cov (r_A, r_B)	Kovarianz
DCF	Discounted Cash Flow
E	Einzahlungen
e	Kalkulationszinsfuß / Eigentümer
EK	Eigenkapitalgeber
EZR	Ergänzungszahlenreihe
EZÜ	Einzahlungsüberschuss
FKZ	Fremdkapitalzinsen
FM	Finanzierungsmaßnahme
FZR	Fremdfinanzierungszahlungsreihe
G	Gewinn
GE	Geldeinheiten
GmbH	Gesellschaft mit beschränkter Haftung
i	Zinssatz
I	investiertes Kapital
i_H	Habenzins
IO	Investitionsmöglichkeit
IO_{Diff}	Differenzinvestition
i_S	Sollzins
i_S^{krit}	kritischer Sollzinssatz
IZF	interner Zinsfuß
j	Umweltzustände
K	Kapitalwert
k_v	variable Herstellungskosten
KZF	Kalkulationszinsfuß
KZF_{Risiko}	risikoadäquater Kalkulationszinssatz
n	Nutzungsdauer
NAZÜ	Nettoauszahlungsüberschüsse

NEZÜ	Nettoeinzahlungsüberschüsse
NI	Nichtinvestition
OHG	Offene Handelsgesellschaft
opt	optimal
p	Produktpreis pro Stück
p_j	Eintrittswahrscheinlichkeit
PRAP	Passive Rechnungsabgrenzungsposten
r	Rendite
R(I)	realisiertes Investitionsprogramm
RBF	Rentenbarwertfaktor
r_f	sicherer Zinssatz
r_{ij}	Rendite nach Umweltzustand
R_T	Restverkaufserlös
s	Gewinnsteuersatz
S	Steuern / Umweltzustand
T	betrachteter Zeitraum, Transformationskurve
t	Periode
t_A	Amortisationszeitpunkt
TEUR	tausend Euro
U	Nutzen
V	Vermögenswert
VE	Vermögensendwert
VOFI	Vollständiger Finanzplan
w	subjektive Wahrscheinlichkeiten
WBP	Wiederbeschaffungspreis
x_t	Absatzmenge
β_i	Risikohöhe der Investition i
β-Risiko	systematisches Risiko
µ	Erwartungswert
μ_M	Erwartungswert der Rendite des Marktportefeuilles
μ_P	Erwartungswert der Rendite eines Portefeuilles
$\rho_{A,B}$	Korrelationskoeffizient
σ	Standardabweichung
σ_M	Standardabweichung des Marktportefeuilles
σ_P	Standardabweichung eines Portefeuilles
σ_i^2	Varianz
Φ	Risikopräferenzfunktion

1 Einleitung

Dieses Lehrbuch soll den Studenten der Wirtschaftswissenschaften im Grundstudium nicht nur in das Fachgebiet Investition einführen, sondern ihn auch gleichzeitig auf die entsprechende Prüfung vorbereiten. Dazu wird eine ausführliche Erläuterung der elementaren Grundlagen von Investitionsentscheidungen als auch eine Darstellung schwieriger Bereiche vorgenommen, um dem Leser den Einstieg in weiterführende Ansätze zu ermöglichen. Beispiele erleichtern dabei das Verständnis.

Im **zweiten Kapitel** wird der Shareholder Value-Ansatz erläutert, weil er sowohl als Klammer als auch als Zielsetzung der in diesem Buch beschriebenen Investitionsentscheidungen dienen soll.

Die Darstellung von Instrumenten zur Bestimmung optimaler Investitionen gliedert sich in die Verfahren, die bei sicheren Erwartungen anzuwenden sind, (Kapitel 3) und die Verfahren, die bei unsicheren Erwartungen eingesetzt werden können (Kapitel 4).

Zunächst erfolgt im **dritten Kapitel** die Beschreibung der statischen Verfahren der Investitionsrechnung, die bei einfachen Entscheidungssituationen zum Einsatz kommen. Dabei erfolgt eine Maximierung nicht nach der Zielsetzung des Shareholder Value-Ansatzes, sondern vereinfachend auf Grundlage der Rentabilitätsmaximierung. Weiterhin werden ausführlich die Ermittlung des Kapitalwertes und die sinnvollere Eignung gegenüber anderen Entscheidungskriterien im Sinne des Shareholder Value-Ansatzes dargestellt. Die Schwerpunktbildung der Beschreibung des Kapitalwertes gipfelt in der ausführlichen Einbeziehung der Fremdfinanzierung und Steuern in die Kapitalwertbestimmung. Außerdem wird die Bestimmung der optimalen Nutzungsdauer und des optimalen Ersatzzeitpunktes mit Hilfe des Kapitalwertes vorgenommen. Eine alternative Methode zum Kapitalwert ist die Vermögensendwertmaximierung, bei der alle Zahlungen, die mit dem Investitionsobjekt verbunden sind, auf den Endzeitpunkt aufzuzinsen sind. Am Ende des Kapitels werden Entscheidungen über ein Programm an Investitionsobjekten anhand des Dean-Modells und des Fisher/Hirshleifer-Modells untersucht.

Im **vierten Kapitel** werden Investitionsentscheidungen bei unsicheren Erwartungen erläutert. Hierzu werden zunächst die Begriffe Unsicherheit und Risiko geklärt. Danach erfolgt eine Beschreibung der Verfahren, die lediglich Unsicherheit transparent machen, wie das Korrekturverfahren, die Sensitivitätsanalyse und die Risikoanalyse. Die rechentechnische Berücksichtigung von Risiko wird anhand der Erwartungswert-Regel und dem (μ,σ)-Prinzip sowie der sequentiellen Planungsmodelle erläutert. Aber auch die Portfolio Selection-Theorie mit dem Tobin-Separationstheorem wie auch das Capital Asset Pricing Model (CAPM), die heute wichtige Bestandteile des modernen Finanzmanagements sind, werden ausführlich behandelt. Ein vergleichsweise neues Verfahren zur Entscheidung unter Unsicherheit stellt die Optionspreisbewertung dar. Diese wird zwar schon seit längerem zur Bewertung von Finanztiteln eingesetzt. Erst nach und nach setzt sie sich allerdings auch als Verfahren zur Bewertung von Investitionsobjekten (Realoption) durch.

Das Lehrbuch schließt mit einer Zusammenfassung im **fünften Kapitel**.

2 Shareholder Value-Ansatz

2.1 Grundlagen

2.1.1 Stakeholder-Ansatz

Unternehmen existieren nicht um ihrer selbst willen. Die Existenz von Unternehmen beruht auf den Vertragsbeziehungen verschiedener Parteien. Dabei wird das Unternehmen durch das Management repräsentiert, wohingegen alle anderen Parteien als Außenstehende des Unternehmens zu sehen sind:

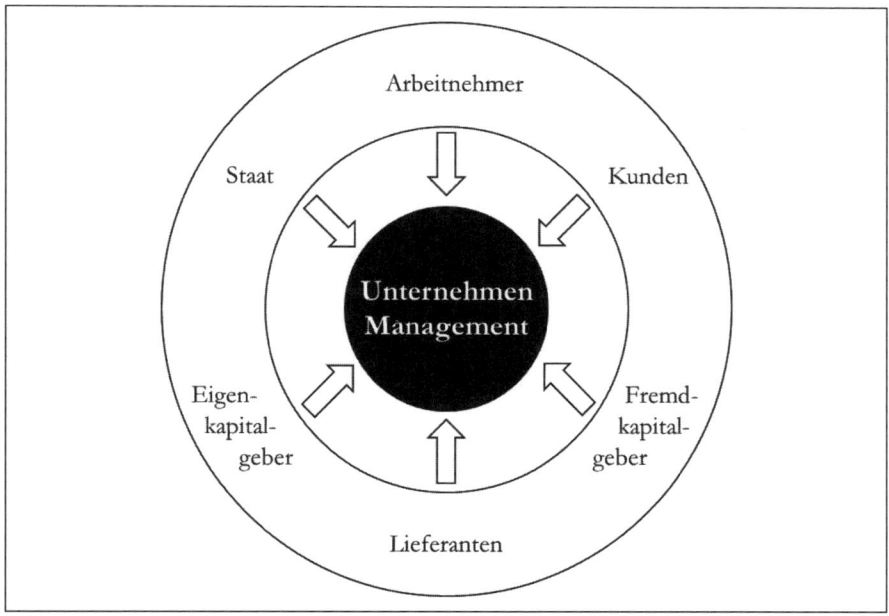

Abbildung 2.1: Stakeholder-Ansatz

Ein wichtiges Charakteristikum im Zusammenwirken der verschiedenen Parteien ist, dass sie unterschiedliche Interessen verfolgen. Manager führen z. B. ein Unternehmen, um ihr Streben nach Unabhängigkeit, Einfluss und Vermögen zu befriedigen. Die Kapitalgeber versprechen sich durch die Bereitstellung von Kapital eine feste oder möglichst hohe Verzinsung. Die Arbeitnehmer erwarten eine angemessene Bezahlung und einen krisensicheren Arbeitsplatz. Kunden und Lieferanten sind ebenfalls Interessengruppen (Stakeholder), die sich durch die Geschäftsverbindung zum Unternehmen einen eigenen Vorteil in Form von guten Produkten bzw. einer festen Absatzbasis versprechen. Und nicht zuletzt der Staat erwartet von den Unternehmen einen soliden Beitrag zum Steueraufkommen.

Trifft das Management als Repräsentant des Unternehmens Entscheidungen, sind dabei die Einflussfaktoren der jeweiligen Interessengruppe zu berücksichtigen. Entscheidungen in Unternehmen können somit nicht isoliert gesehen werden, sondern immer auch im Zusammenhang mit den auf das Unternehmen einwirkenden Interessen der jeweils betroffenen Stakeholder.

Die Auswirkungen von Investitionsentscheidungen betreffen in erster Linie die Vermögenspositionen der Eigen- und Fremdkapitalgeber. Die weiteren Überlegungen sollen sich deshalb auf diese Interessengruppen beschränken. Eigenkapitalgeber als besondere Stakeholder, da sie die Existenz von Unternehmen überhaupt erst ermöglichen, bezeichnet man in diesem Zusammenhang als Shareholder.

2.1.2 Investitionsentscheidungen

Bevor im Einzelnen auf Investitionen eingegangen werden kann, ist es notwendig, die dabei verwendeten Wertgrößen zu beschreiben und voneinander abzugrenzen. Grundlegend ist dabei die Unterscheidung zwischen Bestands- und Wertgrößen.

Bestandsgrößen sind stichtagsbezogene Größen und geben einen bestimmten Sachverhalt lediglich an einem ganz bestimmten Stichtag, in der Regel dem Jahresabschlussstichtag, wieder. Die in der Bilanz angegebenen Werte sind beispielsweise solche Stichtagswerte. Der Wert des Vermögens auf der Aktivseite der Bilanz oder auch die Höhe des Kapitals auf der Passivseite gelten nur für den jeweiligen Jahresabschlussstichtag. Das in einer Bilanz ausgewiesene Vermögen ergibt sich aufgrund einer Entscheidung über die Beschaffung von Wirtschaftsgütern, z. B. den Kauf einer Maschine. In Abgrenzung dazu entstehen Kapitalpositionen in der Bilanz aufgrund einer Entscheidung über die Beschaffung von Finanzmitteln, z. B. eine Kreditaufnahme.

Beispiel:

Die Bilanz der BusPlan GmbH weist am 31.12.2010 einen Kassenbestand von 1 Mio. Euro aus. Diese 1 Mio. Euro befinden sich nur am Stichtag der Bilanz, d. h. am 31.12.2010 in der Kasse der GmbH. Am 02.01.2011 kann die Kasse bereits einen gänzlich anderen Wert aufweisen. Dieser Kassenbestand am 31.12.2010 ist also keine Gewähr dafür, dass die BusPlan GmbH möglichen Zahlungsverpflichtungen in Höhe von 500.000 Euro am 10.01.2011 nachkommen kann.

Im Gegensatz zu den Bestandsgrößen stellen Stromgrößen zeitraumbezogene Informationen dar. Der Wert von Stromgrößen gilt nicht nur für einen Stichtag, sondern einen vorher genau definierten Zeitraum, eine Periode, wie z. B. ein Geschäftsjahr. Die Erträge und Aufwendungen der Gewinn- und Verlustrechnung sind typische Stromgrößen.

Beispiel:

Der Umsatz der BusPlan GmbH in der Gewinn- und Verlustrechnung zum 31.12.2010 in Höhe von 25 Mio. Euro bedeutet natürlich nicht, dass das Unternehmen diesen Umsatz allein an diesem Tag erzielt hat. Vielmehr sagt die Stromgröße aus, dass das Unternehmen diesen Umsatz im gesamten, abgelaufenen Geschäftsjahr 2010 erwirtschaftet hat.

Bis auf die Bestandsgrößen der Bilanz sind die Wertgrößen der anderen Teilgebiete des Rechnungswesens jeweils **Stromgrößen**. Zu unterscheiden sind dabei

- die **Einzahlungen** und **Auszahlungen** der Liquiditätsrechnung,
- die **Einnahmen** und **Ausgaben** der Finanzierungsrechnung,
- die **Erträge** und **Aufwendungen** der Gewinn- und Verlustrechnung sowie
- die **Leistungen** und **Kosten** der Kosten- und Leistungsrechnung.

Tabelle 1 stellt die Definitionen dieser Begriffspaare gegenüber.

Einzahlung	Zufluss liquider Mittel als Erhöhung des Bar- und Buchgeldbestandes in einer Periode.
Auszahlung	Abfluss liquider Mittel als Verminderung des Bar- und Buchgeldbestandes in einer Periode.
Einnahme	Erhöhung des (Netto-)Geldvermögens (Summe aus Bar- und Buchgeldbestand, Forderungen abzüglich der Verbindlichkeiten) in einer Periode.
Ausgabe	Verminderung des (Netto-)Geldvermögens in einer Periode.
Ertrag	Wertzuwachs einer bestimmten Periode, der in der Gewinn- und Verlustrechnung ausgewiesen wird.
Aufwand	Werteverzehr einer bestimmten Periode, der in der Gewinn- und Verlustrechnung ausgewiesen wird.
Leistungen	Wertzuwachs durch alle in einer Periode erstellten, betrieblichen Produkte und Dienstleistungen (betrieblicher, periodenbezogener und ordentlicher Ertrag).
Kosten	Werteverzehr durch alle in einer Periode erstellten, betrieblichen Produkte und Dienstleistungen (betrieblicher, periodenbezogener und ordentlicher Aufwand).

Tabelle 1: Stromgrößen des betrieblichen Rechnungswesens

Diese Begriffspaare sollen zum besseren Verständnis voneinander abgegrenzt und den jeweiligen Bestandsgrößen gegenübergestellt werden. Jede Stromgröße ist somit definiert durch eine Veränderung einer bestimmten Bestandsgröße. So stellt eine Veränderung des **Zahlungsmittelbestandes** (Kassenbestand und Sichtguthaben bei Kreditinstituten) eine Auszahlung bzw. Einzahlung dar. Hingegen nennt man jeden Geschäftsvorfall, der zu einer Verminderung bzw. Erhöhung des **Geldvermögens** führt, Ausgabe bzw. Einnahme. Das Geldvermögen ist dabei definiert als Zahlungsmittelbestand + Forderungen − Verbindlichkeiten. Eine Verminderung bzw. Erhöhung des **Reinvermögens** nennt man Aufwand bzw. Ertrag.

Weiterhin bauen auch die Bestandsgrößen jeweils aufeinander auf:

Bargeld + verfügbare Bankguthaben

= **Zahlungsmittelbestand**

+ Forderungen – Verbindlichkeiten

= **Geldvermögen**

+ Sachvermögen

= **Reinvermögen**

+ Verbindlichkeiten

= **Gesamtvermögen**

– betriebsfremdes Vermögen

= **betriebsnotwendiges Vermögen**

Geht man der Frage nach, was Investition bedeutet, so stößt man auf verschiedene Ausgestaltungen des Investitionsbegriffs. Eine Investition stellt eine Entscheidung über die Beschaffung von Wirtschaftsgütern dar, z. B. den Kauf einer Maschine. Investitionsentscheidungen schlagen sich in der Bilanz auf der Aktivseite nieder, die somit die Mittelverwendung von Unternehmen widerspiegelt (klassischer, bilanzorientierter Investitionsbegriff).

Konsequenzen von Investitionsentscheidungen reichen im Allgemeinen über einen längeren Zeitraum bis weit in die Zukunft. Ihre Abbildung durch die Bilanz ist aufgrund der Periodenzurechnungen mit erheblichen Verzerrungen verbunden. Dies führt dazu, dass die moderne Investitionstheorie den klassischen, bilanzorientierten Investitionsbegriff ablehnt. Stattdessen werden dem modernen Investitionsbegriff Zahlungen zugrunde gelegt, indem man die in jeder Periode während der Nutzungsdauer bzw. Laufzeit angefallenen Ein- und Auszahlungen den Investitionsobjekten zuordnet. Denn um z. B. entscheiden zu können, ob im nächsten Geschäftsjahr eine Investition durchgeführt werden kann, ist nicht der Jahresüberschuss entscheidend, sondern der Betrag an liquiden Mitteln, der dazu im Unternehmen zur Verfügung steht.

Demnach lassen sich Investitionen ausschließlich durch Zahlungsreihen abbilden. Ausgangspunkt sind die mit dem Investitionsobjekt verbundenen Ein- und Auszahlungen. Die Erfassung dieser Zahlungen erfolgt so, dass eine Einteilung der geplanten Laufzeit der Investition in Perioden (t) vorgenommen wird. Eine Periode entspricht in der Regel einem Jahr, sie kann aber auch einen Zeitraum von einem halben Jahr oder einem Monat umfassen. Der Einfachheit halber bezieht man alle während einer Periode t anfallenden Zahlungen auf das Ende der Periode.

Die mit einer Zahlungsreihe verbundenen Zahlungen werden mit einem positiven Vorzeichen versehen, wenn die Zahlungsmittel in das Unternehmen fließen und mit einem negativen Vorzeichen, wenn die Liquidität abfließt. Die verschiedenen Formen von Zahlungen einer Periode t, die in diesem Buch Anwendung finden, sollen mit den Variablen in Tabelle 2 abgekürzt werden.

Einzahlungen	E_t
Auszahlungen	A_t
Bruttoeinzahlungsüberschüsse ($E_t - A_t$ mit Einzahlungen > Auszahlungen) vor Steuerabzug und Verteilung an die Kapitalgeber	$BEZÜ_t$
Bruttoauszahlungsüberschüsse ($E_t - A_t$ mit Einzahlungen < Auszahlungen) vor Steuerabzug und Verteilung an die Kapitalgeber	$BAZÜ_t$
Anschaffungsauszahlung in t_0	$BAZÜ_0$
Bruttoeinzahlungsüberschüsse ($BEZÜ_t$ – Steuern) nach Steuerabzug, aber vor Verteilung an die Kapitalgeber	$BEZÜ_{St}$
Nettoeinzahlungsüberschüsse der Eigenkapitalgeber vor Steuerabzug, aber nach Tilgung und Fremdkapitalzinsen	$NEZÜ_t$
Nettoeinzahlungsüberschüsse der Eigenkapitalgeber nach Steuerabzug, Tilgung und Fremdkapitalzinsen	$NEZÜ_{St}$

Tabelle 2: Unterschiedliche Zahlungen

Ein in der Literatur als Normalinvestition bezeichnetes Investitionsobjekt ist durch eine Zahlungsreihe charakterisiert, die mit einer Anschaffungsauszahlung ($BAZÜ_0$) beginnt und in den zukünftigen Perioden Bruttoeinzahlungsüberschüsse ($BEZÜ_t$) abwirft. Die Auszahlung zu Beginn der Investition ist der Abfluss von Zahlungsmitteln aus dem Unternehmen an Dritte. Dies kann z. B. die Begleichung des Anschaffungspreises einer Maschine sein. Die Bruttoeinzahlungsüberschüsse in den Folgeperioden ergeben sich als Saldo der Umsatzerlöse durch den Verkauf der von der Maschine produzierten Waren und den zur Produktion notwendigen Auszahlungen, z. B. für Material- oder Personalaufwendungen.

Beispiel:

Die Forsa AG beabsichtigt zur Produktion von Stanzteilen für die Automobilindustrie die Anschaffung einer neuen Maschine, die über drei Jahre genutzt werden kann. Investitionstheoretisch handelt es sich dabei um eine über 3 Jahre laufende Investition mit einem sofort zu bezahlenden Kaufpreis in Höhe von 5 Mio. GE. Im ersten Jahr werden zufließende Umsatzerlöse von 4 Mio. GE mit einer jährlichen Steigerung um 50 % erwartet. Die Auszahlungen betragen pro Jahr in etwa 3 Mio. GE. Nach einer Saldierung der Ein- und Auszahlungen zu Bruttoeinzahlungsüberschüssen lässt sich die Investition der Forsa AG mit einer Zahlungsreihe wie folgt abbilden:

Die folgenden Ausführungen basieren auf der modernen Sichtweise, so dass Investitionsentscheidungen regelmäßig zur Veranschaulichung mittels Zahlungsreihen abgebildet werden. Außerdem sei darauf hingewiesen, dass sich Investitions- und Finanzierungsentscheidungen selten isoliert voneinander betrachten lassen. Vielmehr besteht eine ständige Wechselbeziehung zwischen der Investition auf der einen und der Finanzierung auf der anderen Seite. Die Durchführung eines bestimmten Investitionsobjektes ist nur sinnvoll, wenn die Finanzierung gesichert ist und die daraus resultierenden Zins- und Tilgungszahlungen durch die erwarteten Mittelzuflüsse des Investitionsobjektes mindestens gedeckt sind. Andererseits ist es in den seltensten Fällen hilfreich, überschüssige Zahlungsmittel in der Kasse aufzubewahren, sondern diese in Finanzanlageinvestitionen anzulegen, bis sie zur Finanzierung benötigt werden.

2.1.3 Finanzprozesse in Unternehmen

Um dieses Wechselspiel zwischen Investition und Finanzierung noch einmal zu veranschaulichen, soll der gesamte Finanzprozess eines Unternehmens kurz skizziert werden. Dabei lässt sich der finanzwirtschaftliche Prozess in vier Phasen unterteilen (Tabelle 3).

Phase	Änderungen der Kapitalausstattung	Mittelfluss
Phase I	Kapitalbeschaffung von außen (Außenfinanzierung)	Einzahlungen
Phase II	Kapitalverwendung (Investition)	Auszahlungen
Phase III	Kapitalrückfluss evtl. mit Gewinn (Desinvestition = Innenfinanzierung)	Einzahlungen
Phase IV	Kapitalabfluss (Entfinanzierung)	Auszahlungen

Tabelle 3: Vier Phasen des finanzwirtschaftlichen Prozesses

In **Phase I** erhält das Unternehmen Kapitalmittel von außen, z. B. bei der Gründung. Die Außenfinanzierung steht somit immer am Anfang des wirtschaftlichen und damit des finanzwirtschaftlichen Prozesses eines Unternehmens. Außenfinanzierung kann einerseits durch die Überlassung von Eigenkapital durch die Eigentümer bzw. Gründer des Unternehmens erfolgen. Andererseits kann die Aufnahme weiterer finanzieller Mittel in Form von Fremdkapital bei Banken oder anderen Fremdkapitalgebern notwendig werden.

Die Cara AG soll neu gegründet werden. Dazu werden Aktien an die Aktionäre in Höhe von 400.000 GE ausgegeben. Neben diesem Eigenkapital nimmt die Cara AG für 460.000 GE Fremdkapital bei der Hausbank der Aktionäre auf. Die gesamten Kapitalmittel gehen auf dem Bankkonto ein. Die Phase I kann mit Hilfe einer Bilanz wie folgt abgebildet werden:

Aktiva		Passiva	
Bank	860.000	Eigenkapital Fremdkapital	400.000 460.000
Summe	860.000	Summe	860.000

Unternehmen werden natürlich nicht deshalb gegründet, um Finanzmittel zu sammeln, sondern um diese mit einer möglichst hohen Rendite anzulegen. Dazu wird in der **Phase II** das in der Phase I durch die Finanzierung in das Unternehmen eingezahlte Kapital lohnenden Investitionen zugeführt.

Die Cara AG kauft von ihren durch die Gründung zugeflossenen Geldmitteln ein Gebäude in Höhe von 250.000 GE. Weiterhin werden Maschinen für 150.000 GE und Waren für 420.000 GE erworben. Jeder Zahlungsvorgang wird über das Bankkonto abgewickelt:

Aktiva		Passiva	
Gebäude	250.000	Eigenkapital	400.000
Maschinen	150.000	Fremdkapital	460.000
Waren	420.000		
Bank	40.000		
Summe	860.000	Summe	860.000

Unternehmen tätigen in der Phase II Investitionen, um davon einen Kapitalrückfluss zu erhalten. Diese Einzahlungen in der **Phase III** sind dann rentabel, wenn sie die für die Investitionen getätigten Auszahlungen übersteigen. Das Unternehmen erwirtschaftet in dieser Phase Finanzmittel, z. B. durch den Verkauf seiner Produkte und Dienstleistungen. Die daraus entstehenden finanziellen Überschüsse lassen sich zur Innenfinanzierung heranziehen.

Durch den Verkauf ihrer gesamten veredelten Waren erhält die Cara AG 480.000 GE, die auf das Bankkonto eingehen:

Aktiva		Passiva	
Gebäude	250.000	Eigenkapital	400.000
Maschinen	150.000	Gewinn	60.000
Bank	520.000	Fremdkapital	460.000
Summe	920.000	Summe	920.000

Das dem Unternehmen in der Phase III zufließende Kapital kann in der **Phase IV** entweder zur Rückzahlung des aufgenommenen Kapitals verwendet werden (Entfinanzierung) oder es fließt wieder der Phase II für neue Investitionen zu. Ein Teil des Überschusses der Cara AG aus der Phase III wird an die

Eigenkapitalgeber als Gewinn ausgeschüttet (30.000 GE). Außerdem werden 20.000 GE zur Tilgung des Fremdkapitals verwendet:

Aktiva		Passiva	
Gebäude	250.000	Eigenkapital	430.000
Maschinen	150.000	Fremdkapital	440.000
Bank	470.000		
Summe	870.000	Summe	870.000

Wie das Beispiel zeigt, sind Änderungen der betrieblichen Kapitalausstattung nicht durch einen einseitigen Finanzprozess gekennzeichnet, sondern können als Kreislaufbeziehung interpretiert werden. Hauptsächlich Phase II (Investition) und Phase III (Innenfinanzierung) stellen einen ständigen Austausch der Finanzströme dar.

2.1.4 Investitionsarten

Um zu verdeutlichen, welche Fragestellungen in der Phase II durch Investitionsentscheidungen berührt werden, sind zunächst einige Investitionsarten exemplarisch zu skizzieren.

Vermögensgegenstand	**Investitionsanlass**
Sachanlageinvestitionen	Errichtungsinvestitionen
• Grundstücke und Gebäude • Technische Anlagen • Betriebsausstattung • Vorräte	• Betriebsgründung • Errichtung einer Niederlassung
	Laufende Investitionen
Finanzanlageinvestitionen	• Ersatzinvestitionen • Großreparaturen
• Beteiligungen • Wertpapiere • Forderungen	Ergänzungsinvestitionen
Immaterielle Investitionen	• Erweiterungsinvestitionen • Sicherungsinvestitionen • Rationalisierungsinvestitionen • Umstellungsinvestitionen • Diversifikationen
• Patente und Lizenzen • Forschung und Entwicklung • Aus- und Weiterbildung • Werbung	

Tabelle 4: Übersicht über die Investitionsarten

In der Literatur finden sich dazu unterschiedliche Einteilungen. Hier soll lediglich eine Differenzierung nach der Art des Vermögensgegenstandes und dem Investitionsanlass erfolgen (Tabelle 4).

2.1.5 Investitionsentscheidungsprozess

Die optimale Auswahl von Investitionsobjekten lässt sich durch einen Investitionsentscheidungsprozess abbilden, der als Bestandteil der Investitionsplanung ein wichtiger Teil der Planungsaktivitäten im Unternehmen ist, weil

- Investitionsentscheidungen eine langfristige kapitalbindende Wirkung aufweisen,
- Investitionsentscheidungen nicht oder nur schwer revidierbar sind und
- für Investitionen zur Verfügung stehende Finanzierungsmittel im Allgemeinen knapp sind.

Der Investitionsentscheidungsprozess ist komplex und kann in fünf Phasen eingeteilt werden:

1. Anregungsphase
2. Suchphase
3. Entscheidungsphase
4. Realisierungsphase
5. Controllingphase

Die einzelnen Phasen können jedoch nicht völlig isoliert betrachtet werden. Sie sind fließend und gehen ineinander über.

(1) In der Anregungsphase erkennt der Entscheider durch eine Idee eine Investitionsmöglichkeit oder durch Verschleiß eine Investitionsnotwendigkeit. Das damit einhergehende Entscheidungsproblem bedarf einer Lösung. In einer Ursachenanalyse wird die Investitionssituation geklärt, wobei man sie beschreibt sowie eine umfassende Analyse der Ausgangslage und der notwendigen Investitionslösung vornimmt.

Die Anregung einer Investition kann auf unterschiedliche Quellen zurückgeführt werden. Man unterscheidet

- unternehmensinterne Anregungen (z. B. durch Verbesserungsvorschläge der Mitarbeiter) und
- unternehmensexterne Anregungen (z. B. durch beauftragte Marktforschungsinstitute).

Ist es zur Anregung einer Investition gekommen, ist die damit verbundene Investitionssituation zu beschreiben. Es ist eine umfangreiche Darstellung, Begründung sowie Erfassung der Vor- und Nachteile bei der Realisierung der mit der Anregung verbundenen Investition notwendig.

(2) Die Suchphase ist dadurch gekennzeichnet, dass die für die Lösung der notwendigen Investitionsentscheidung relevanten Bewertungskriterien und Begrenzungsfaktoren zusammengestellt und präzisiert werden. Daran schließt sich die Ermittlung der möglichen Investitionsalternativen und die Beschreibung ihrer Konsequenzen an. Eine Entscheidung wird aber noch nicht gefällt.

Zunächst muss eine Festlegung der unterschiedlichen Kriterien erfolgen, nach denen die Investitionsalternativen bewertet werden sollen. Dazu lassen sich je nach Art der Investition

- quantitative Bewertungskriterien (z. B. Kosten, Gewinn, Rentabilität, Amortisationszeit, Kapitalwert, interner Zinsfuß etc.) und/oder auch
- qualitative Bewertungskriterien (z. B. wirtschaftliche, technische, rechtliche oder soziale Bewertungskriterien)

heranziehen.

Nach der Festlegung der Bewertungskriterien ist auf der Grundlage der ausgewählten Bewertungskriterien die Bestimmung der Begrenzungsfaktoren vorzunehmen. Investitionsalternativen, die bestimmte Vorgabewerte der Bewertungskriterien nicht erreichen, werden nicht weiter verfolgt und scheiden bei der Vorauswahl aus.

Im letzten Schritt der Suchphase erfolgt die Ermittlung geeigneter Investitionsobjekte. Geeignet sind Investitionsobjekte dann, wenn sie die vorgegebenen Begrenzungsfaktoren der quantitativen und qualitativen Bewertungskriterien erfüllen. Dazu sind entweder vorhandene Investitionsalternativen zu sammeln oder neue Investitionsmöglichkeiten zu schaffen.

(3) Die in der Suchphase ermittelten Investitionsobjekte werden in der Entscheidungsphase anhand der quantitativen Bewertungskriterien bewertet und mit den qualitativen Bewertungskriterien in eine Rangordnung gebracht. Abschließend erfolgt die Bestimmung des optimalen Investitionsobjektes.

(4) In der Realisierungsphase wird die Durchführung der Investition angeordnet und vorgenommen. Diese Phase nimmt zwar in den Darstellungen des Investitionsentscheidungsprozesses den geringsten Raum ein, kann aber in den Unternehmen der aufwendigste und langwierigste Abschnitt des Investitionsentscheidungsprozesses sein.

(5) Die Durchführungsergebnisse (Ist-Werte) des realisierten Investitionsobjektes werden in der Controllingphase mit den Entscheidungswerten der Planungsphase (Soll-Werte) verglichen. Die bei diesem Soll-Ist-Vergleich eventuell auftretenden Abweichungen werden analysiert und daraufhin Korrekturen vorgenommen.

In den dann folgenden Kapiteln erfolgt eine ausschließliche Darstellung der Bewertung von Investitionen mittels quantitativer Bewertungskriterien und der darauf aufbauenden Bestimmung optimaler Investitionsobjekte, d. h. der Instrumente der Entscheidungsphase. Doch bevor eine Entscheidung über die Auswahl von Investitionen getroffen werden kann, ist die Zielsetzung festzulegen, unter der eine Investition optimal ist.

2.2 Shareholder Value

2.2.1 Grundidee

Die Aufgabe des Finanzmanagements eines Unternehmens besteht u. a. darin, optimale Finanzierungsentscheidungen zu treffen. Dazu muss allerdings die Zielsetzung bekannt sein, die das Finanzmanagement zu verfolgen hat; denn eine Entscheidung ist nur dann optimal, wenn sie im Sinne dieser Zielsetzung diese am besten erfüllt.

Beispiel:

Ein Unternehmen hat überschüssige finanzielle Mittel, die angelegt werden sollen. Der Vorstand investiert deshalb in den Kauf eines Konkurrenzunternehmens. Er erwartet dadurch, über den Zuwachs an Umsatz und Mitarbeitern, einen Macht- und Prestigegewinn. Außerdem kann der Vorstand davon ausgehen, dass der Aufsichtsrat ihm aufgrund der gestiegenen Verantwortung ein höheres Gehalt genehmigt. Der an die Aktionäre ausschüttbare Jahresüberschuss sinkt allerdings in den nächsten Jahren, weil die Umstrukturierung des Konkurrenzunternehmens höhere Kosten verursacht als prognostiziert. Der aus Sicht des Vorstandes als optimal angesehene Kauf muss damit nicht notwendigerweise auch für die Eigenkapitalgeber vorteilhaft sein.

Im Rahmen der Betrachtung von Investitionsentscheidungen beschränkt man sich aus Vereinfachungsgründen lediglich auf finanzielle Ziele. Danach wird der Shareholder Value-Ansatz von zwei zentralen Überlegungen abgeleitet:

- Die Abbildung von Investitionsobjekten, aber auch von Finanzierungsmaßnahmen, erfolgt durch Zahlungen. Dabei ist zu berücksichtigen, dass Zahlungen, die zu verschiedenen Zeitpunkten anfallen, einen unterschiedlichen Wert aufweisen. Sie werden durch Abzinsung auf einen Bezugszeitpunkt, in der Regel t_0, vergleichbar gemacht (**Barwert-Konzept**).

- Sämtliche Investitionsentscheidungen werden getroffen, um eine Erhöhung des eigentümerorientierten Unternehmenswertes (V_{EK}) zu erreichen.

Dies bedeutet, dass die grundlegende Zielsetzung die Maximierung des Vermögenswertes der Eigenkapitalgeber im betrachteten Zeitpunkt t_0 (V_{EK0}) darstellt (Shareholder Value-Ansatz). Dabei werden die in den zukünftigen Jahren an die Anteilseigner fließenden Zahlungen bzw. der den Eigenkapitalgeber zustehende Cash Flow (CF_{EKt}) auf den Zeitpunkt t_0 mit einem Zinssatz für die alternative Mittelverwendung der Eigentümer (e) abgezinst:

$$V_{EK0} = \sum_{t=0}^{T} \frac{CF_{EKt}}{(1+e)^t} \rightarrow Max!$$

[Handschriftliche Notiz: Geht gegen Grenzwert]

Unternehmen existieren, um den Eigentümern Einkommen in Form von Zahlungen für die volkswirtschaftlich letzte Verwendung, den Konsum, zu liefern. Je höher der Zuwachs des Shareholder Values bzw. der Konsumbeitrag von

Investitionsentscheidungen ist, umso besser werden sie aus Sicht der Anteilseigner beurteilt.

2.2.2 Barwert-Konzept

Das Barwert-Konzept beruht auf der Tatsache, dass finanzielle Mittel, über die ein Wirtschaftsobjekt (z. B. Unternehmen oder Eigenkapitalgeber) sofort verfügen kann, einen anderen Wert aufweisen als finanzielle Mittel, über die die Verfügung des Wirtschaftsobjektes erst in der Zukunft möglich ist. Dafür ist die Existenz von Zinsen verantwortlich, die als

- ein Entgelt für die zeitliche Überlassung finanzieller Mittel bzw. *FKZ*
- eine Prämie für einen zeitlich begrenzten Liquiditätsverzicht interpretiert *EKZ*
werden können.

Ein Wirtschaftssubjekt hat also die Wahl, finanzielle Mittel sofort für Konsum oder Investitionen auszugeben oder die finanziellen Mittel anzulegen und für den Verzicht für die Verfügung über die finanziellen Mittel als Entgelt Zinsen zu erhalten.

Beispiel:

Der Vorstand der X-Soft AG, Herbert Schneidewind, hat die Wahl, von der X-Soft AG entweder heute eine Sonderzahlung in Höhe von 100.000 EUR zu erhalten oder in einem Jahr einen Betrag von 110.000 EUR. Um zu entscheiden, welche Variante der Bonusauszahlung er annehmen soll, geht Herbert Schneidewind zu seinem Finanzvorstand, Dr. Uwe Schmidt, und fragt ihn, wie hoch der derzeitige Zinssatz ist, den er bei einer sofortigen Anlage von 100.000 EUR am Kapitalmarkt erhalten würde.

Dr. Schmidt erläutert ihm, dass er zurzeit für eine Festgeldanlage von einem Jahr mit einen Zinssatz von 3 % rechnen könne. Herbert Schneidewind würde nach einem Jahr somit 103.000 EUR (100.000 EUR *1,03) am Kapitalmarkt erhalten. Wenn es Herbert Schneidewind also gleichgültig ist, wann er die Anschaffung eines neuen Feriendomizils durchführt (sofort oder in einem Jahr), Herbert Schneidewind also alleine aufgrund rationaler bzw. finanzieller Ziele seine Entscheidung trifft (wie im Finanzmanagement üblich), würde er sich für die Bonuszahlung in einem Jahr entscheiden.

Der für Herbert Schneidewind vorgenommene Vergleich betrifft die finanziellen Mittel, über die das Wirtschaftssubjekt in einem Jahr verfügen kann (110.000 EUR zu 103.000 EUR). Der aus der Anlage resultierende Betrag kommt dadurch zustande, indem der Anlagebetrag für ein Jahr mit 3 % verzinst (oder aufgezinst) wird. Da die finanziellen Mittel aus der Anlage in Höhe von 103.000 EUR erst in einem Jahr verfügbar sind, wird der aufgezinste Betrag auch als Zukunftswert (Future Value) bezeichnet.

Im Finanzmanagement werden üblicherweise finanzielle Mittel nicht durch Aufzinsung mit Hilfe des Zukunftswertes vergleichbar gemacht, sondern durch Abzinsung (Diskontierung) mit dem Barwert (Present Value). Dazu werden finanzielle Mittel (in der Regel Zahlungen), die zu verschiedenen Zeitpunkten dem Unternehmen als Einzahlungen (E) zufließen (oder auch als Auszahlungen (A) abfließen) in einem Bezugszeitpunkt, der zu Beginn des Betrachtungszeitraums liegt, vergleichbar gemacht.

Grundlage für diesen Vergleich sind die bereits erwähnten Zahlungsreihen (siehe Kapitel 2.1.2): Die während einer Periode (t) anfallenden Zahlungen werden aus Vereinfachungsgründen auf den Endzeitpunkt der Periode übertragen. Es wird von der Fiktion ausgegangen, dass die während der Periode anfallenden Zahlungen erst am Ende der Periode zu diesem Zeitpunkt anfallen; damit wird der Vergleich rechenbar. Unter einer Periode wird im allgemeinen ein Jahr verstanden, aber auch kürzere Zeiträume sind denkbar, führen aber zu unterjährigen Verzinsungen, die komplexere Rechenoperationen bedingen, welche in diesem Buch nicht betrachtet werden sollen.

Beispiel:

Die X-Soft AG erwirbt einen neuen Hochleistungsserver, um den Kunden die Software im Rahmen eines Application Service Providing (ASP) anbieten zu können. Im Laufe des ersten Jahres erwartet die X-Soft AG aus dem ASP-Programm einen Umsatzerlös von 10 Mio. EUR, im zweiten Jahr von 35 Mio. EUR und im dritten Jahr von 65 Mio. EUR. Im Anschluss daran wird die Investition in einen noch leistungsfähigeren Server angestrebt, um den dann vorhandenen Kundentraffic bewältigen zu können.

Für den erworbenen Hochleistungsserver ergibt sich für die geplanten drei Jahre (t_1 bis t_3) eine Abbildung der Umsatzerlöse als Einzahlungen (E_t) mit nachfolgender Zahlungsreihe, wobei Einzahlungen mit einem positiven Vorzeichen und Auszahlungen mit einem negativen Vorzeichen versehen sind (in Mio. EUR):

	t_0	t_1	t_2	t_3
E_t	0	10	35	65

Um nun festzustellen, welchen Wert die Zahlungsreihe und damit die Investition in den Hochleistungsserver hat, wird der Barwert (B_0) der Zahlungsreihe ermittelt, indem die mit der Zahlungsreihe verbundenen Zahlungen auf den Bezugszeitpunkt t_0 abgezinst (diskontiert) werden.

Beispiel:

Die X-Soft AG verspricht ihrem Vorstand, Herbert Schneidewind, alternativ auf die anstehende einmalige Sonderzahlung in Höhe von 100.000 EUR, in den kommenden drei Jahren einen festen Bonus auf den Gewinn auszubezahlen. Die Zahlungen sollen jeweils am Ende des Jahres zum 31.12. in Höhe von zunächst EUR 35.000, dann EUR 30.000 und zuletzt EUR 50.000 erfolgen, in der Summe also 115.000 EUR.

Die Bonuszahlungen (E) lassen sich in einer Zahlungsreihe wie folgt abbilden (in EUR):

	t_0	t_1	t_2	t_3
E_t	0	35.000	30.000	50.000

Herbert Schneidewind konsultiert nun wieder seinen Finanzkollegen, um zu erfahren, wie hoch der aktuelle Zinssatz für eine dreijährige Anlagealternative ist. Dr. Schmidt erläutert, dass für eine Anlage mit einer Laufzeit von drei Jahren eine höhere Verzinsung von 5 % gezahlt wird. Mit diesem Zinssatz ermittelt Herbert Schneidewind den Barwert der ihm versprochenen Bonuszahlungen:

$$\frac{35.000}{1,05^1} + \frac{30.000}{1,05^2} + \frac{50.000}{1,05^3} = 103.736 \text{ EUR}$$

Wie man sieht, ist diese Alternative für Herbert Schneidewind besser als eine einmalige Sonderzahlung von 100.000 EUR in t_0. Denn der von Herbert Schneidewind errechnete Barwert der Bonuszahlungen in Höhe von 103.736 EUR im Zeitpunkt t_0 ist nichts anderes als eine gleichwertige Sonderzahlung in t_0. Herbert Schneidewind würde sich somit bei einer Sonderzahlung in t_0 in Höhe von 103.736 EUR nicht schlechter stellen als bei dem Angebot der X-Soft AG auf Zahlung der versprochenen Bonusbeträge in den nächsten drei Jahren.

Damit stellt der Barwert der Zahlungsreihe in Höhe von 103.736 EUR das Äquivalent der Zahlungsreihe im Zeitpunkt t_0 dar. Der Barwert kann also auch als der Marktpreis der Zahlungsreihe am Kapitalmarkt mit einer Verzinsung von 5 % im Zeitpunkt t_0 bezeichnet werden: Kein Marktteilnehmer würde einen höheren Betrag für den Kauf für diese Zahlungsreihe bezahlen und kein Verkäufer wäre bereit, einen geringeren Betrag für den Verkauf zu verlangen, ohne sich schlechter zu stellen als bei einer sukzessiven Zahlung von t_1 bis t_3.

2.2.3 Marktwertmaximierung

Sollen Finanzierungs- aber auch Investitionsentscheidungen getroffen werden, sind diese dann optimal, wenn sie zu einer Maximierung des Vermögenswertes der Eigenkapitalgeber führen. Auf dieser Zielsetzung beruht der Shareholder Value-Ansatz, der davon ausgeht, dass das Management von Unternehmen Entscheidungen im Sinne der Eigenkapitalgeber (Shareholder) zu treffen hat. Die Sichtweise, dass die Vermögenswert- oder auch Marktwertmaximierung die Zielsetzung betriebswirtschaftlichen Handelns darstellt, hat sich in den letzten Jahren durchgesetzt und die früher vorherrschende Gewinn- oder Nutzenmaximierung vollständig abgelöst.

Der Shareholder Value-Ansatz beruht auf der Überlegung, dass die Eigenkapitalgeber keine homogene Interessengruppe sind, sondern viele Einzelinteressen vorherrschen. Dies bedeutet, dass z. B. der Vorstand einer börsennotierten Aktiengesellschaft alle Aktionäre nach ihren Rendite-Risiko-Präferenzen fragen müsste, ob also die Aktionäre lieber eine hohe Rendite bei hohem Risiko oder eher eine niedrigere Rendite bei entsprechend niedrigerem Risiko in Kauf nehmen würden. Steht also der Vorstand vor der Entscheidung, eine Investition durchzuführen, müssten alle Aktionäre nach ihren Präferenzen bzgl. der Rendite-Risiko-Präferenz befragt werden. Dass dies bei möglicherweise mehreren tausend Aktionären nicht möglich ist, liegt eindeutig auf der Hand. Deshalb trifft man Entscheidungen nach dem Shareholder Value-Konzept: Das Management hat Entscheidungen so zu treffen, dass der Marktwert der Gesellschaftsanteile jederzeit den möglichst höchsten Wert aufweist (Marktwertmaximierung). Ist dies der Fall, können die Shareholder jederzeit ihre Anteile am Kapitalmarkt veräußern und in Anteile von anderen Unternehmen tauschen, die eine für den Eigenkapitalgeber eher zutreffende Rendite-Risiko-Präferenz aufweisen.

Beispiel:

Die X-Soft AG erwirbt im Rahmen einer Investition Anteile eines Unternehmens in den USA mittels der Aufnahme eines großvolumigen Bankkredits. Hierbei wird von einer hohen Rendite auf das eingesetzte Kapital ausgegangen. Allerdings scheint auch das Risiko aufgrund der weiten Entfernung vom Heimatmarkt als auch des hohen Anteils von Fremdfinanzierung am Kaufpreis und damit einer hohen, auf jeden Fall zu bedienenden Zinsbelastung hoch zu sein. Einer Reihe von Aktionären der X-Soft AG erscheint die Rendite-Risiko-Relation als nicht mehr attraktiv. Sie verkaufen daher ihre Aktien an der X-Soft AG und erwerben dafür Aktien von Unternehmen, die zwar eine niedrigere erwartete Rendite bei aber auch vergleichsweise niedrigerem Risiko planen.

Dies bedeutet, dass die grundlegende Zielsetzung für Finanzierungs- und Investitionsentscheidungen die Maximierung des Anteils der Eigenkapitalgeber am gesamten Unternehmenswert im betrachteten Zeitpunkt t_0 (V_{EK0}) darstellt (Shareholder Value-Ansatz). Dabei werden die in den zukünftigen Jahren an die Anteilseigner fließenden Zahlungen bzw. der den Eigenkapitalgebern zustehende frei verfügbare Cash Flow (Free Cash Flow = FCF_{EKt}) auf den Zeitpunkt t_0 mit einem Zinssatz für die alternative Mittelverwendung der Eigenkapitalgeber (e) abgezinst (Barwert-Konzept):

$$V_{EK0} = \sum_{t=0}^{T} \frac{FCF_{EKt}}{(1+e)^t} \rightarrow Max!$$

Die Bewertung des Vermögenswertes aus Sicht der Eigenkapitalgeber ist nichts anderes als ein Vergleich: Das zu bewertende Wirtschaftsobjekt (z. B. ein Unternehmen oder auch nur eine Division eines Unternehmens) wird im Zähler durch den Free Cash Flow repräsentiert, der aus dem Wirtschaftsobjekt in Zukunft fließen soll. Das zur Bewertung heranzuziehende Alternativobjekt wird im Nenner durch die entsprechende Verzinsung abgebildet. Wobei für die Bewertung sichergestellt werden muss, dass das Bewertungsobjekt im Zähler mit einer gleichwertigen (äquivalenten) Alternative im Nenner vergleichbar sein muss (Äquivalenzprinzip).

z. B. am Markt erzielbarer → Zinssatz

Der Shareholder Value-Ansatz ist vor dem Hintergrund zu sehen, dass Unternehmen Mittel zum Zweck sind, um den Eigenkapitalgebern Einkommen in Form von Zahlungen für die volkswirtschaftlich letzte Verwendung, den Konsum, zur Verfügung zu stellen. Je höher der Zuwachs des Shareholder Value bzw. der Konsumbeitrag von Finanzierungs- und Investitionsentscheidungen ist, umso besser werden sie aus Sicht der Anteilseigner beurteilt.

Die Berechnung des Shareholder Value mittels des Barwert-Konzepts vereinfacht sich erheblich, wenn anstatt mit zukünftig in t unterschiedlichen Free Cash Flow der Eigenkapitalgeber diese als konstant angenommen werden.

Auf Grundlage der Annahme einer unendlichen Rente der Free Cash Flows der Eigenkapitalgeber kann der Vermögenswert der Eigenkapitalgeber als unendlicher Barwert vorgenommen werden:

$$V_{EK} = \frac{FCF_{EK}}{e}$$

unendliche Rente Formel

2.2.4 Cash Flow

Betrachtet man die Formel zur Ermittlung des Shareholder Value (V_{EK}) etwas genauer, so ist zu klären, wie sich im Zähler der Free Cash Flow zusammensetzt.

Als Einstiegsdefinition soll allgemein gelten: Der Cash Flow ist jener Teil der einzahlungswirksamen Umsatzerlöse eines Geschäftsjahres, dem in diesem Geschäftsjahr keine auszahlungswirksamen Aufwendungen gegenüberstehen. Dies sind also jene Erlösbestandteile, die dem Unternehmen als Innenfinanzierungsmittel

- für Investitionen ins Working Capital,
- für Investitionen ins Anlagevermögen,
- zur Rückzahlung an die Fremdkapitalgeber und
- für Zahlungen an die Eigenkapitalgeber

zur Verfügung stehen.

Bei dieser Definition des Cash Flow lässt man sich von der Annahme leiten, dass es sich um wachsende Unternehmen handelt, so dass der erwirtschaftete Cash Flow zunächst benötigt wird, um den steigenden Finanzierungsbedarf des Working Capital und des Anlagevermögens zu decken, der aus dem Umsatzwachstum resultiert.

Geht man von der in der Rechnungslegungspraxis üblichen Vorgehensweise aus, den Cash Flow mit Hilfe der Kapitalflussrechnung abzuleiten, so stellt die Basis der operative Cash Flow dar, der verwendet werden kann

- für Investitionen ins Anlagevermögen,

kein Invest in Working Ca

- zur Rückzahlung an die Fremdkapitalgeber und
- für Zahlungen an die Eigenkapitalgeber.

Vergleicht man die beiden Definitionen miteinander, so liegt der Unterschied in der differenzierten Verwendung der Investitionen ins Working Capital: Beim

Vorliegen des operativen Cash Flow sind die Investitionen ins Working Capital bereits berücksichtigt und müssen deshalb nicht mehr aus dem operativen Cash Flow bezahlt werden.

Das Working Capital setzt sich einerseits aus dem Finanzierungsbedarf des Umlaufvermögens zusammen, da mit dem Umsatzwachstum z. B. ein höherer Forderungsbestand oder auch ein erhöhtes Vorratsvermögen notwendig ist.

Andererseits ergeben sich auf der Passivseite der Bilanz Finanzierungsfreiset-zungseffekte, die zu einer Reduktion des notwendigen Finanzierungsbedarfs führen, so dass es gilt, im Saldo das Net Working Capital (Nettoumlaufvermö-gen) zu finanzieren:

	Forderungen aus Lieferungen und Leistungen (L. u. L.)
+	Vorräte
+	Geleistete Anzahlungen
+	Sonstige Forderungen
+	Aktive Rechnungsabgrenzungsposten (ARAP)
−	Verbindlichkeiten aus Lieferungen und Leistungen (L. u. L.)
−	Rückstellungen
−	Erhaltene Anzahlungen
−	Sonstige Verbindlichkeiten
−	Passive Rechnungsabgrenzungsposten (PRAP)
=	Net Working Capital (Nettoumlaufvermögen)

Tabelle 5: Net Working Capital

Dabei ist zu berücksichtigen, dass aus dem erwirtschafteten Cash Flow nur die jeweilige Veränderung des Net Working Capital des laufenden Geschäftsjahres im Vergleich zum Bestand des Vorjahres zu finanzieren ist.

Der operative Cash Flow lässt sich entweder direkt oder indirekt ermitteln.

Bei der direkten Methode werden alle Ein- und Auszahlungen des laufenden (operativen) Geschäfts eines Unternehmens erfasst und gegenüber gestellt:

	Erfolgswirksame Einzahlungen eines Geschäftsjahres
−	Erfolgswirksame Auszahlungen eines Geschäftsjahres
=	Operativer Cash Flow

Tabelle 6: Operativer Cash Flow

Direkte Methode

Somit wird bei der Berechnung des operativen Cash Flow lediglich von den Zahlungsströmen des laufenden Geschäftes (erfolgswirksam) ausgegangen. Denn die nicht erfolgswirksamen Zahlungsströme, resultierend aus Investitions- und langfristigen Finanzierungsentscheidungen, werden gemäß der eingangs vorgenommen Definition aus dem operativen Cash Flow bedient.

Da in der Praxis in der Regel die Daten für die direkte Ermittlung nicht vorliegen, wird ausgehend vom Ergebnis der Gewinn- und Verlustrechnung häufig die indirekte Methode zur Ermittlung des operativen Cash Flow angewendet:

	Jahresüberschuss (-fehlbetrag) vor Unternehmenssteuern
+	Auszahlungsunwirksame Aufwendungen eines Geschäftsjahres
–	Einzahlungsunwirksame Erträge eines Geschäftsjahres
=	Operativer Cash Flow

Tabelle 7: indirekte Methode

Detaillierter lässt sich die Ableitung des operativen Cash Flow mittels der indirekten Methode wie in Tabelle 8 schreiben.

Ausgehend vom Jahresüberschuss aus der Gewinn- und Verlustrechnung werden zunächst die in der Gewinn- und Verlustrechnung als Aufwand bzw. Ertrag erfassten Abschreibungen bzw. Zuschreibungen (Position 1) wieder rückgängig gemacht, da sie nicht in der gleichen Periode zahlungswirksam sind. Danach werden die Liquiditätswirkungen des Net Working Capital (Positionen 2 bis 11) berücksichtigt. Nimmt das Net Working Capital zu, so sinkt der verfügbare operative Cash Flow; reduziert sich das Net Working Capital, so steigt der verfügbare operative Cash Flow. Die Positionen 12 und 13 machen die Berücksichtigung der Erfolgswirkungen aufgrund eines Abgangs von Vermögensgegenständen über oder unter dem Buchwert rückgängig, da die Erfassung der gesamten Liquiditätswirkung des Abgangs (Desinvestitionen) nach der Ermittlung des operativen Cash Flow erfolgt.

		Jahresüberschuss
1	+/–	Abschreibungen / Zuschreibungen
2	+/–	Erhöhung / Verminderung von Rückstellungen
3	+/–	Erhöhung / Verminderung von Verbindlichkeiten L.u.L.
4	+/–	Erhöhung / Verminderung von erhaltenen Anzahlungen
5	+/–	Erhöhung / Verminderung von sonstigen Verbindlichkeiten
6	+/–	Erhöhung / Verminderung von PRAP
7	–/+	Erhöhung / Verminderung von Vorräten
8	–/+	Erhöhung / Verminderung von Forderungen L.u.L.
9	–/+	Erhöhung / Verminderung von sonstigen Forderungen
10	–/+	Erhöhung / Verminderung von geleisteten Anzahlungen
11	–/+	Erhöhung / Verminderung von PRAP
12	–	Erträge aus dem Abgang von Vermögensgegenständen
13	+	Verluste aus dem Abgang von Vermögensgegenständen
	=	Operativer Cash Flow

Tabelle 8: Ableitung des operativen Cash Flow mit der direkten Methode

Auf Basis des operativen Cash Flow lässt sich der Free Cash Flow der Eigen-kapitalgeber (FCF$_{EK}$) für den Shareholder Value-Ansatz wie folgt berechnen:

	Operativer Cash Flow
–	Investitionen ins Anlagevermögen (Anlageinvestitionen)
+	Freisetzung von Anlagevermögen (Desinvestitionen)
–	Tilgung von Fremdkapital (Kapitalschulden)
+	Aufnahme von Fremdkapital (Kapitalschulden)
=	Free Cash Flow der Eigenkapitalgeber = FCF$_{EK}$

Tabelle 9: Berechnung Free Cash Flow der Eigenkapitalgeber

Daneben lässt sich auch der Free Cash Flow der Gesamtkapitalgeber (FCF$_{GK}$) ausgehend vom operativen Cash Flow wie folgt berechnen:

	Operativer Cash Flow
+	Fremdkapitalzinsen
-	Investitionen ins Anlagevermögen (Anlageinvestitionen)
+	Freisetzung von Anlagevermögen (Desinvestitionen)
=	Free Cash Flow der Gesamtkapitalgeber = FCF$_{GK}$

Tabelle 10: Free Cash Flow der Gesamtkapitalgeber

Für die Abbildung von Investitionsentscheidungen durch Zahlungsreihen wurden im Abschnitt 2.1.2 die dafür heranzuziehenden Zahlungen definiert. Die Zahlungen einer Investition lassen sich nun entsprechend als Teil des Cash Flows eines Unternehmens verstehen. Dabei entspricht der Bruttoeinzahlungsüberschuss (BEZÜ$_t$) einer Investition dem Free Cash Flow der Gesamtkapitalgeber (FCF$_{GK}$) vor Steuern des gesamten Unternehmens.

Um nun zu beurteilen, ob die durchzuführenden Investitionen optimal im Sinne des Shareholder Value-Ansatzes sind, ist aber nicht der Bruttoeinzahlungsüberschuss vor Steuern einer Investition entscheidend, sondern der Nettoeinzahlungsüberschuss (NEZÜ$_{St}$) nach Steuern:

	Bruttoeinzahlungsüberschuss vor Steuern einer Investition (BEZÜ$_t$)
–	Steuerzahlungen
–	Fremdkapitalzinsen
–	Fremdkapitaltilgung
=	Nettoeinzahlungsüberschuss nach Steuern einer Investition (NEZÜ$_{St}$)

Dieser Nettoeinzahlungsüberschuss nach Steuern einer Investition stellt damit den Teil des Cash Flows einer Investition als Beitrag zum CF$_{EKt}$ des gesamten Unternehmens dar.

Zwar soll sich in diesem Buch auf die Wirkungen von Investitionsentscheidungen auf den Shareholder Value-Ansatz beschränkt werden, gleichzeitig sei aber darauf hingewiesen, dass mit dem Shareholder Value-Ansatz ein umfassendes Managementkonzept verbunden ist. Beispielsweise kann der Shareholder Value auch dadurch maximiert werden, indem die zu treffenden Finanzierungsentscheidungen minimale Kapitalkosten aufweisen (s. zum Begriff der Kapitalkosten ausführlich das Buch „Finanzierung" dieser Buchreihe).

Bevor die Maximierung des Shareholder Value-Ansatzes mittels der dynamischen Verfahren der Investitionsrechnung erläutert wird, erfolgt eine Darstellung der statischen Verfahren der Investitionsrechnung, denen aus Vereinfachungsgründen die Rentabilitätsmaximierung als Zielsetzung zugrunde gelegt wird.

2.3 Übungsaufgaben

Aufgabe 2.1

In einem Unternehmen der Kunststoffindustrie ereignen sich im abgelaufenen Geschäftsjahr die nachstehenden Geschäftsvorfälle, welche in der folgenden Tabelle zu klassifizieren sind.

1. Im Januar wurden 5 Tonnen Kunststoffgranulat bestellt. Die Lieferung traf noch im gleichen Monat ein, die Rechnung in Höhe von EUR 50.000 wurde im Februar beglichen.

2. Ebenfalls im Januar erhielt das Unternehmen die bestellte neue Kunststoffspritzgussmaschine. Die Rechnung in Höhe von EUR 40.000 wurde sofort beglichen. Die Anlage soll erstmalig am Ende des Geschäftsjahres in der Finanzbuchhaltung mit EUR 4.000 und in der Kostenrechnung mit EUR 5.000 abgeschrieben werden.

3. Eine Tonne des Kunststoffgranulats wurde im März verarbeitet, neben dem Materialaufwand entstanden hierdurch auszahlungswirksame Aufwendungen (z. B. Löhne, Reparaturen etc.) in Höhe von EUR 3.000.

4. Die Märzproduktion konnte im April zu EUR 20.000 verkauft werden, den Kunden wurde dabei ein Zahlungsziel von 4 Wochen gewährt, welches sie mit der Rechnungsbegleichung im Mai voll ausnutzten.

5. Im Oktober erhielt ein Mitarbeiter ein zinsloses Darlehen in Höhe von EUR 10.000 für zwei Jahre zur Verfügung gestellt. Der Kreditbetrag wurde auf das Konto des Mitarbeiters überwiesen.

6. Im Dezember spendete der Unternehmer EUR 3.000 an das Rote Kreuz.

Monat	Einzahlung (+) Auszahlung (−)	Ertrag (+) Aufwand (−)	Leistung (+) Kosten (−)
Januar			
Februar			
März			
April			
Mai			
Juni			
Juli			
August			

Monat	Einzahlung (+) Auszahlung (−)	Ertrag (+) Aufwand (−)	Leistung (+) Kosten (−)
September			
Oktober			
November			
Dezember			
Jahressaldo			

Aufgabe 2.2

Beschreiben Sie einen Finanzprozess ausgehend von einer Kapitalbeschaffung bis zum Kapitalrückfluss.

Aufgabe 2.3

Welche Phasen umschließt ein Investitionsentscheidungsprozess? Welche Tätigkeiten bestimmen den jeweiligen Abschnitt maßgeblich?

Aufgabe 2.4

In welchem Verhältnis stehen der Shareholder Value-Ansatz und der Stakeholder-Ansatz? Wie kann der Shareholder Value-Ansatz charakterisiert werden?

Aufgabe 2.5

Was versteht man unter dem Cash Flow? Wie ist der Cash Flow definiert? Welche verschiedenen Arten des Cash Flow gibt es und wie können sie ermittelt werden?

Aufgabe 2.6

Sie werden als Assistent der Geschäftsleitung der Olympcommerz GmbH eingestellt. Da sich der bisherige Leiter der Finanzabteilung Maxi Leichtfuß vor seinem Ausscheiden mehr mit seiner Sekretärin Lolita Mathis als mit den Zahlen beschäftigte, sollen Sie aus den Ihnen vorliegenden Daten den Gewinn und den Cash Flow des 1. Quartals 2011 ermitteln.

Durch den Verkauf der wie selbst laufenden Produkte rund um die Olympischen Spiele wurde ein Umsatz von 10 Mio. EUR erzielt, wovon 9,8 Mio. EUR bereits von den Kunden bezahlt wurden. Von den Lieferanten wurden Waren im Wert von 8,3 Mio. EUR gekauft, von denen 300.000 EUR auf Lager gingen. Bis auf 50.000 EUR wurden die Waren bereits vollständig bezahlt. An Verwaltungs- und Vertriebskosten fielen im 1. Quartal 1 Mio. EUR an. Davon wurden bereits 99 % beglichen.

Auf das Anlagevermögen wurden Abschreibungen in Höhe von 100.000 EUR vorgenommen. Andererseits wurden Investitionen von 150.000 EUR getätigt, die auch bereits vollständig bezahlt wurden. An Gewinnsteuern fielen

400.000 EUR an. Diese wurden bis auf eine Steuerrückstellung wegen eines ungerechtfertigten Steuerbescheides in Höhe von 30.000 EUR an die Finanzkasse per Überweisung abgeführt.

a) Ermitteln Sie den Jahresüberschuss nach Steuern für das 1. Quartal 2011.

b) Berechnen Sie den Cash Flow (nach der Grunddefinition) des 1. Quartals 2011 sowohl nach der direkten als auch nach der indirekten Methode.

Aufgabe 2.7

Für das mit dem Kalenderjahr übereinstimmende Geschäftsjahr 2010 liegen die nachfolgend gegebenen Geschäftsvorfälle der Moritz & Max AG vor.

Nr.	Geschäftsvorfall	EUR
1	Nettoeinzahlungen aus der Ausgabe junger Aktien	46.500
2	Bekanntmachung und Zahlung von Bardividenden	33.000
3	Zinsertrag	12.000
4	Zahlungseingang wegen Zinsforderungen	10.500
5	Gehaltsaufwand	156.000
6	Zahlung von Gehalt	165.000
7	Verkauf auf Ziel	537.000
8	Langfristige Beteiligung an einer anderen Gesellschaft	63.000
9	Nettoeinzahlungen aus dem Verkauf von Sachanlagen: einschließlich eines Verlustes von:	27.000 1.500
10	Einzahlungen von Kunden	553.500
11	Ertrag und Zahlungseingang von Dividenden	4.500
12	Zahlung an Lieferanten	478.500
13	Umsatz gegen Barzahlung	138.000
14	Abschreibungsaufwand	48.000
15	Einzahlung aus der Aufnahme kurzfristigen Fremdkapitals	57.000
16	Rückzahlung langfristiger Verbindlichkeiten	85.500
17	Aufwand und Auszahlung von Zinsen	16.500
18	Nettoeinzahlungen aus Verkauf eines Grundstücks zum Buchwert	76.500
19	Nettoeinzahlungen aus Verkauf von Finanzanlagen: einschließlich eines Gewinns von:	33.000 19.500
20	Umsatzaufwand	426.000

Nr.	Geschäftsvorfall	EUR
21	Auszahlungen zum Kauf von Sachanlagen	124.500
22	Aufwand und Zahlung von Steuern	24.000
23	Zahlungsmittelbestand 31.12.2009	124.500
24	Zahlungsmittelbestand 31.12.2010	81.000

a) Wählen Sie aus diesen Geschäftsvorfällen diejenigen aus, die Bestandteil der Gewinn- und Verlustrechnung sind, und ermitteln Sie das Ergebnis des Geschäftsjahres 2010.

b) Berechnen Sie anhand der gegebenen Geschäftsvorfälle den operativen Cash Flow (nach der direkten Methode) sowie den Free Cash Flow der Eigenkapitalgeber.

3 Investitionsentscheidungen bei sicheren Erwartungen

3.1 Statische Investitionsentscheidungen

3.1.1 Grundlagen

Wenn in einem Unternehmen Investitionsentscheidungen getroffen werden sollen, ist eine Beurteilung der zur Auswahl stehenden Investitionsobjekte vorzunehmen. Soll beispielsweise ein Tischkopierer angeschafft werden, so erfolgt aus Kostengründen lediglich die Anwendung der Verfahren der statischen Investitionsrechnung. Dazu wird zur Vereinfachung die Rentabilitätsmaximierung als Zielsetzung herangezogen. Ausgehend vom klassischen, bilanzorientierten Investitionsbegriff lassen sich demnach Investitionsmöglichkeiten durch die periodisierten Stromgrößen der Gewinn- und Verlustrechnung abbilden. Um allerdings auch kalkulatorische Bestandteile erfassen zu können, werden nicht Aufwendungen und Erträge, sondern Kosten und Leistungen zur Bewertung von Investitionen herangezogen.

Auf dieser Grundidee aufbauend haben sich in der Praxis vier Verfahren der statischen Investitionsrechnung herausgebildet:

- Kostenvergleichsrechnung
- Gewinnvergleichsrechnung
- Rentabilitätsvergleichsrechnung
- Amortisationsvergleichsrechnung

Die statischen Verfahren sind durch einige gemeinsame Eigenschaften gekennzeichnet:

1. Bei der Beurteilung von Investitionen bleibt die zeitliche Struktur der in die Betrachtung eingehenden Wertgrößen unberücksichtigt, stattdessen verwendet man durchschnittliche Erfolgsgrößen.

2. Die Orientierung an Durchschnittsgrößen erfolgt durch die Betrachtung nur einer Periode (z. B. stellt eine Periode ein Jahr dar), indem man eine repräsentative Periode als fiktive Durchschnittsperiode wählt.

3. Die statischen Verfahren arbeiten mit Kosten und Leistungen statt mit Einzahlungen und Auszahlungen, da diese periodisierte Größen sind, die man auf eine Periode (Durchschnittsperiode) beziehen kann.

4. Mittels der statischen Verfahren lassen sich nur Investitionsobjekte, aber nicht vollständige Handlungsalternativen miteinander vergleichen, da bei einem differierenden Kapitaleinsatz und/oder einer unterschiedlichen Nut-

zungsdauer keine Aussage darüber getroffen wird, wie mit dem Differenz-
betrag zu verfahren ist.

5. Im Allgemeinen erfolgt eine Berücksichtigung der Wertgrößen der statischen
   Verfahren vor Steuern.

Die Vorgehensweise der statischen Verfahren zur Auswahl von optimalen Investitionsobjekten soll an einem Beispiel erläutert werden. Zur Verdeutlichung
erfolgt die Anwendung des Beispiels auf alle vier Verfahren der statischen
Investitionsrechnung:

Beispiel:

Um ihre neue Begleitsoftware des Typs Atomic 5 auf den Markt bringen zu können, muss die X-Soft AG sich für einen neuen CD-Presser und Labeler entscheiden, der sowohl die Software auf die Datenträger spielt, als auch die CDs mit der
dazugehörigen Aufschrift bedruckt. Zur Auswahl stehen dem Unternehmen
die zwei auf dem Markt meistverkauften Produkte „X-Press" und „CD-Top". Die
Anzahl an CDs, die die jeweiligen Maschinen bedrucken und pressen können,
ist bei beiden Maschinen unbegrenzt, die pro Jahr herzustellende Anzahl wird
jedoch durch die maximal absetzbare Menge der Produkte begrenzt.

Die Anschaffungskosten von X-Press betragen EUR 150.000 und von CD-Top
EUR 200.000. Die Nutzungsdauer von X-Press beträgt 8 Jahre, die von CD-Top 6
Jahre. Der neu zu erwerbende CD-Presser und Labeler soll linear abgeschrieben
werden, wobei die X-Soft AG den Resterlös des X-Press auf EUR 25.000 und den
des CD-Top auf EUR 40.000 schätzt. Der Widerbeschaffungswert der Produkte
wird sich laut Schätzung des Vorstandes beim X-Press auf 150 % und beim CD-
Top auf 140 % des aktuellen Kaufpreises belaufen.

Darüber hinaus rechnet man in der X-Soft AG pro Jahr mit kalkulatorischen
Zinsen auf der Basis eines Zinssatzes von 10 % auf das durchschnittlich gebundene Kapital. Der Vorstand strebt für den CD-Presser und Labeler eine Finanzierung im Verhältnis von 50 % Eigen- zu 50 % Fremdkapital an.

Die X-Soft AG rechnet an Kosten für Rohlinge und Tinte pro gepresster CD von
EUR 0,20/Stück, diese Kosten sind bei beiden Maschinen gleich. Unterschiede ergeben sich jedoch bei den Energiekosten der Maschinen. Hierbei kann
man die Energiekosten pro gebrannter und bedruckter CD beim X-Press auf
EUR 0,04/Stück und beim CD-Top auf EUR 0,09/Stück herunterrechnen. Die zu
erwartenden fixen Wartungskosten liegen beim X-Press bei jährlich EUR 5.000
und beim CD-Top bei EUR 10.500 pro Jahr.

Des Weiteren betragen für den X-Press die variablen Reparaturkosten EUR 0,04/
Stück und für den CD-Top EUR 0,12/Stück. Die Personalkosten sind vollständig
variabel, weil freie Zeiten für andere Anlagen genutzt werden können, und lassen sich für den X-Press mit EUR 0,05/Stück und für den CD-Top mit EUR 0,10/
Stück kalkulieren.

Der Vorstand der X-Soft AG geht davon aus, dass weltweit jährlich 7.000 Soft-
warepakete zu einem Stückpreis von EUR 250 abgesetzt werden können, wobei
jedes der Pakete aus einer Anzahl von 25 CDs besteht. Hieraus lässt sich ein
Durchschnittserlös von EUR 10 pro CD errechnen. Da jedoch der CD-Top jede

CD mit einer stoß- und kratzfesten Speziallegierung beschichtet, ergibt sich hieraus ein höherer Gesamtwert (Verkaufswert) des Produktes und somit ein Durchschnittserlös von EUR 10,50 pro CD.

3.1.2 Kostenvergleichsrechnung

Bei der Kostenvergleichsrechnung werden die laufenden Betriebskosten sowie die kalkulatorischen Kosten für verschiedene Investitionsobjekte einander gegenübergestellt. Die Kostenunterschiede zwischen den Investitionsalternativen dienen damit als Entscheidungsregel für die Wahl der betrachteten Investitionen:

> Wähle die Investition mit den minimalen (durchschnittlichen) Kosten!

Beispiel:

Kostenvergleich für das Investitionsproblem der X-Soft AG:

	X-Press	CD-Top
Anschaffungskosten (AK)	150.000	200.000
Wiederbeschaffungs-preise (WBP)	225.000	280.000
Restverkaufserlös (RW)	25.000	40.000
Nutzungsdauer (n)	8 Jahre	6 Jahre
Kostenbestandteile		
*Kalk. Abschreibungen = (WBP – RW)/n	(225.000 – 25.000)/8 = 25.000	(280.000 – 40.000)/6 = 40.000
**Kalk. Zinsen (10 %) auf das durchschnittlich gebundene Kapital = (AK + RW)/2 × 0,1	(150.000 + 25.000)/2 × 0,1 = 87.500 × 0,1 = 8.750	(200.000 + 40.000)/2 × 0,1 = 120.000 × 0,1 = 12.000
Materialkosten	0,20 × 175.000 = 35.000	0,20 × 175.000 = 35.000
Energiekosten	0,04 × 175.000 = 7.000	0,09 × 175.000 = 15.750
Fixe Wartungskosten	5.000	10.500
Variable Reparatur-kosten	0,04 × 175.000 = 7.000	0,12 × 175.000 = 21.000

	X-Press	CD-Top
Variable Personal-kosten	0,05 × 175.000 = 8.750	0,10 × 175.000 = 17.500
Gesamtkosten pro Jahr	96.500	151.750

* Im Gegensatz zu den bilanziellen Abschreibungen wird zur Ermittlung der kalkulatorischen Abschreibungen von den Wiederbeschaffungspreisen ausgegangen.

** Das durchschnittlich gebundene Kapital wird vereinfacht nach der Durchschnittswertverzinsung ermittelt. Dies bedeutet, dass man die kalkulatorischen Zinsen auf das durchschnittlich während der gesamten Nutzungsdauer gebundene Kapital (Anschaffungskosten) berechnet. Sinnvoll lässt sich diese Methode nur bei zugrundeliegenden linearen Abschreibungen anwenden.

Aufgrund der Kostenvergleichsrechnung wählt der Vorstand der X-Soft AG den X-Press, da dessen durchschnittliche Gesamtkosten pro Jahr geringer sind als beim CD-Top.

Bei Anwendung der Kostenvergleichsrechnung ist es notwendig, sich neben der möglichen Kritik an den allgemeinen Eigenschaften der statischen Verfahren (s. Abschnitt 3.1.6) der zusätzlichen Probleme bewusst zu sein:

(1) Es wird die Annahme unterstellt, dass die Umsatzerlöse aus den Investitionsobjekten identisch sind. Dies ist im Beispiel aufgrund der zwar gleichen Absatzmengen, aber unterschiedlichen Absatzpreisen offensichtlich nicht der Fall.

(2) Außerdem ist zu gewährleisten, dass die Investitionsobjekte überhaupt einen Gewinn abwerfen. Dazu müsste dieser erst einmal berechnet werden.

(3) Bei unterschiedlichen Kapazitäten bzw. Absatzmengen der zu beurteilenden Investitionsobjekte ist der Vergleich der Gesamtkosten um einen Stückkostenvergleich zu erweitern.

3.1.3 Gewinnvergleichsrechnung

Erfolgt eine Einbeziehung der Erlöse (Leistungen) in den Investitionsvergleich, handelt es sich um die Erweiterung der Kostenvergleichsrechnung zur Gewinnvergleichsrechnung. Die Gewinnvergleichsrechnung ist im Gegensatz zum Kostenvergleich auch zur Beurteilung einzelner Investitionsobjekte geeignet. Ein Investitionsobjekt ist dann vorteilhaft, wenn es einen Gewinn erwirtschaftet. Die Entscheidungsregel für Auswahlentscheidungen zwischen zwei Investitionsobjekten lässt sich wie folgt formulieren:

> Wähle die Investition mit dem maximalen (durchschnittlichen) Gewinn!

Beispiel:

Die zurechenbaren durchschnittlichen Gewinne der zur Auswahl stehenden CD-Presser und Labeler lassen sich aufbauend auf der Gesamtkostenermittlung wie folgt berechnen:

	X-Press	CD-Top
Umsatzerlöse	10 × 175.000 = 1.750.000	10,5 × 175.000 = 1.837.500
− Gesamtkosten	96.500	151.750
= **Gewinn pro Jahr**	**1.653.500**	**1.685.750**

Aufgrund der Gewinnvergleichsrechnung sollte sich der Vorstand der X-Soft AG für den CD-Top entscheiden. Im Gegensatz zur Kostenvergleichsrechnung ergibt sich eine andere Entscheidung, weil die höheren Umsatzerlöse des CD-Tops die höheren Gesamtkosten mehr als kompensieren.

Als spezielle Kritik an der Gewinnvergleichsrechnung lassen sich neben der generellen Kritik an den statischen Verfahren der Investitionsrechnung (s. Abschnitt 3.1.6) folgende Punkte anführen:

(1) Besonders für die Gewinnvergleichsrechnung ist die Durchschnittsbildung problematisch. Bezogen auf das Beispiel könnte z. B. die Wahl des CD-Tops mit einer geschätzten Nutzungsdauer von 6 Jahren deshalb nicht optimal sein, weil z. B. im 6. Jahr die Reparaturkosten sehr hoch sind. Möglicherweise führt dies dazu, dass im 6. Jahr Verluste entstehen, die bei der Durchschnittsbildung außer Acht gelassen werden. Wäre dies aber tatsächlich der Fall, könnte ein früherer Verkauf ratsam sein.

(2) Lassen sich nach dem Ende der Nutzung der Investitionsobjekte diese nicht durch weitere ersetzen, so wäre der Gesamtgewinn von X-Press mit EUR 13.228.000 höher als der von CD-Top mit EUR 10.114.500. Der Erwerb von X-Press wäre unter diesem Gesichtspunkt besser als die Anschaffung von CD-Top.

(3) Die Vergleichbarkeit durch die Gewinnvergleichsrechnung ist nur und nur dann gewährleistet, wenn die Investitionsobjekte

- dieselbe Nutzungsdauer und
- denselben Kapitaleinsatz

aufweisen.

3.1.4 Rentabilitätsvergleichsrechnung

Im Gegensatz zur Gewinn- und Kostenvergleichsrechnung berücksichtigt die Rentabilitätsvergleichsrechnung, dass Investitionsobjekte unterschiedlich viel Kapital binden. Die Rentabilität lässt sich vor und nach Zinsen berechnen, indem die jährlichen (durchschnittlichen) Gewinne einer Investition vor bzw.

nach Abzug der Zinsen zu ihrem durchschnittlichen gebundenen Kapital ins Verhältnis gesetzt werden. Im Beispiel soll die Rentabilität vor Zinsen zur Auswahlentscheidung herangezogen werden:

$$\text{Rentabilität in \%} = \frac{\text{Gewinn vor Zinsen} \times 100}{\text{Kapitaleinsatz}}$$

Die dazugehörige Entscheidungsregel lässt sich wie folgt formulieren:

> Wähle die Investition mit der maximalen Rentabilität!

Beispiel:

Die Rentabilitätsberechnung für die Investitionsentscheidung der X-Soft AG führt zur Wahl von X-Press:

		X-Press	CD-Top
	Gewinn nach Zinsen	1.653.500	1.685.750
+	Kalkulatorische Zinsen	8.750	12.000
=	**Gewinn vor Zinsen**	1.662.250	1.697.750
:	**Durchschnittlich gebundenes Kapital**	87.500	120.000
=	**Rentabilität in Prozent**	**18,99 %**	**14,15 %**

Der Wechsel in der Auswahlentscheidung im Vergleich zur Gewinnvergleichsrechnung beruht auf dem unterschiedlich gebundenen durchschnittlichen Kapital der beiden CD-Press und Label Maschinen.

Die kritische Auseinandersetzung mit der Rentabilitätsvergleichsrechnung führt zu folgenden Ergebnissen:

(1) Unterschiedliche Gewinnverteilungen über die Nutzungsdauer werden nicht berücksichtigt. Dies kann sogar zu Ergebnisverzerrungen führen, wenn wie im Beispiel der Gesamtgewinn aufgrund einer längeren Nutzungsdauer zu einer Revidierung der Wahl des Investitionsobjektes führen könnte.

(2) Der Vergleich von Investitionsobjekten und nicht von vollständigen Investitionsalternativen ist im Rahmen der Rentabilitätsvergleichsrechnung recht problematisch, da weder die Verzinsung des nicht investierten Betrages von EUR 50.000,00 des X-Press im Anschaffungsjahr noch die Verzinsung des frei werdenden Kapitals des CD-Tops im 7. und 8. Jahr geklärt wird. Damit ist eine sinnvolle Vergleichbarkeit auch bei der Rentabilitätsvergleichsrechnung nur bei gleichem Kapitaleinsatz und gleicher Nutzungsdauer möglich.

Die unterschiedlichen Ergebnisse des Beispiels führen nun unweigerlich zu der Frage, welche Maschine denn nun zu wählen ist. Denn die Berechnungen ergeben für die einzelnen Vergleichsverfahren folgende optimale Investitionsentscheidungen:

Kostenvergleichsrechnung	X-Press
Gewinnvergleichsrechnung	CD-Top
Rentabilitätsvergleichsrechnung	X-Press

Bei unterschiedlichen Ergebnissen im Vergleich der einzelnen Verfahren ist die Investition zu wählen, die in Bezug auf die Zielsetzung letztendlich optimal ist und dies ist im Rahmen der statischen Investitionsentscheidungen die Rentabilitätsmaximierung. Dies bedeutet, dass der X-Press die durchzuführende Investition ist.

3.1.5 Amortisationsvergleichsrechnung

Die nun folgende Amortisationsvergleichsrechnung ist im Zusammenhang mit der statischen Investitionsrechnung lediglich eine ergänzende Entscheidungsrechnung, von der aber letztendlich nicht die Wahl des optimalen Investitionsobjektes abhängen sollte.

Mit der Amortisationsrechnung (pay-off-Methode) ermittelt der Investor den Zeitraum, in dem das investierte Kapital über die Umsatzerlöse wieder in das Unternehmen zurückfließt und für weitere Investitionen zur Verfügung steht. Je schneller dies geschieht, umso früher lassen sich neue Investitionen tätigen. Daraus leitet sich die Entscheidungsregel ab:

> Wähle die Investition mit der kürzesten Amortisationsdauer!

Die statische Amortisationsvergleichsrechnung lässt sich in zwei Varianten anwenden:

1. Durchschnittsmethode (einperiodiges Verfahren)
2. Kumulationsmethode (mehrperiodiges Verfahren).

3.1.5.1 Durchschnittsmethode

Bei der Durchschnittsmethode wird genauso wie bei den bisher betrachteten einperiodigen statischen Verfahren von den durchschnittlichen Erfolgsgrößen Kosten und Leistungen ausgegangen. Die Amortisationsdauer kann man allgemein wie folgt bestimmen:

$$\text{Amortisationsdauer in Jahren} = \frac{\text{ursprünglicher Kapitaleinsatz}}{\text{Rückfluss pro Jahr}}$$

Für die Investitionsentscheidung im Beispiel soll als Rückfluss der durchschnittliche Cash Flow dienen. Der Cash Flow im Rahmen der statischen Verfahren ergibt sich als Addition der durchschnittlichen Gewinne, Abschreibungen und nicht auszahlungswirksamen kalkulatorischen Zinsen. Sowohl Abschreibungen als auch kalkulatorische Zinsen stellen nicht auszahlungswirksame Kosten dar, die als Bestandteile des Rückflusses in der Kasse des Unternehmens verbleiben.

Beispiel:

Um die Amortisationsdauer für den X-Press und den CD-Top zu berechnen, muss zunächst der Rückfluss pro Jahr bzw. der durchschnittliche Cash Flow pro Jahr ermittelt werden:

		X-Press	CD-Top
	Gewinn nach Zinsen	1.653.500	1.685.750
+	Kalk. Abschreibungen	25.000	40.000
+	Kalk. Zinsen (50 % auf das eingesetzte Eigen-kapital)	4.250	6.000
=	Durchschnittlicher Cash Flow	1.682.750	1.704.750
	Ursprünglicher Kapitaleinsatz*	150.000	200.000
:	Durchschnittlicher Cash Flow	1.682.750	1.704.750
=	Amortisationsdauer	**0,08 Jahre**	0,12 Jahre

* Der Rückfluss wird dem ursprünglichen Kapitaleinsatz (Anschaffungskosten) und nicht den Wiederbeschaffungspreisen gegenübergestellt. Denn bei der Amortisationsrechnung geht es nicht um die Ermittlung kalkulatorischer Erfolgsgrößen. Vielmehr soll der Frage nach dem Rückfluss des einmal eingesetzten Kapitals nachgegangen werden.

Nach der Amortisationsvergleichsrechnung müsste sich der Vorstand für den X-Press entscheiden.

Auch die Amortisationsvergleichsrechnung nach der Durchschnittsmethode ist kritisch zu beleuchten:

(1) Der Aussagegehalt der Amortisationsdauer auf Basis der Durchschnittsmethode ist relativ gering, da Verluste nach der Amortisationsdauer auftreten können. Diese sind aber durch die Durchschnittsbildung in den Gewinnen nivelliert und können so nicht aufgezeigt werden.

(2) Viele Unternehmen gehen in der Praxis von bestimmten mindestens zu erreichenden Amortisationsdauern aus. Häufig wird eine Amortisationsdauer von drei Jahren angestrebt. Im Beispiel wird diese Marke weit unter-

schritten. Dies ist bei Unternehmen aus anderen Branchen nicht unbedingt der Fall.

3.1.5.2 Kumulationsmethode

Im Gegensatz zur Durchschnittsmethode operiert die mehrperiodige **Kumulationsmethode** mit Ein- und Auszahlungen. Für jedes Jahr (t) werden die dem Investitionsobjekt zurechenbaren Bruttoeinzahlungsüberschüsse (Rückflüsse) als Differenz zwischen den Umsatzerlösen und den damit verbundenen Auszahlungen aufaddiert. Dies geschieht so lange, bis die Summe der Bruttoeinzahlungsüberschüsse die Anschaffungsauszahlung erreicht:

$$BAZÜ_0 = \sum_{t=1}^{t^*} BEZÜ_t$$

mit $BAZÜ_0$ = Anschaffungsauszahlung im Zeitpunkt t_0

$BEZÜ_t$ = Bruttoeinzahlungsüberschüsse des Jahres t

t^* = Jahr, in dem die Amortisation erfolgt

Neben der Ermittlung der Amortisationsdauer, d. h. dem Jahr, in dem die Bruttoeinzahlungsüberschüsse die Anschaffungsauszahlungen erstmalig übertreffen, lässt sich auch der exakte Amortisationszeitpunkt (t_A) berechnen, wobei angenommen wird, dass die Zahlungen gleichmäßig über die Periode verteilt anfallen:

$$t_A = (t^* - 1) + \frac{BAZÜ_0 - \sum_{t=1}^{t^*-1} BEZÜ_t}{BEZÜt_{t^*}}$$

mit $BEZÜ_{t^*}$ = Bruttoeinzahlungsüberschuss im Jahr t^*, in der die Amortisation erfolgt

Beispiel:

Die X-Soft AG hat zwei verschiedene Investitionsmöglichkeiten zur Auswahl. Hierbei handelt es sich im Folgenden vereinfacht um IO_I und IO_{II} (in TEUR):

	IO_I	IO_{II}
Anschaffungsauszahlung	−10.000	−25.000
$BEZÜ_1$	3.000	4.000
$BEZÜ_2$	5.000	8.000
$BEZÜ_3$	4.000	10.000
$BEZÜ_4$	2.000	12.000
$BEZÜ_5$	1 000	12.000
t*	3 Jahre	4 Jahre
Überschuss in t*	2 .000	9.000

Es ergeben sich folgende Amortisationszeitpunkte:

$$t_{AI} = (3-1) + \frac{10.000 - (3.000 + 5.000)}{4.000} = 2,5 \text{ Jahre}$$

$$t_{AII} = (4-1) + \frac{25.000 - (4.000 + 8.000 + 10.000)}{12.000} = 3,25 \text{ Jahre}$$

Mittels dieses Beispiels im Zusammenhang mit der Kumulationsmethode lässt sich die Problematik der Anwendung der Amortisationsrechnung nochmals verdeutlichen. Sie gilt zwar auch für die Durchschnittsmethode, dort tritt sie jedoch aufgrund der Durchschnittsbildung nicht offen zu Tage:

(1) Da die Betrachtung im Amortisationszeitpunkt endet, werden Bruttoeinzahlungsüberschüsse, die nach diesem Zeitpunkt anfallen, nicht berücksichtigt. Dies kann zu Fehlentscheidungen führen, da im Beispiel zwar das Investitionsobjekt IO_I aufgrund der Amortisationsüberlegungen gewählt wird, der gesamte Überschuss der Einzahlungen über die Anschaffungsauszahlung von IO_{II} mit EUR 21.000 jedoch wesentlich höher ist als bei der Durchführung von IO_I mit EUR 5.000. Damit ist auch die Rentabilität von IO_{II} höher als die von IO_I.

(2) Amortisationsüberlegungen können somit die anderen Investitionskalküle nur ergänzen, aber nicht ersetzen.

3.1.6 Zusammenfassende Beurteilung

Trotz der in diesem Kapitel angeführten Kritik werden in der Praxis die Verfahren der statischen Investitionsrechnungen häufig (allerdings mit abnehmender Tendenz) zur Auswahl von Investitionsobjekten herangezogen, da sie

- leicht zu handhaben sind,
- an die Entscheider keine hohen mathematischen Anforderungen stellen und
- nur einen verhältnismäßig geringen Beschaffungsaufwand an Informationen verlangen.

Wie das Beispiel gezeigt hat, gelangen Entscheider bei Anwendung der statischen Investitionsrechnung, je nach der Wahl des Verfahrens, zu unterschiedlichen Auswahlentscheidungen bezüglich der Vorteilhaftigkeit von Investitionsobjekten. Dabei sollte dem Leser bewusst sein, welche Annahmen und Probleme mit den einzelnen Verfahren der statischen Investitionsrechnung verbunden sind.

Hat ein Investor beispielsweise zwei Investitionsalternativen mit gleichen zugeordneten Erlösen, Kapitaleinsätzen und Nutzungsdauern zu bewerten, so kann er dazu die Kostenvergleichsrechnung heranziehen. Ist aber von unterschiedlichen Erlösen auszugehen, so ist zusätzlich eine Gewinnvergleichsrechnung durchzuführen. Und ergeben sich auch Unterschiede im Kapitaleinsatz, ist die Rentabilitätsvergleichsrechnung anzuwenden. Letztendlich ist die Entscheidung auf Basis der Zielsetzung und damit mittels der Rentabilitätsvergleichsrechnung zu treffen.

Aus den am Anfang des Abschnitts aufgestellten allgemeinen Eigenschaften der statischen Investitionsrechnung lassen sich einige gravierende Nachteile ableiten:

- Finanzielle Mittel in gleicher Höhe, die nicht zum gleichen Zeitpunkt realisiert werden, weisen im Vergleich einen unterschiedlichen Wert auf. Dies resultiert aus dem Zinseffekt im Zeitablauf, der in den Verfahren der statischen Investitionsrechnung nicht berücksichtigt wird.
- Um die zeitlichen Unterschiede aufzeigen zu können, ist es notwendig, Ein und Auszahlungen zur Abbildung von Investitionen zu verwenden.
- Die Nivellierung unterschiedlich hoher Erfolgsgrößen durch die Durchschnittsbildung kann zu Verzerrungen der tatsächlichen Verhältnisse führen.
- Die Durchführung von Investitionsalternativen mit unterschiedlichem Kapitaleinsatz und/oder Nutzungsdauer lässt es notwendig erscheinen, vollständige Handlungsalternativen und nicht nur Investitionsobjekte zu beurteilen.
- Weiterhin wird im Rahmen der statischen Verfahren in der Regel auf die Berücksichtigung von Steuern verzichtet.

Akzeptiert man diese Mängel und ist die Zielsetzung für Investitionsentscheidungen die Rentabilitätsmaximierung, so kann eine Entscheidung nach den Verfahren der statischen Investitionsrechnung vorgenommen werden. Andererseits, vor allem unter Berücksichtigung der Zielsetzung des Shareholder Value-Ansatzes, ist die dynamische Investitionsrechnung zur Beurteilung von Investitionen heranzuziehen.

3.2 Dynamische Investitionsentscheidungen

3.2.1 Grundlagen

In der dynamischen Betrachtungsweise werden die finanziellen Konsequenzen einer durchgeführten Investition nicht nur für eine Periode, sondern für einen längeren in der Zukunft liegenden Zeitraum betrachtet. Aus diesem Grund ist eine Durchschnittsbildung, also die Verwendung von durchschnittlichen Erfolgsgrößen, nicht sinnvoll. Weil weiterhin den Investor interessiert, welche finanziellen Mittel ihm in welcher Periode für weitere Investitionen zur Verfügung stehen, werden keine periodisierten Erfolgsgrößen, sondern Zahlungsgrößen verwendet. Denn nicht die Gewinne, sondern die Cash Flows oder der Überschuss der Einzahlungen über die Auszahlungen einer bestehenden Investition ($BEZÜ_t$) lassen sich vom Unternehmen als Zahlungsmittelbestand für neue Investitionen heranziehen. Außerdem ist der Zinseffekt zu berücksichtigen, da dieser dazu führt, dass der Geldzufluss in der Gegenwart mehr wert ist als der Geldzufluss in der Zukunft.

Die dynamische Investitionsrechnung beurteilt deshalb Investitionen auf der Grundlage von Zahlungsreihen nach dem Barwert-Konzept. Die darauf aufbauenden wichtigsten Verfahren sind

- die Kapitalwertmethode,
- die Annuitätenmethode,
- die interne Zinsfußmethode und
- die dynamische Amortisationsrechnung.

Diese Verfahren sollen aufgrund der Zielsetzung des Shareholder Value-Ansatzes in diesem Kapitel zunächst anhand fünf vereinfachender Prämissen dargestellt werden:

- Die Investitionen werden **ausschließlich mit Eigenkapital** finanziert; es ist genügend Eigenkapital vorhanden.
- Steuern werden in die Investitionsentscheidungen **nicht miteinbezogen**.
- Die **Nutzungsdauer** der Investition ist bekannt und **steht fest**.
- Es herrschen **sichere Erwartungen**, so dass Risikoüberlegungen keine Rolle spielen.
- Der zur Abzinsung herangezogene **Kalkulationszinsfuß (KZF)** der Eigenkapitalgeber **(e) ist gegeben**.

Ausgangspunkt für die dynamische Investitionsrechnung ist die Abbildung von ökonomischen Vorgängen mittels Ein- und Auszahlungen. Die Erfassung dieser Zahlungen erfolgt im Rahmen des Barwert-Konzeptes, das bereits in der Einleitung erläutert wurde. Der Barwert einer Zahlungsreihe in t_0 (B_0) kommt dadurch zustande, dass alle Zahlungen auf t_0 abgezinst und diese umgerechneten Zahlungen zu einer Summe addiert werden. Stellen die Zahlungen Einzahlungen dar, spricht man vom Barwert der Einzahlungen, anderenfalls vom Barwert der Auszahlungen.

Ist e der Kalkulationszinsfuß (KZF), den der Investor für eine alternative Verwendung seiner Eigenmittel am Kapitalmarkt erhalten würde, erfolgt mit e die Abzinsung der betrachteten Zahlungen. Die Abzinsung wird für alle Zahlungen über den betrachteten Zeitraum (T) vorgenommen. So gilt für den Barwert der Einzahlungen (E_t) im Bezugszeitpunkt t_0:

$$B_0 = \sum_{t=0}^{T} \frac{E_t}{(1+e)^t}$$

Beispiel:

Max Moneymakers Onkel, der Millionär Dagobert Duckato, will als Vorauszahlung auf das Erbe seines Neffen diesem in den nächsten 3 Jahren zu Silvester zunächst EUR 1.000, dann EUR 2.000 und zuletzt EUR 3.000 ausbezahlen, die Max genauso wie sein Onkel auf dem Kapitalmarkt zu 8 % anlegen könnte.

Die Zahlungsreihe der Einzahlungen ergibt sich wie folgt (in EUR):

	t_0	t_1	t_2	t_3
E_t	0	1.000	2.000	3.000

Der zu errechnende Barwert im Zeitpunkt t_0 ist nichts anderes als der sofort fällige Betrag, den Onkel Dagobert seinem Neffen in t_0 anbieten könnte, ohne sich schlechter zu stellen als bei seinem Angebot der Zahlung an Max in den nächsten 3 Jahren:

$$B_0 = \frac{1.000}{1,08^1} + \frac{2.000}{1,08^2} + \frac{3.000}{1,08^3} = 5.022,10 \text{ EUR}$$

Damit stellt der Barwert der Zahlungsreihe in Höhe von EUR 5.022,10 das Äquivalent der Zahlungsreihe im Zeitpunkt t_0 dar. Der Barwert kann also auch als der Marktpreis der Zahlungsreihe am Kapitalmarkt mit einer Verzinsung von 8 % im Zeitpunkt t_0 bezeichnet werden: Kein Marktteilnehmer würde einen höheren Betrag für den Kauf für diese Zahlungsreihe bezahlen und kein Verkäufer wäre bereit, einen geringeren Betrag für den Verkauf zu verlangen ohne sich schlechter zu stellen als bei einer sukzessiven Auszahlung von t_1 bis t_3.

3.2.2 Kapitalwertmethode

Die Kapitalwertmethode baut auf dem Barwert-Konzept auf. Die Entscheidungsgröße ist der zum Zeitpunkt t_0 berechnete Kapitalwert (K_0). Aus Vereinfachungsgründen sind vom Investor zunächst für die zu beurteilenden Investitionen die saldierten Aus- und Einzahlungen der jeweiligen Perioden zu ermitteln. Sind in einer Periode die Umsatzerlöse vor Steuern und Fremdkapitalzinsen größer als die damit verbundenen Auszahlungen, ergibt sich ein Bruttoeinzahlungsüberschuss ($BEZÜ_t$), anderenfalls ein Bruttoauszahlungsüberschuss ($BAZÜ_t$). Allgemein errechnet sich der Kapitalwert dadurch, dass man zum Bezugszeitpunkt t_0 vom Barwert der Bruttoeinzahlungsüberschüsse den Barwert der Bruttoauszahlungsüberschüsse abzieht (mit KZF = e):

$$K_0 = \sum_{t=0}^{T} \frac{BEZÜ_t}{(1+e)^t} - \sum_{t=0}^{T} \frac{BAZÜ_t}{(1+e)^t}$$

Für eine Normalinvestition, bei der nach der Anschaffungsauszahlung in t_0 ($BAZÜ_0$) in den Folgeperioden nur noch Bruttoeinzahlungsüberschüsse ($BEZÜ_t$) entstehen, lässt sich die Kapitalwertformel wie folgt schreiben:

$$K_0 = \sum_{t=1}^{T} \frac{BEZÜ_t}{(1+e)^t} - BAZÜ_0$$

Besteht die Zahlungsreihe aus endlich wiederkehrenden Zahlungen (endliche Rente), vereinfacht sich die Ermittlung des Kapitalwertes durch die Multiplikation des konstanten Bruttoeinzahlungsüberschusses (BEZÜ) mit dem entsprechenden Rentenbarwertfaktor (RBF).

$$K_0 = BEZÜ \cdot RBF - BAZÜ_0 = BEZÜ \cdot \frac{(1+e)^T - 1}{(1+e)^T \cdot e} - BAZÜ_0$$

Liegt eine unendliche Reihe wiederkehrender Einzahlungsüberschüsse (unendliche Rente) vor, dann kann der Investor den Kapitalwert ebenfalls vereinfacht berechnen:

$$K_0 = \frac{BEZÜ}{e} - BAZÜ_0$$

Gilt es, eine einzelne Investition auf ihre Vorteilhaftigkeit zu überprüfen, ist nach der Kapitalwertmethode folgende Entscheidungsregel anzuwenden:

> Führe die Investition dann durch, wenn der Kapitalwert positiv ist!

Beispiel:

Die X-Soft AG kann einerseits Eigenkapital alternativ zu 10 % anlegen, andererseits plant sie PCs zu kaufen, durch deren Einsatz die folgenden Einnahmen erzielt werden sollen: (in TEUR):

PCs	t_0	t_1	t_2
$BEZÜ_t$	−4.000	+2.200	+4.235

$$K_{0P} = -4.000 + \frac{2.200}{(1,1)^1} + \frac{4.235}{(1,1)^2} = 1.500 \text{ TEUR}$$

Aufgrund des positiven Kapitalwertes ist die Durchführung der geplanten Investition unter rein finanziellen Aspekten vorteilhaft. Denn die Investition liefert – bezogen auf t_0 – im Vergleich zu einer alternativen Anlage von 4.000 TEUR zu 10 % einen um 1.500 TEUR höheren Vermögenszuwachs.

Nimmt der Kapitalwert einen Wert von null an, besagt dies, dass die Durchführung der Investition genau der Verzinsung der alternativen Anlagemöglichkeit entspricht. Die Durchführung der Investition ist dann, aus rein finanzieller Sicht, weder von Vorteil noch von Nachteil. Bei einem negativen Kapitalwert ist von der Durchführung abzuraten, da die Alternative eine höhere Verzinsung erwirtschaftet als die Investition.

Soll eine **Auswahlentscheidung** von sich gegenseitig ausschließenden Investitionsobjekten vorgenommen werden, gilt die Entscheidungsregel:

> Wähle die Investition mit dem höchsten Kapitalwert!

Beispiel:

Zur Verdeutlichung soll die Entscheidungssituation der X-Soft AG dargestellt werden. Neben der Investition in das Forschungsprojekt haben die Mitarbeiter der Investitionsplanungsabteilung der X-Soft AG die Investitionsmöglichkeit in den Kauf einer Konkurrenzsoftware angedacht, die zwar vom Markt verschwinden wird, jedoch trotzdem für die nächste Periode noch durch die folgende Zahlungsreihe charakterisiert ist:

Software	t_0	t_1	t_2
$BEZÜ_t$	−3.000	+4.400	0

$$K_{0S} = -3.000 + \frac{4.400}{(1,1)^1} + 0 = 1.000 \text{ TEUR}$$

Aus rein finanzieller Hinsicht, ist die Investition in die PCs dem Kauf der Software des Konkurrenten vorzuziehen. Dies beruht auf der Tatsache, dass die Durchführung der Investition in die PCs einen um 500 TEUR höheren Vermögenszuwachs in t_0 verspricht als die Investition in die Software.

Interpretation:

Zum ökonomischen Gehalt des Kapitalwertes finden sich in der Literatur die unterschiedlichsten Ausführungen. Hier sollen drei mögliche Interpretationen kurz vorgestellt werden, um zu veranschaulichen, was unter dem Begriff des Kapitalwertes verstanden werden kann:

1. Der Kapitalwert ist die Differenz zwischen dem Barwert der Bruttoeinzahlungsüberschüsse und dem Barwert der Bruttoauszahlungsüberschüsse. Ein positiver Kapitalwert resultiert aus der Tatsache, dass der Barwert der Bruttoeinzahlungsüberschüsse größer ist als der Barwert der Bruttoauszahlungsüberschüsse. Die Durchführung der Investition lohnt sich also. Im umgekehrten Fall ist der Kapitalwert negativ und es lohnt sich nicht, die Investition zu realisieren.

2. Bei der Durchführung der Investition erzielt der Investor einen auf t_0 bezogenen Vermögenszuwachs (Mehrkonsummöglichkeit) in Höhe des Kapitalwertes gegenüber einer Alternativanlage. Dieser Vermögenszuwachs ist allerdings lediglich eine rechentechnische Vergleichsgröße, da die Zahlungen des Investitionsobjektes in t_0 tatsächlich noch nicht eingetreten sind. Der Vermögenszuwachs als Vergleichsgröße sagt aus, dass der Investor durch die Investition – bezogen auf t_0 – mehr Kapital zur Verfügung hat als bei einer alternativen Anlage seines Eigenkapitals zum jeweiligen Kalkulationszinsfuß.

3. Der Kapitalwert repräsentiert die gesamte Zahlungsreihe eines Investitionsobjektes durch einen einzigen Betrag. Der Kapitalwert lässt sich somit als Grenz- oder Marktpreis der zugrunde liegenden Zahlungsreihe des Investitionsobjektes am Kapitalmarkt interpretieren. Denn wenn die mit der Investition verbundene Zahlungsreihe in t_0 am Kapitalmarkt verkauft werden könnte, würde der Verkäufer mindestens den Kapitalwert fordern und der Käufer maximal den Kapitalwert bezahlen wollen. Der Gleichgewichtspreis beim Handel von Investitionsobjekten wie z. B. von Aktien folgt genau dieser Konzeption.

Es stellt sich nun natürlich die Frage, warum aufgrund des Ergebnisses der Kapitalwertmethode einfach der Schluss gezogen werden kann, dass die Investition in die PCs vorteilhafter ist als der Kauf der Software. Denn die Zahlungsreihen der beiden Investitionsobjekte unterscheiden sich sowohl hinsichtlich der Höhe der Anschaffungsauszahlungen in t_0 als auch in der zeitlichen Struktur der Zahlungsströme.

Um diese Frage anschaulich zu beantworten, sollen sogenannte Ergänzungszahlungsreihen (EZR) bzw. Differenzinvestitionen gebildet werden. Sie machen zwei Investitionsobjekte allein anhand von Finanzplänen miteinander vergleichbar.

Beispiel:

Als Beispiel dienen die beiden Investitionsobjekte P (Investition in die PCs) und S (Kauf der Software). Um S an P in t_0 angleichen zu können, soll davon ausgegangen werden, dass der Entscheider die zusätzlichen Geldmittel in Höhe von 1.000 TEUR, die er in P mehr investieren muss als in S, am Kapitalmarkt zu 10 % für 2 Perioden anlegt; so ergibt sich die EZR_1. Weiterhin sind die überschüssigen 2.200 TEUR von S in t_1 gegenüber P über eine Periode am Kapitalmarkt zu 10 % zu investieren (EZR_2).

Durch die Bildung der einzelnen Ergänzungszahlungsreihen und ihre Verknüpfung, ergibt sich der folgende vollständige Finanzplan (Tabelle 11).

	t_0	t_1	t_2
P	−4.000	+2.200	+4.235
S	−3.000	+4.400	0
EZR_1	−1.000	0	+1.210
EZR_2	0	−2.200	+2.420
S*	−4.000	+2.200	+3.630

Tabelle 11: Ergänzungszahlungsreihen und Kapitalwertmethode

Betrachtet man nun die erste und die letzte Zeile des Finanzplans, wird deutlich, dass P und S* sich nur noch in t_2 hinsichtlich der Höhe der Bruttoeinzahlungsüberschüsse unterscheiden: P ist in t_2 um 605 TEUR besser als S*. Dieses Ergebnis ist identisch mit dem Vergleich der Kapitalwerte in t_0, wobei die Abzinsung von 605 TEUR um 2 Perioden auf den Zeitpunkt t_0 mit 10 % exakt einen Wert von 500 TEUR ergibt: der Unterschied der Kapitalwerte in t_0. Als Nachweis, dass S und S* tatsächlich nur umgeformte Zahlungsreihen mit dem gleichen Wert sind, lässt sich der Kapitalwert von S* berechnen, der dem Kapitalwert von S entspricht:

$$K_{0S}{}^* = -4.000 + \frac{2.200}{(1,1)^1} + \frac{3.630}{(1,1)^2} = 1.000 \text{ TEUR}$$

Liegt damit eine Anlagemöglichkeit für Ergänzungsbeträge in Höhe des KZF vor, ist es überflüssig, Ergänzungszahlungsreihen zu bilden: Die Kapitalwertmethode kommt auf einem einfacheren Weg zu demselben Ergebnis als der explizite Vergleich über die Angleichung der Zahlungsreihen. Denn aufgrund der Aufzinsung der Differenzbeträge zum KZF und dem gleichzeitigen Abzinsen zum KZF zur Ermittlung des Kapitalwertes weisen Ergänzungszahlungsreihen immer einen Kapitalwert von null auf. Dies bedeutet, dass zwei oder mehrere Investitionen allein aufgrund des Kapitalwertes miteinander verglichen werden können. Unterschiede in

- der Höhe der Anschaffungsauszahlungen,

- der zeitlichen Struktur der Zahlungsströme und
- der Nutzungsdauer

werden damit bedeutungslos. Der Vorstand der X-Soft AG kann somit allein anhand der Kapitalwertmethode die Vorteilhaftigkeit der beiden zur Auswahl stehenden Investitionsobjekte P und S beurteilen.

Die im Zusammenhang mit der Kapitalwertmethode angewandte Wiederanlage- bzw. Reinvestitionsprämisse impliziert, dass Differenzbeträge jeweils zum KZF angelegt werden können. Diese Voraussetzung ist hier gegeben. Denn zu Beginn des Abschnitts wurde die Annahme getroffen, dass Investoren ihre Investitionen mit unbegrenztem Eigenkapital zum KZF von e finanzieren können.

Ob nun ein Investitionsobjekt überhaupt vorteilhaft ist, hängt allerdings nicht nur von den erwirtschafteten Bruttoeinzahlungsüberschüssen, sondern vor allem vom zugrundeliegenden KZF ab. Dies resultiert aus der Grundidee der Kapitalwertmethode, nach der das Investitionsobjekt mit einer Alternative verglichen wird, die sich durch den KZF repräsentieren lässt. Würde bei der Beurteilung von P beispielsweise statt von einem KZF in Höhe von 10 % von einem KZF von 40 % ausgegangen, so ergäbe sich ein Kapitalwert in Höhe von minus 267,86 TEUR: Bei einer alternativen Anlagemöglichkeit von 40 % würde P somit nicht durchgeführt.

Dies gilt generell für Normalinvestitionen und bedeutet, dass ein **Ansteigen** des KZF ein **Sinken** des Kapitalwertes zur Folge hat und umgekehrt. Die relative Vorteilhaftigkeit der Investition nimmt im Vergleich zur Anlage des Investitionsbetrages zum KZF ab. Je höher der KZF ist, desto schlechter werden die konstant bleibenden Bruttoeinzahlungsüberschüsse der Investition im Vergleich zum herangezogenen KZF. Den Schnittpunkt mit der x-Achse bezeichnet man als internen Zinsfuß (IZF).

Dieser Zusammenhang kann graphisch verdeutlicht werden (Abbildung 3.1).

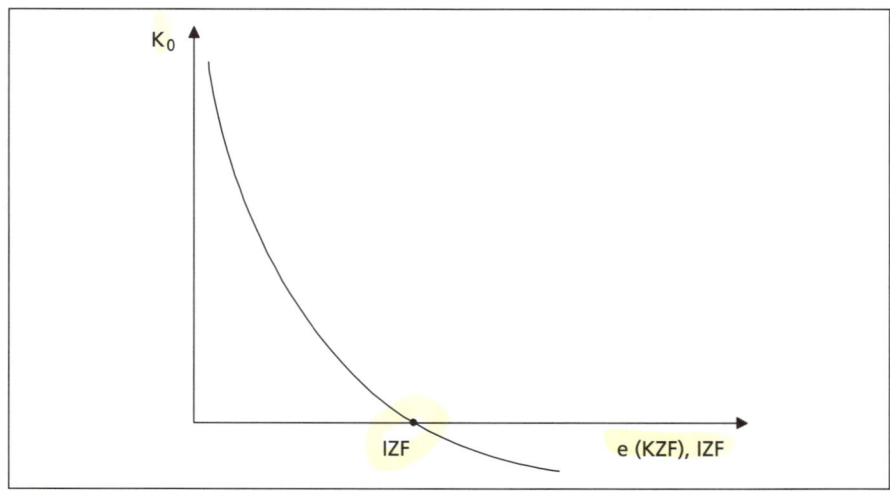

Abbildung 3.1: Graphische Darstellung der Kapitalwertfunktion

Die Berechnung von Kapitalwerten erfolgt in der Praxis mit Hilfe von Microsoft Office Excel. Es bietet sich an, die Tabelle so aufzubauen, dass die Periode in der Zeile, die Cash Flows in der Spalte stehen (Abbildung 3.2). Denn in der Regel sind die Cash Flows noch nicht bekannt, sondern müssen zuerst auf Basis der Ein- und Auszahlungen (direkte Methode) oder auf Basis des Jahresüberschusses (indirekte Methode) berechnet werden. Die Eingabe des Kalkulationszinssatzes erfolgt am besten in einer separaten Zelle, so dass der Kalkulationszinssatz bei Bedarf leicht geändert werden kann. Zur besseren Darstellung kann der Kalkulationszinssatz über **Zellen formatieren** > **Zahlen** > **Prozent** formatiert werden.

	A	B	C	D	E	F	G
1	Kalkulationszinsfuß	10%					
2	Kapitalwert						
3							
4	Jahr	0	1	2	3	4	5
5	Cash Flow	-300	100	100	100	100	100
6							

Abbildung 3.2: Grundschema der Kapitalwertberechnung in MS Excel

Zu beachten ist dabei, dass sich die Bezeichnungen in Excel von den standardmäßigen Begriffen unterscheiden. Excel verwendet die Funktion „NBW (Kapitalwert)" zur Bezeichnung des Barwertes, nicht des Kapitalwerts einer Zahlungsreihe. Zum Berechnen des finanzwirtschaftlichen Kapitalwerts einer Zahlungsreihe mit Excel muss zuerst der Barwert der zukünftigen Cash Flows ermittelt werden. Dann wird von diesem Wert der Cash Flow zum Zeitpunkt 0, d. h. die Anschaffungsauszahlung abgezogen (Abbildung 3.3). Wenn man die Zahlenformatierung mit zwei Dezimalstellen einstellt, ergibt sich als Kapitalwert der Betrag 79,08.

	A	B	C	D	E	F	G
1	Kalkulationszinsfuß	10%					
2	Kapitalwert	=B5+NBW(B1;C5:G5)					
3							
4	Jahr	0	1	2	3	4	5
5	Cash Flow	-300	100	100	100	100	100
6							

Abbildung 3.3: Verwendung der Funktion „NBW (Kapitalwert)" in MS Excel

3.2.3 Annuitätenmethode

Unter einer Annuität wird eine **Reihe gleichförmiger Zahlungen** verstanden. Jede Zahlungsreihe kann in eine Annuität, die den gleichen Kapitalwert aufweist wie die ursprüngliche Zahlungsreihe, umgewandelt werden. Die **Entscheidungsregel** lautet wie folgt:

> Wähle die Investition mit der höchsten Annuität!

Die Umwandlung in eine Annuität erhält man, indem der Kapitalwert der ursprünglichen Zahlungsreihe mit dem **Kapitalwiedergewinnungsfaktor (KWF)** multipliziert wird. Der Kapitalwiedergewinnungsfaktor ist wiederum der **Kehrwert des Rentenbarwertfaktors**.

$$\text{Annuität (a)} = K_0 \cdot KWF = K_0 \cdot \frac{(1+e)^T \cdot e}{(1+e)^T - 1}$$

Zur Veranschaulichung dient wieder die Investition P der X-Soft AG, deren Kapitalwert 1.500 TEUR beträgt. Die Annuität errechnet sich damit wie folgt:

$$a = 1.500 \cdot \frac{1{,}1^2 \cdot 0{,}1}{1{,}1^2 - 1} = 864{,}29 \text{ TEUR}$$

Aus diesem Ergebnis lässt sich die der Annuität zugrundeliegende Zahlungsreihe ableiten:

t_0	t_1	t_2
0	+864,29	+864,29

Interpretation:

(1) Die Annuität ist eine **gleichförmige Zahlungsreihe**, die den gleichen Kapitalwert aufweist wie die ursprünglich betrachtete Zahlungsreihe des Investitionsobjektes.

(2) Die fiktive Vermögensmehrung in t_0 in Höhe des Kapitalwertes wird gleichmäßig über einen für den Entscheider relevanten Planungszeitraum verteilt (dieser muss nicht identisch mit der ursprünglichen Laufzeit des Investitionsobjektes sein; ist sie es dennoch, spricht man von einer **äquivalenten Annuität**). Damit stellt die Annuität den **durchschnittlichen Konsumbetrag** dar, den man bei der Durchführung der Investition während der Rentendauer zusätzlich fiktiv entnehmen kann.

Da der Berechnung **immer** positive KZF zugrunde liegen (negative KZF stellen ökonomisch keine sinnvolle Alternative dar), gelangen Annuitätenmethode und Kapitalwertmethode **stets** zur gleichen Entscheidung. Die Gleichheit der Entscheidungen ist einleuchtend, da die Annuität einen auf die Laufzeit der Investition verteilten Kapitalwert darstellt. Wird ein positiver Kapitalwert mit dem KWF multipliziert, dann muss sich somit auch immer eine positive Annuität ergeben.

3.2.4 Interne Zinsfußmethode

Wie man anhand der Kapitalwertfunktion sieht, sinkt der Kapitalwert einer Investition, wenn sich der zur Berechnung des Kapitalwertes herangezogene KZF aufgrund besser verzinslicher Alternativanlagen erhöht. Der Schnittpunkt der Kapitalwertfunktion mit der Abszisse gibt den kritischen Zinsfuß an, bei dem der Kapitalwert einer Investition gleich null wird (Abbildung 3.1). Das Investitionsobjekt ist folglich in diesem Punkt genauso „vorteilhaft" wie die alternative Anlagemöglichkeit, d. h. sie verzinst sich mit derselben Rendite wie die Alternative. Dieser Zinssatz wird deshalb als interner Zinsfuß (IZF) des Investitionsobjektes bezeichnet.

Der interne Zinsfuß (IZF) lässt sich somit aus der Kapitalwertformel ableiten:

$$K_0 = 0 = \sum_{t=0}^{T} \frac{BEZÜ_t}{(1+IZF)^t} - \sum_{t=0}^{T} \frac{BAZÜ_t}{(1+KZF)^t}$$

Und für eine **Normalinvestition** gilt:

$$K_0 = 0 = \sum_{t=1}^{T} \frac{BEZÜ_t}{(1+IZF)^t} - BAZÜ_0$$

Beispiel:

Zur Verdeutlichung wird für P der X-Soft AG der interne Zinsfuß berechnet. Da die Realisierung von P bei einem KZF von 10 % vorteilhaft ist, bedeutet dies, dass der IZF von P höher sein muss als 10 %.

Eingesetzt in die Kapitalwertformel ergibt sich folgende Gleichung:

$$K_0 = 0 = -4.000 + \frac{2.200}{(1+IZF)^1} + \frac{4.235}{(1+IZF)^2}$$

Die Berechnung des IZF im 2-Periodenfall erfolgt exemplarisch anhand der p,q-Formel (auch die a,b,c-Formel oder die quadratische Ergänzung könnte zur

Lösung herangezogen werden). Zunächst erfolgt eine Umstellung der Gleichung, indem man sie zunächst mit $(1+IZF)^2$ multipliziert und durch minus 45.000 dividiert:

$$0 = (1 + IZF)^2 - 0,55 \times (1 + IZF) - 1,059$$

Zur Lösung verwendet man die p,q-Formel:

$$(1+IZF)_{1/2} = -\frac{p}{2} \pm \sqrt{\frac{p^2}{2^2} - q}$$

$$(1+IZF)_{1/2} = +\frac{0,55}{2} \pm \sqrt{\frac{0,55^2}{2^2} + 1,059}$$

$$(1+IZF)_1 = 0,275 + 1,065 = +1,34$$

$$(1+IZF)_2 = 0,275 - 1,065 = -0,79$$

Der interne Zinsfuß beträgt 34 % (das negative Ergebnis lässt sich ökonomisch nicht sinnvoll interpretieren und wird deshalb vernachlässigt).

Liegen Gleichungen dritten bis n-ten Grades vor, kann der IZF entweder über die Anwendung der Hess'schen Normalform oder näherungsweise bestimmt werden. Bei Gleichungen n-ten Grades existieren grundsätzlich keine eindeutigen, sondern in der Regel n-Lösungen.

Interpretation:

(1) Ökonomisch lässt sich der interne Zinsfuß als Verzinsung des im Investitionsobjekt jeweils gebundenen Kapitals interpretieren.

(2) Die interne Zinsfußmethode ermittelt somit die Rendite des Investitionsobjektes, wobei unterstellt wird, dass diese während der gesamten Laufzeit des Investitionsobjektes konstant ist.

(3) Der interne Zinsfuß wird auch als kritischer Zinssatz des Investitionsobjektes bezeichnet, da bei einer Abzinsung mit einem höheren KZF der Kapitalwert der Investition einen negativen Wert annimmt.

Bei der Anwendung der Kapitalwertmethode erfolgt ein impliziter Vergleich der Verzinsung der Investition mit einer alternativen Verwendungsmöglichkeit. Dazu wird die Zahlungsreihe des Investitionsobjektes mit dem Zinssatz dieser Alternativanlage (KZF) abgezinst. Die Berechnung des Kapitalwertes gibt deshalb automatisch an, ob ein Investitionsobjekt vorteilhaft ist oder nicht. Im Gegensatz dazu ist bei der internen Zinsfußmethode die Ermittlung des IZF für eine Vorteilhaftigkeitsbestimmung allein nicht ausreichend. Vielmehr ist zusätzlich ein expliziter Vergleich des IZF mit dem jeweiligen KZF notwendig.

Trifft der Investor eine Einzelinvestitionsentscheidung, so gilt:

> Führe die Investition dann durch, wenn der IZF den KZF übersteigt!

Bei Auswahlentscheidungen gelangen nur die Investitionsobjekte in die engere Wahl, deren IZF höher ist als der entsprechende KZF. Danach wählt der Investor nach folgender Entscheidungsregel aus:

> Wähle die Investitionsalternative, deren IZF am höchsten ist!

3.2.5 Vergleich von Kapitalwert- und interner Zinsfußmethode

Bei Auswahlentscheidungen im Zusammenhang mit Normalinvestitionen können Widersprüche in den Ergebnissen der Kapitalwertmethode und der internen Zinsfußmethode auftreten. Und zwar dann, wenn sich die Investitionsobjekte hinsichtlich

- der Höhe der Anschaffungsauszahlungen **oder**
- der zeitlichen Struktur der Zahlungsströme **oder**
- der Nutzungsdauer

unterscheiden. Für die Kapitalwertmethode alleine sind diese Differenzen bedeutungslos. Sie werden dann relevant, wenn man die Ergebnisse der Kapitalwertmethode mit den Ergebnissen der internen Zinsfußmethode vergleicht.

Beispiel:

Für die Investitionsobjekte P und S der X-Soft AG ergaben sich die folgenden Kapitalwerte sowie der IZF für P aufgrund der weiter oben gezeigten Berechnungen. Den IZF für S kann man analog bestimmen:

	K_0	IZF
P	+1.500	32,9 %
S	+1.000	46,6 %

Der Kapitalwertvergleich führt zur Auswahl von P, wohingegen nach der internen Zinsfußmethode S vorgezogen werden würde.

Der Grund für die widersprüchlichen Ergebnisse bei Auswahlentscheidungen zwischen den beiden Entscheidungskriterien liegt in der Unterstellung unterschiedlicher Wiederanlageprämissen: Ergänzungszahlungsreihen verzinsen sich bei der Kapitalwertmethode zum KZF, bei der internen Zinsfußmethode hingegen zum IZF des jeweils betrachteten Investitionsobjektes.

Beispiel:

Analog zu Tabelle 11 in Kapitel 3.2.2 soll auch für die interne Zinsfußmethode der Vergleich der beiden Investitionen mittels Ergänzungszahlungsreihen durchgeführt werden. Es erfolgt ebenfalls eine Angleichung von der Investitionsmöglichkeit S an P, allerdings mit dem Unterschied, dass die EZR_1 und EZR_2

sich nicht zum KZF von 10%, sondern zum IZF der Investitionsmöglichkeit S von 46,6% verzinsen. Alle Angaben in TEUR:

	t_0	t_1	t_2
P	−4.000	+2.200	+4.235
S	−3.000	+4.400	0
EZR$_1$	−1.000	→1,466 0 →	+2.149
EZR$_2$	0	−2.200 →1,466→	+3.225
S	−4.000	+2.200	+5.374

Tabelle 12: Ergänzungszahlungsreihen und interne Zinsfußmethode

Das Ergebnis der Tabelle 12 zeigt nun, dass die Investitionsmöglichkeit S in t_2 einen höheren Konsum ermöglicht als die in P.

Ob die unterschiedlichen Wiederanlageprämissen allerdings überhaupt zu einem Widerspruch führen, hängt vom Verlauf der Kapitalwertfunktionen der zur Auswahl stehenden Investitionsobjekte ab. Ergeben sich bei **Normalinvestitionen parallel** verlaufende Kapitalwertfunktionen tritt **kein** Widerspruch auf.

Anders verhält es sich bei den beiden Investitionsobjekten P und S der X-Soft AG. Deren Kapitalwertfunktionen schneiden sich (Abbildung 3.4).

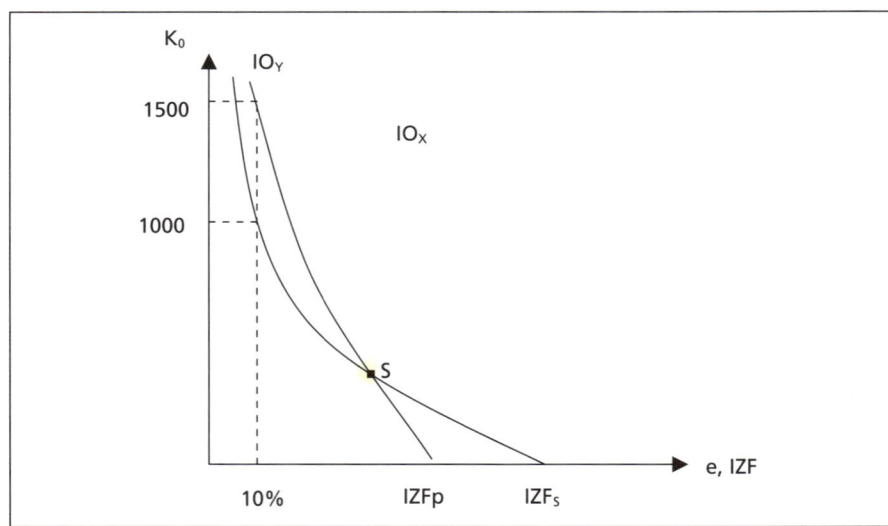

Abbildung 3.4: Sich schneidende Kapitalwertfunktionen

Links vom Schnittpunkt S erweist sich P nach der Kapitalwertmethode als vorteilhafter, rechts vom Schnittpunkt jedoch Investitionsmöglichkeit S. Nach der internen Zinsfußmethode wird dagegen jeweils Investitionsmöglichkeit S gewählt, da immer gilt: $IZF_S > IZF_P$. Der Widerspruch ist somit von der Wahl des KZF abhängig, weil sich ein Widerspruch nur im Bereich links vom Schnittpunkt S ergibt.

Somit müssen bei Auswahlentscheidungen für Normalinvestitionen zwei Bedingungen erfüllt sein, damit es auf Grundlage der unterschiedlichen Wiederanlageprämissen zwischen der Kapitalwertmethode und der internen Zinsfußmethode überhaupt zu einem Widerspruch kommt:

(1) Die Kapitalwertfunktionen der betrachteten Investitionen schneiden sich.

(2) Der zur Alternativanlage herangezogene Kalkulationszinsfuß befindet sich links vom Schnittpunkt der sich schneidenden Kapitalwertfunktionen.

Es ist für einen möglichen Widerspruch damit entscheidend, zu welchem Zinssatz ein Investor seine Mittel alternativ anlegen kann, wie hoch also der vom Kapitalmarkt oder anderen Investitionsmöglichkeiten vorgegebene KZF ist.

Es stellt sich für den Leser natürlich unweigerlich die Frage, nach welchem Verfahren denn nun Auswahlentscheidungen vorgenommen werden sollen:

(1) Die Wiederanlageprämisse der internen Zinsfußmethode kann als unrealistisch abgelehnt werden. Denn die Ergänzungszahlungsreihen lassen sich im Allgemeinen nicht zu dem jeweiligen internen Zinsfuß des zugrundeliegenden Investitionsobjektes verzinsen, weil die Duplizierbarkeit der Investitionsobjekte in der Regel nicht gegeben ist.

(2) Wäre jedoch die Duplizierbarkeit gegeben, und man könnte zusätzlich beliebig viele Mittel zum internen Zinsfuß der betrachteten Investitionsobjekte anlegen, würde sich der KZF (z. B. als Marktzins) in Höhe des IZF einpendeln. Denn der KZF gibt die Verzinsung einer alternativen Anlagemöglichkeit an. Ist der KZF einer vorgegebenen Anlagealternative höher als der IZF würde kein Investor seine zusätzlichen Mittel zum IZF investieren. Wäre andererseits die unbegrenzte Duplizierbarkeit gegeben, würden die Investoren ihre zusätzlichen Mittel zum IZF anlegen, wenn dieser höher als der KZF wäre. Dann würde automatisch der IZF dem KZF entsprechen. Die Entscheidung könnte wieder allein aufgrund der Kapitalwertmethode getroffen werden.

(3) Es lässt sich auch zeigen, dass beim Vorliegen von Nicht-Normalinvestitionen die interne Zinsfußmethode zu Fehlentscheidungen führen kann. Dies muss zwar nicht zwangsläufig der Fall sein, es ist jedoch dann sinnvoll gleich die Kapitalwertmethode zu verwenden, als bei jeder Entscheidung überprüfen zu müssen, ob denn nun die interne Zinsfußmethode tatsächlich zu einer „richtigen" Entscheidung gelangt.

Die aufgeführten Argumente führen dazu, dass die Kapitalwertmethode der internen Zinsfußmethode als Entscheidungskriterium vorzuziehen ist.

Dies kann noch einmal am Shareholder Value-Ansatz als Zielsetzung zur Auswahl optimaler Investitionsobjekte verdeutlicht werden. Denn es lässt sich nachweisen, dass beim Vorliegen von Nicht-Normalinvestitionen bei einem negativen Kapitalwert die Entscheidung nach der internen Zinsfußmethode für die Investition ausfallen kann. Eine solche Entscheidung erscheint aber nicht sinnvoll, weil sowohl der Shareholder Value-Ansatz als auch die Kapitalwertmethode auf dem Barwert-Konzept basieren und dabei folgender Zusammenhang gilt:

$$K_{0(EK)} = \Delta V_{EK0}$$

Dies bedeutet, dass nur eine Investition mit einem positiven Kapitalwert zur Vermögenswertmaximierung nach dem Shareholder Value-Ansatz beiträgt und offensichtlich die interne Zinsfußmethode dies nicht immer gewährleisten kann.

Ein Investor sollte damit generell die Kapitalwertmethode der internen Zinsfußmethode zur Beurteilung von Investitionsobjekten vorziehen.

3.2.6 Dynamische Amortisationsrechnung

In der Praxis wird häufig die Amortisationsdauer als Entscheidungskriterium herangezogen. Analog zur statischen Amortisationsvergleichsrechnung wird bei der dynamischen Amortisationsrechnung der Zeitraum ermittelt, in dem das eingesetzte Kapital zuzüglich der Verzinsung zum KZF aus den Bruttoeinzahlungsüberschüssen gerade wieder in das Unternehmen zurückgeflossen ist.

Die Amortisationsdauer ist in der Periode erreicht, in der der Kapitalwert einer Investition, ermittelt durch schrittweise Kumulation der Barwerte der Bruttoeinzahlungsüberschüsse der einzelnen Perioden, gerade null wird. Neben der Amortisationsdauer (t^*) kann man ebenfalls den exakten Amortisationszeitpunkt (t_A) ermitteln.

Bei einer Einzelinvestitionsentscheidung gilt:

> Wähle die Investition, wenn die vorgegebene Amortisationsdauer
> unterschritten wird!

Bei einer Auswahlentscheidung wird zwischen den Investitionen, die die vorgegebene Amortisationsdauer unterschreiten, nach folgender Entscheidungsregel vorgegangen:

> Wähle die Investition, deren Amortisationsdauer am kürzesten ist!

Beispiel:

Zur Verdeutlichung soll das Beispiel der IO_I und IO_{II} aus dem Kapitel über die statische Amortisationsvergleichsrechnung (Kumulationsmethode) herangezogen werden. Nach der Abzinsung der Bruttoeinzahlungsüberschüsse (in TEUR) mit einem KZF von 10 % ergibt sich folgende Amortisationsdauer:

	IO_I	IO_{II}
Anschaffungsauszahlung	−10.000	−25.000
Barwert des $BEZÜ_1$	+2.727	+3.636
Barwert des $BEZÜ_2$	+4.132	+6.612
Barwert des $BEZÜ_3$	+3.005	+7.513
Barwert des $BEZÜ_4$	+1.366	+8.196
Barwert des $BEZÜ_5$	+621	+7.451
t*	4 Jahre	4 Jahre

Die Amortisationszeitpunkte kann man analog mit der Formel der statischen Investitionsrechnung ermitteln:

$$t_{AI} = (4-1) + \frac{10.000 - (2.727 + 4.132 + 3.005)}{1.366} = 3,1\,\text{Jahre}$$

$$t_{AII} = (4-1) + \frac{25.000 - (3.636 + 6.612 + 7.513)}{8.196} = 3,9\,\text{Jahre}$$

Die Rangfolge gegenüber der statischen Amortisationsvergleichsrechnung ändert sich zwar nicht, aber die absolute Höhe der Amortisationsdauer und des Amortisationszeitpunktes. Aufgrund der Abzinsung werden sie länger.

Die Beurteilung von Investitionsobjekten anhand der Amortisationsrechnung wurde bereits im Zusammenhang mit der Darstellung der statischen Investitionsrechnung als wenig sinnvoll angesehen. Das Auswahlkriterium der Amortisationsdauer bzw. des Amortisationszeitpunktes vernachlässigt den Zeitraum nach der Amortisationsdauer. Dieses Verfahren gelangt deshalb nur dann zu optimalen Entscheidungen, wenn eine Investition eine andere hinsichtlich des Kapitalwertes dominiert. In diesem Falle ist eine zusätzliche Entscheidungsregel jedoch nicht mehr erforderlich.

3.2.7 Zusammenfassende Beurteilung

In der Praxis ist in den letzten Jahren ein unaufhaltsamer Vormarsch der dynamischen Investitionsrechnung in den Investitionsabteilungen der deutschen Unternehmen festzustellen. Dabei gewinnt die Kapitalwertmethode aufgrund ihrer dominierenden Aussagekraft immer mehr an Bedeutung. Die dynamische Investitionsrechnung wird dabei mehr in größeren Unternehmen angewendet, während die kleineren aufgrund des nicht vorhandenen Know-hows, des geringen Kapitalvolumens der Investitionsobjekte und der fehlenden Informationssysteme weiter an der statischen Investitionsrechnung festhalten.

Der einfachen Handhabung der Rechentechnik steht allerdings in der Praxis immer wieder die Unsicherheit über die Zukunft und damit die **Prognoseunsicherheit** der Daten entgegen. Denn das Ergebnis der Kapitalwertmethode ist nur so gut wie die zugrundeliegenden Daten. Dieses **Prognoseproblem** kann nie vollständig beseitigt werden. Jedoch werden immer mehr Instrumente entwickelt, die auch auf diesem Gebiet mit Hilfe der EDV zu besseren Prognoseergebnissen gelangen. Anwendung finden in der Praxis beispielsweise die Einbeziehung von Worst Case- und Best Case-Szenarien oder Simulationsrechnungen.

Die für die optimale Auswahl eines Investitionsobjektes notwendige **Isolierbarkeit der Zahlungen** ist in den seltensten Fällen gegeben. Die Isolierbarkeit scheitert nicht nur an der fehlenden Möglichkeit der Zurechnung von Gemeinkosten in der Kostenrechnung, die Auszahlungen darstellen, sondern auch an zeitlichen Interdependenzen. Zeitlich-horizontale Interdependenzen liegen dann vor, wenn Investitionsvorhaben von bereits realisierten und zukünftig geplanten Investitionen abhängig sind. Der Einfluss zukünftiger geplanter Investitionsobjekte auf gegenwärtige Investitionen (zeitlich-vertikale Interdependenzen) kann ebenfalls eine Rolle spielen.

Weiterhin ist zu berücksichtigen, dass neben den rein finanziellen bzw. quantitativen Bewertungskriterien auch **qualitative Bewertungskriterien** existieren wie etwa wirtschaftliche, technische, rechtliche oder soziale Bewertungskriterien. Ein Vorschlag zu deren Einbeziehung wird mit dem Beispiel im Rahmen der Darstellung des Investitionsentscheidungsprozesses vorgestellt. Doch gegen die Umsetzung in der Praxis spricht immer wieder die Subjektivität der vorgenommenen Rangfolgenbildung. Denn es ist zu berücksichtigen, dass z.B. ein Profit Center-Leiter, der eine bestimmte Investition vom Vorstand bewilligt bekommen möchte, mit quantitativen Bewertungskriterien, die schwerer angreifbar sind, eine bessere Argumentationsgrundlage hat als mit jederzeit durch Diskussionen zu Fall zu bringenden qualitativen Bewertungen. Es dauert viel länger und ist schwieriger, die Annahmen beispielsweise einer der Kapitalwertmethode zugrundeliegenden Zahlungsreihe ad absurdum zu führen als die Kriterien einer qualitativen Bewertung.

Andererseits können die aufgezählten Kritikpunkte nicht dazu führen, dass deshalb Investitionsentscheidungen überhaupt nicht getroffen werden. Solange es letztendlich nicht gelingt, die Problembereiche in den Griff zu bekommen, wird die Kapitalwertmethode in der hier dargestellten Form einzusetzen sein.

Zwar wurde in diesem Kapitel die Kapitalwertmethode anhand einiger vereinfachender Prämissen eingeführt, um die Grundidee der Verfahren zu erleichtern. Es ist allerdings von der Rechentechnik her völlig unproblematisch, den Einfluss der Fremdfinanzierung oder von Steuern in die Investitionsentscheidungen miteinzubeziehen sowie die optimale Nutzungsdauer zu berechnen. Auch die Einbeziehung des Risikos ist rechnerisch ohne weiteres möglich. Der dazu passende risikobehaftete KZF kann im Rahmen des Capital Asset Pricing Models (CAPM) ermittelt werden.

Die folgenden Kapitel beschäftigen sich deshalb mit der sukzessiven Aufhebung der fünf Prämissen, die im Zusammenhang mit dem Shareholder Value-Ansatz aufgestellt wurden, um die Kapitalwertmethode für das Finanzmanagement in Unternehmen zu einem wertvollen Instrument zur Beurteilung optimaler Investitionen zu machen.

3.3 Kapitalwertmethode und Finanzmanagement

3.3.1 Einbeziehung der Fremdfinanzierung

Bisher wurde unterstellt, dass Investitionen ausschließlich durch Eigenkapital finanziert werden. Die Bruttoeinzahlungsüberschüsse der Investitionszahlungsreihe stehen damit vollständig den Eigenkapitalgebern zu. Tatsächlich sind in der Praxis die Fremdfinanzierungsmittel von Unternehmen nicht unerheblich, so dass ein Teil der aus den Investitionsobjekten fließenden Überschüsse für die Zins- und Tilgungszahlungen an die Fremdkapitalgeber verwendet werden muss. Die Fremdfinanzierung führt damit zu einer Beeinflussung der Höhe des Kapitalwertes. Dies kann ohne Probleme bei der Berechnung berücksichtigt werden.

Beispiel:

Die Finanzierung der Anschaffungsauszahlung der Investition P der X-Soft AG in Höhe von 4.000 TEUR soll nun mit einer 50%igen Fremdmittelaufnahme erfolgen. Die mit der Hausbank der X-Soft AG ausgehandelte Verzinsung beträgt 5%. Die Tilgung wurde in Form von zwei gleichen Raten vereinbart. Damit ergibt sich folgende Fremdfinanzierungszahlungsreihe für die einzelnen Perioden (FZR_t) in TEUR:

	t_0	t_1	t_2
FZR_t	+2.000	−1.100	−1.050

Es verbleibt damit für die Eigenkapitalgeber der X-Soft AG aus dem Bruttoeinzahlungsüberschuss ($BEZÜ_t$) lediglich der Teil der Einzahlungsüberschüsse nach Abzug der Fremdfinanzierungszahlungsreihe (FZR_t) als Nettoeinzahlungsüberschuss vor Steuern ($NEZÜ_t$).

	t_0	t_1	t_2
$BEZÜ_t$	−4.000	+2.200	+4.235
FZR_t	+2.000	−1.100	−1.050
$NEZÜ_t$	−2.000	+1.100	+3.185

$$K_0 = -2.000 + \frac{1.100}{1,1^1} + \frac{3.185}{1,1^2} = 1.632,23 \; TEUR$$

Aufgrund der gegenüber dem Kalkulationszinsfuß e (10 %) niedrigeren Verzinsung (5 %) des Fremdkapitals steigt der Kapitalwert beim Kauf des Investitionsobjektes P im Vergleich zur reinen Eigenkapitalfinanzierung an. Verantwortlich dafür ist das Wirken des positiven Financial Leverage-Effektes unter der Annahme, dass die Eigenkapitalgeber trotz einer ansteigenden Verschuldung ihre Verzinsungsforderung nicht erhöhen (s. dazu ausführlich das Buch „Finanzierung" dieser Buchreihe).

Ob der Kapitalwert gegenüber der ausschließlichen Eigenkapitalfinanzierung steigt oder fällt, wird vom Verhältnis des Zinssatzes für Fremdkapital zum KZF bestimmt. Wie hoch allerdings letztendlich die Wirkung der Fremdfinanzierung auf den Kapitalwert einer Investition ist, hängt von einer Reihe von Faktoren ab:

- Struktur der Investitionszahlungsreihe,
- Laufzeit der Fremdfinanzierung,
- Tilgungsmodus und
- Höhe des Kreditbetrages.

3.3.2 Berücksichtigung von Steuern

Investitionsentscheidungen lassen sich erst unter Berücksichtigung von Steuern angemessen beurteilen, denn die Eigenkapitalgeber sind ausschließlich an einer Maximierung von V_{EK} nach Steuern interessiert, da nur dieser Betrag von ihnen konsumiert werden kann. Es ist deshalb notwendig, die durch ein Investitionsobjekt ausgelösten zukünftigen Steuerzahlungen zu schätzen und in die Investitionsplanung miteinzubeziehen.

- **Gewinnunabhängige Steuern** (z. B. Umsatz-, Grunderwerbs- oder auch Vermögenssteuer) sind im Allgemeinen bereits in den Auszahlungen, die den Investitionen zugeordnet werden, enthalten. Sie sind deshalb nicht gesondert bei der Ermittlung des Kapitalwertes zu berücksichtigen.

- Die Entrichtung **gewinnabhängiger Steuern** (z. B. Einkommens- und Körperschaftssteuer) ist hingegen explizit in die Kapitalwertberechnung einzubeziehen.

Bei der Entwicklung der Kapitalwertformel unter der Berücksichtigung von Steuern soll von folgenden – teilweise vereinfachenden – Überlegungen ausgegangen werden:

1. Es existiert eine allgemeine, von der Rechtsform unabhängige Gewinnsteuer.

2. Es existiert ein konstanter Gewinnsteuersatz (s), mit $0 \leq s \leq 1$.

3. Die Gewinnsteuer entspricht in ihrer Höhe der Einkommensteuer der Gesellschafter der Unternehmen.

4. Steuerschulden werden als Auszahlungen und Steuerrückzahlungen als Einzahlungen unmittelbar am jeweiligen Periodenende aufgefasst (sofortiger Verlustausgleich).

5. Die Anschaffungsauszahlung ($BAZÜ_0$) der Investition kann nicht bereits in t_0, sondern erst anteilig ab t_1 in Form von Abschreibungen steuerlich als Aufwand angesetzt werden.

6. Fremdkapitalzinsen sind in voller Höhe steuerlich abzugsfähig.

Zerlegt man die Kapitalwertformel in den Zähler ($\Sigma(BEZÜ)_t$) und den Nenner ($(1+e)^t$), ergeben sich unter Berücksichtigung von Steuern Veränderungen.

Die Bemessung der Gewinnsteuern in einer Periode t erfolgt nicht auf den Bruttoeinzahlungsüberschuss ($BEZÜ_t$), sondern auf den Gewinn (G_t). Aus diesem Grund muss man die $BEZÜ_t$ der jeweiligen Periode zunächst um die Abschreibungen bzw. Absetzungen für Abnutzung (AfA_t) und die Fremdkapitalzinsen (FKZ_t) korrigieren:

$$G_t = BEZÜ_t - AfA_t - FKZ_t$$

Danach zieht man vom Bruttoeinzahlungsüberschuss einer Periode ohne Steuern ($BEZÜ_t$) die Zahlungen an die Fremdkapitalgeber und die Steuerzahlungen ab und erhält so den Nettoeinzahlungsüberschuss nach Steuern ($NEZÜ_{tS}$):

$$NEZÜ_{tS} = BEZÜ_t - FZR_t - s \cdot (\overbrace{BEZÜ_t - AfA_t - FKZ_t}^{G_t})$$

Der Zähler wird damit durch die Steuerzahlung (*Gewinnsteuersatz*) in der Regel kleiner und führt zu einem Absinken des Kapitalwertes. Steuerrückzahlungen führen zum entgegengesetzten Effekt.

Da sich mit der Einbeziehung von Steuern nicht nur der Bruttoeinzahlungsüberschuss des betrachteten Investitionsobjektes, sondern auch die Zinszahlungen der Alternativanlage verändern, ist dies im Kalkulationszinsfuß zu berücksichtigen. Beträgt beispielsweise die Verzinsung der Alternativanlage bei 100 EUR 10 % vor Steuern, so erhält der Investor 10 EUR an Zinsen. Ist der Steuersatz 40 %, so verbleiben ihm aber nur noch 6 EUR. Der Kalkulationszinsfuß (e) vor Steuern sinkt dann von 10 % vor Steuern auf 6 % nach Steuern (eS). Dies lässt sich allgemein wie folgt formulieren:

$$e_S = e - s \cdot e \text{ oder } e \cdot (1-s)$$

Der Nenner wird immer kleiner, was zu einem Anstieg des Kapitalwertes führt. Die Kapitalwertformel unter Berücksichtigung der Steuer lautet somit:

$$K_{0S} = \sum_{t=1}^{T} \frac{NEZÜ_{St}}{[1+(e \cdot (1-s))]^t} - BAZÜ_0$$

Beispiel:

Der Vorstand der X-Soft AG fragt sich, wie hoch beim Erwerb der Investition P der Vermögenszuwachs nach Steuern für die Anteilseigner ist. Der durchschnittliche Steuersatz der X-Soft AG beträgt 25 %. Das Investitionsobjekt soll über die 2 Jahre der Nutzung linear abgeschrieben werden. Die Finanzierung erfolgt zur Hälfte mit Fremdkapital zu den mit der Hausbank bereits verhandelten Konditionen. Die für die Kapitalwertberechnung notwendige Zahlungsreihe ermittelt der Vorstand wie folgt (in TEUR):

P	t_0	t_1	t_2
BEZÜ$_t$	−4.000	2.200	4.235
− FKZ$_t$	0	−100	−50
− AfA$_t$	0	−2.000	−2.000
= Gewinn$_t$	0	100	2.185
· 0,25 = Steuer$_t$	0	25	546
BEZÜ$_t$	−4.000	2.200	4.235
−Steuer$_t$	0	−25	−546
−FZR$_t$	2.000	−1.100	−1.050
= NEZÜ$_{tS}$	−2.000	1.075	2.639

Für die Kapitalwertberechnung wird außerdem der Kalkulationszinsfuß nach Steuern (e_S) benötigt:

$$e_S = 0,1 \cdot (1-0,25) = 0,075$$

$$K_{0S} = -2.000 + \frac{1.075}{1,075^1} + \frac{2.639}{1,075^2} = 1.283,61 \, TEUR$$

Da das Absinken des Zählers in der Kapitalwertformel überwiegt, sinkt der Kapitalwert für die Investition P nach Steuern auf 1.283,61 TEUR. Der Erwerb ist für die X-Soft AG aber weiterhin vorteilhaft.

Normalerweise ist der Kapitalwert nach Steuern (K_{0S}) kleiner als der Kapitalwert vor Steuern (K_0). Allerdings kann es auch dazu kommen, dass nicht vorteilhafte Investitionen mit der Einbeziehung von Steuern bzw. dem Ansteigen des Steuersatzes vorteilhaft werden **(Steuerparadoxon)**.

Das Steuerparadoxon kann dann eintreten, wenn

- der Zinseffekt des Nenners, der zu einem Anstieg des Kapitalwertes führt, das Absinken des Zählers und damit des Kapitalwertes mehr als kompensiert oder

- durch den sofortigen Verlustausgleich Steuerrückzahlungen zu einer Erhöhung des Zählers und damit des Kapitalwertes führen oder

- mögliche Verlustvorträge in den folgenden Perioden durch Bruttoeinzahlungsüberschüsse derselben Investition ausgeglichen werden und der damit verbundene vorgezogene Zinseffekt den kumulierten Kapitalwert erhöht.

3.3.3 Optimale Nutzungsdauer und optimaler Ersatzzeitpunkt

3.3.3.1 Grundidee

Um die Grundzüge der Kapitalwertmethode darzustellen, wurde als dritte vereinfachende Prämisse eine fest vorgegebene Nutzungsdauer unterstellt. In der Praxis stellt sich aber regelmäßig nicht nur die Frage ob, sondern auch wie lange ein Investitionsobjekt genutzt werden soll. Die Bestimmung der optimalen Nutzungsdauer stellt damit ebenfalls ein Entscheidungsproblem dar.

Es lassen sich dabei vor allem die

- technische und
- wirtschaftliche

Nutzungsdauer unterscheiden.

Die **technische Nutzungsdauer** bezieht sich auf den Zeitraum, in dem das Investitionsobjekt technisch in der Lage ist, im Unternehmen eingesetzt zu werden. Aufgrund der Tatsache, dass nach einigen Jahren der Nutzung in der Regel ein Anstieg der Instandhaltungs- und Reparaturausgaben durch technischen Verschleiß zu beobachten ist, besteht die Tendenz Investitionsobjekte vor Ablauf ihrer technischen Nutzungsdauer zu ersetzen.

Die **wirtschaftliche Nutzungsdauer** gibt deshalb die Zeitdauer an, in der es aus ökonomischen Gründen sinnvoll ist, ein Investitionsobjekt zu nutzen. Die wirtschaftlich optimale Nutzungsdauer (t_{opt}) liegt daher im Allgemeinen unter der technisch maximalen Nutzungsdauer (t_{Max}).

Es gilt:

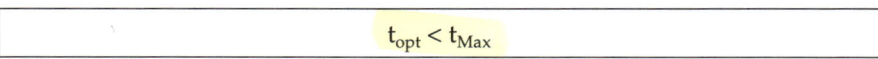

$$t_{opt} < t_{Max}$$

Das im Rahmen der Investitionsrechnung zu lösende Entscheidungsproblem betrifft ausschließlich die (wirtschaftlich) optimale Nutzungsdauer.

3.3.3.2 Optimale Nutzungsdauer bei einmaliger Investition

Beim Entscheidungsproblem der optimalen Nutzungsdauer bei einmaliger Investition geht man davon aus, dass ein Investitionsobjekt lediglich einmal durchgeführt wird. Nach Ablauf der optimalen Nutzungsdauer wird das Investitionsobjekt verkauft und der Restverkaufserlös (R_T) zum KZF am Kapitalmarkt angelegt.

Zur Bestimmung der optimalen Nutzungsdauer mittels Kapitalwertmethode ist die Nutzung einer Investition während der Zeitdauer sinnvoll, in der das im Investitionsobjekt gebundene Kapital sich mindestens zum KZF verzinst.

Eine Investition wird damit solange genutzt, bis die Investition in einer Periode letztmalig einen Kapitalwertzuwachs erwirtschaftet.

Die Maximierung des Kapitalwertes ist gleichbedeutend mit der Bestimmung der optimalen Nutzungsdauer eines Investitionsobjektes (Abbildung 3.5).

Die Maximierung des Kapitalwertes lässt sich bei Berücksichtigung des Restverkaufserlöses für jede Periode t wie folgt ermitteln:

$$K_{0(T)} = \sum_{t=1}^{T} \frac{BEZÜ_t}{(1+e)^t} + \frac{R_T}{(1+e)^T} - BAZÜ_0 \rightarrow \text{Max!}$$

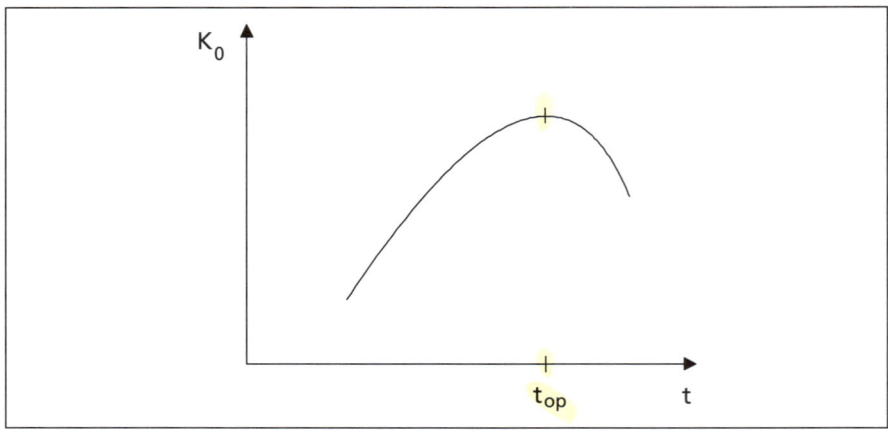

Abbildung 3.5: Maximaler Kapitalwert

Beispiel:

Die X-Soft AG erwägt den Kauf eines Hochleistungsservers, um wie bereits angedacht, ihren Kunden eine ASP Dienstleistung anbieten zu können. Die Anschaffungsauszahlung beträgt hierbei 30 Mio. EUR. Die technisch maximale Nutzungsdauer, bezüglich der Leistungsfähigkeit für die Kunden, soll nach Angaben des Herstellers 4 Jahre up-to-date sein. Da die Ansprüche der Kunden jedoch sehr hoch sind und die Fortentwicklung der Technik rasant ist, ist nach einer gewissen Zeit eine Kundenabwanderung zu leistungsfähigeren Konkurrenzprodukten sehr wahrscheinlich. Die der Investition zuzuordnenden Einzahlungsüberschüsse (BEZÜ$_t$) und Restverkaufserlöse (R$_T$) bei einem KZF von 10 % werden wie folgt prognostiziert (in TEUR):

	t$_1$	t$_2$	t$_3$	t$_4$
BEZÜ$_t$	+25.000	+19.000	+11.200	+1.060
R$_T$	25.000	12.500	3.000	0

Den maximalen Kapitalwert kann man demnach folgendermaßen berechnen:

$$K_{0(1)} = \frac{25.000 + 25.000}{1,1^1} - 30.000 = 15.454,55 \; TEUR$$

$$K_{0(2)} = \frac{25.000}{1,1^1} + \frac{19.000 + 12.500}{1,1^2} - 30.000 = 18.760,33 \; TEUR$$

$$K_{0(3)} = \frac{25.000}{1,1^1} + \frac{19.000}{1,1^2} + \frac{11.200 + 3.000}{1,1^3} - 30.000 = 19.098,42 \; TEUR$$

$$K_{0(4)} = \frac{25.000}{1,1^1} + \frac{19.000}{1,1^2} + \frac{11.200}{1,1^3} + \frac{1.060 + 0}{1,1^4} - 30.000 = 17.568,47 \; TEUR$$

Der Kapitalwert erreicht bei einer Nutzung bis zum Ende der dritten Periode ($t_{opt}= 3$) sein Maximum. Die optimale Nutzungsdauer beträgt damit bei einmaliger Investition drei Perioden mit einem erzielten Kapitalwert von 19.098,42 TEUR. Danach ist es für die X-Soft AG sinnvoll, den Restwert in Höhe von 3.000 TEUR zum KZF von 10 % anzulegen.

3.3.3.3 Optimaler Ersatzzeitpunkt bei einmaliger Wiederholung

Bisher wurde bei der Bestimmung der optimalen Nutzungsdauer eines Investitionsobjektes davon ausgegangen, dass der Investor das Investitionsobjekt nach Ablauf der Nutzungsdauer nicht ersetzt und seine Investitionstätigkeit beendet bzw. seine frei werdenden Mittel am Kapitalmarkt zum KZF anlegt.

Hat der Investor jedoch die Möglichkeit, das alte Investitionsobjekt durch ein neues zu ersetzen, dann ist nicht die optimale Nutzungsdauer zu ermitteln, sondern der optimale Ersatzzeitpunkt der alten durch die neue Investition. Dabei soll vereinfachend davon ausgegangen werden, dass die Investitionskette aus zwei identischen Investitionsobjekten besteht, d. h. die neue Investition ist durch die gleiche Anschaffungsauszahlung und technische Nutzungsdauer sowie den gleichen Kapitalwert wie die alte Investition charakterisiert.

Auch bei der Ermittlung des optimalen Ersatzzeitpunktes wird als Entscheidungskriterium der Kapitalwert herangezogen. Die alte Investition wird durch eine neue dann ersetzt, wenn der Kapitalwert der Investitionskette maximal wird.

Beispiel:

Der von der X-Soft AG erworbene Hochleistungsserver IO_A soll nach der optimalen Nutzung durch einen neuen, state-of-the-art Hochleistungsserver IO_B ersetzt werden, der, wie bereits erwähnt, zum gleichen Preis erworben werden kann und BEZÜ der gleichen Höhe erwirtschaftet. Danach wird das frei werdende Kapital zum KZF angelegt. Die optimale Nutzungsdauer von IO_B ist mit $t_{opt} = 3$ und einem Kapitalwert von 19.098,42 TEUR bereits bekannt.

Den maximalen Kapitalwert der Investitionskette ($K_{0K(T+Topt)}$) erhält man durch Addition der Kapitalwerte der beiden Investitionsobjekte bezogen auf den Zeitpunkt t_0:

$$K_{0K(T+Topt)} = K_{0A(T)} + \frac{K_{0B(Topt)}}{(1+e)^T} \rightarrow \text{Max!}$$

Damit ergeben sich folgende Kapitalwerte in den jeweils betrachteten möglichen Nutzungsdauern der Investitionskette:

$$K_{0(4)} = 15.454,55 + \frac{19.098,42}{1,1^1} = 32.816,75 \ TEUR$$

$$K_{0(5)} = 18.760,33 + \frac{19.098,42}{1,1^2} = 34.544,15 \ TEUR$$

$$K_{0(6)} = 19.098,42 + \frac{19.098,42}{1,1^3} = 33.447,35 \ TEUR$$

Die Addition der auf t_0 abgezinsten Kapitalwerte der beiden Investitionsobjekte IO$_A$ und IO$_B$ ergibt einen optimalen Ersatzzeitpunkt für IO$_A$ am Ende der zweiten Periode (t_{opt} = 2). Die Investitionskette mit dem maximalen Kapitalwert von 34.544,15 TEUR läuft somit über insgesamt fünf Perioden.

Der optimale Ersatzzeitpunkt ist demnach um eine Periode kürzer als die optimale Nutzungsdauer. Dies resultiert aus der Tatsache, dass die Verzinsung des alten Investitionsobjektes nicht nur größer sein muss als die Verzinsung der Anschaffungsauszahlung zum KZF (wie im Falle der einmaligen Investition), sondern darüber hinaus mindestens die Verzinsung des Kapitalwertes des neuen Investitionsobjektes erreichen muss. Denn die Nutzung von IO$_A$ um eine weitere Periode verschiebt die Durchführung von IO$_B$ ebenfalls um eine Periode nach hinten, was zu einem zwangsläufigen Verzicht der fiktiven Anlage des durch IO$_B$ erwirtschafteten Kapitalwertes (K_{OB} = 19.098,42 TEUR) führt. Der Einsatz von IO$_A$ um eine zusätzliche Periode muss also mindestens diesen Verzicht auf die Verzinsung des Kapitalwertes kompensieren, damit sich die Nutzungsdauerverlängerung lohnt.

3.3.3.4 Optimaler Ersatzzeitpunkt bei unendlicher Wiederholung

Hat eine Investitionskette mehr als zwei Glieder, so sind für die Bestimmung des optimalen Ersatzzeitpunktes sämtliche Kapitalwerte der Ersatzinvestitionsobjekte zu berücksichtigen. In diesem Fall soll von einer Investitionskette mit unendlich vielen und wiederum identischen Investitionsobjekten ausgegangen werden. Bei einer unendlichen, identischen Wiederholung ergibt sich eine unendliche Investitionskette, in der jedem Investitionsobjekt unendlich viele Investitionen folgen, so dass jede Investition die gleiche Anzahl von Nachfolgern besitzt. Damit sind die Nutzungsdauern von allen Investitionsobjekten gleich lang und somit aufgrund der Identität der Investitionsobjekte der Kapitalwertbeitrag jeder einzelnen Investition ($K_{0(t)}$ zum Gesamtkapitalwert der Investitionskette (K_{0K})) ebenfalls gleich hoch.

Macht man sich diese Kenntnis mathematisch zunutze und formt die zugehörige Gleichung mehrmals um, ergibt sich im letzten Schritt folgender Zusammenhang:

$$K_{0K} \cdot e = a_{(t)} \quad \text{oder} \quad K_{0K} = \frac{a_{(t)}}{e}$$

ewige Rente

Somit kann man die Annuität als Ersatzkriterium zur Maximierung des Kapitalwertes der Investitionskette bei einer unendlichen, identischen Wiederholung heranziehen. Die Annuität einer Zahlungsreihe ergibt sich allgemein durch die Multiplikation des Kapitalwertes der Zahlungsreihe mit dem Kapitalwiedergewinnungsfaktor (KWF) des Zeitraums, auf den der Kapitalwert verteilt werden soll. Für das zu lösende Entscheidungsproblem bedeutet dies:

$$a_{(topt)} = K_{0(topt)} \cdot KWF_{(topt)}$$

$$\frac{(1+e)^T \cdot e}{(1+e)^T - 1}$$

Beispiel:

Für den Hochleistungsserver der X-Soft AG lassen sich folgende Annuitäten errechnen:

t	$K_{0(t)}$	KWF	Annuität
1	15.454,55	1,1000	17.000,00
2	18.760,33	0,5762	10.809,70
3	19.098,42	0,4021	7.679,47

Der optimale Ersatzzeitpunkt, der sich durch die maximale Annuität bestimmen lässt, liegt damit bei einer unendlichen, identischen Wiederholung am Ende der ersten Periode ($t_{opt} = 1$).

Aus der Annuität in Höhe von 17.000 TEUR errechnet sich mit einem KZF von 10 % ein Kapitalwert K_{0K} der Investitionskette von 170.000 TEUR:

$$K_{0K} = \frac{a_{(topt)}}{e} = \frac{17.000}{0,1} = 170.000 \text{ TEUR}$$

3.3.3.5 Optimale Nutzungsdauer und Steuern

Nun sollen zu den Überlegungen zur optimalen Nutzungsdauer und zum optimalen Ersatzzeitpunkt Steuern mit einbezogen werden. Allerdings beschränkt sich in diesem Kapitel – aus Gründen der Vereinfachung – die Darstellung lediglich auf die Berechnung der optimalen Nutzungsdauer unter Berücksichtigung von Steuern.

Bevor der maximale Kapitalwert der optimalen Nutzungsdauer t_{opt} bestimmt werden kann, sind im Vorfeld zu berechnen

1. der Kalkulationszinsfuß e nach Steuern (e_s),
2. der Bruttoeinzahlungsüberschuss ohne Veräußerung (BEZÜ$_t$ o. V.) für die Jahre, in denen die Investition jeweils eine Periode länger genutzt werden soll und
3. der Bruttoeinzahlungsüberschuss mit Veräußerung (BEZÜ$_t$ m. V.) für die Jahre, in denen beabsichtigt ist, die Investition zu veräußern. Dabei ist zusätzlich zum BEZÜ$_t$ o. V. der Restverkaufserlös (R_t) zu berücksichtigen, der im Steuerfall in Beziehung zum Restbuchwert zu setzen ist. Liegt der Restverkaufserlös über dem Restbuchwert, ergibt sich ein sonstiger betrieblicher Ertrag, anderenfalls ein sonstiger betrieblicher Aufwand.

Beispiel:

Für die X-Soft AG soll die optimale Nutzungsdauer des Hochleistungsservers unter Berücksichtigung von Steuern bestimmt werden. Der Gewinnsteuersatz der X-Soft AG beträgt durchschnittlich 25 %. Der Hochleistungsserver wird über die Laufzeit von 4 Jahren linear abgeschrieben.

1. Ermittlung von e_s:

$$e_s = e - e \times s = 0{,}1 - 0{,}1 \times 0{,}25 = 0{,}075 = 7{,}5\,\%$$

2. Berechnung von BEZÜ$_t$ o. V. in TEUR:

	t_1	t_2	t_3	t_4
BEZÜ$_t$	+25.000	+19.000	+11.200	+1.060
– AfA$_t$	–7.500	–7.500	–7.500	–7.500
= Gewinn$_t$	+17.500	+11.500	+3.700	–6.440
BEZÜ$_t$	+25.000	+19.000	+11.200	+1.060
– Steuern$_t$	–4.375	–2.875	–925	+1.610
BEZÜ$_t$ o. V.	+20.625	+16.125	+10.275	+2.670

3. Berechnung von BEZÜ$_t$ m. V. in TEUR:

	t_1	t_2	t_3	t_4
BEZÜ$_t$	+25.000	+19.000	+11.200	+1.060
– AfA$_t$	–7.500	–7.500	–7.500	–7.500
± s.b. Erfolg$_t$	+2.500	-2.500	–4.500	0
= Gewinn$_t$	+20.000	+9.000	–800	–6.440
BEZÜ$_t$	+25.000	+19.000	+11.200	+1.060
– Steuern$_t$	5.000	2.250	–200	–1.610
+ R$_t$	+25.000	+12.500	+3.000	0
BEZÜ$_t$ m. V.	+45.000	+29.250	+14.400	+2.670

4. Berechnung der relevanten Kapitalwerte:

$$K_{0(1)} = \frac{45.000}{1,075^1} - 30.000 = 11.860,47 \; TEUR$$

$$K_{0(2)} = \frac{20.625}{1,075^1} + \frac{29.250}{1,075^2} - 30.000 = 14.497,03 \; TEUR$$

$$K_{0(3)} = \frac{20.625}{1,075^1} + \frac{16.125}{1,075^2} + \frac{14.400}{1,075^3} - 30.000 = 14.730,97 \; TEUR$$

$$K_{0(4)} = \frac{20.625}{1,075^1} + \frac{16.125}{1,075^2} + \frac{10.275}{1,075^3} + \frac{2.670}{1,075^4} - 30.000 = 13.409,80 \; TEUR$$

Der Kapitalwert erreicht bei einer Nutzung bis zum Ende der dritten Periode (t_{opt} = 3) sein Maximum. Die optimale Nutzungsdauer beträgt damit bei einmaliger Investition drei Perioden mit einem erzielten Kapitalwert von 14.730,97 TEUR. Danach hat sich in diesem Beispiel die optimale Nutzungsdauer gegenüber der Berechnung ohne Steuern zwar nicht verändert, weist jedoch einen deutlich geringeren Kapitalwert auf. Durch die Einberechnung der Steuern kann es jedoch durchaus dazu kommen, dass sich der Wert für t_{opt} verändert.

3.4 Vermögensendwertmaximierung

3.4.1 Definition des Vermögensendwertes

Die Vermögensendwertmethode und die Sollzinssatzmethode werden im Folgenden als mögliche Endwertmodelle vorgestellt. Hierbei ist anzumerken, dass der Kapitalwertmethode die Basis des ersteren Verfahrens ist und die interne Zinsfußmethode die Basis des letzteren Verfahrens. Anstatt der Abzinsung von allen erwarteten Ein- und Auszahlungen auf den Anfang des Betrachtungszeitraums erfolgt zum Ende des Planungszeitraums eine Aufzinsung.

Durch die Aufzinsung aller Zahlungen, die mit dem Investitionsobjekt verbunden sind, ergibt sich der Vermögensendwert. Zur Mittelaufnahme dient hier der Sollzinssatz (i_S), jedoch existiert ebenfalls zur Anlage eingehender Einzahlungsüberschüsse ein niedrigerer Habenzinssatz (i_H). Dabei ist festzustellen, dass eine über bzw. unter dem Sollzinssatz liegende Investitionsrendite immer durch einen positiven bzw. negativen Endwert aufgezeigt wird.

> Für eine **Einzelentscheidung** lautet damit das Entscheidungskriterium:
> Realisiere jedes Vorhaben mit einem positiven Vermögensendwert!
> Im Falle einer **Auswahlentscheidung** lautet das Entscheidungskriterium:
> Realisiere das Vorhaben mit dem höchsten positiven Vermögensendwert!

Geht man von der Annahme eines **Kontenausgleichsverbots** aus, wird neben einem positiven Vermögenskonto zur Verwaltung künftig eingehender, positiver Einzahlungsüberschüsse (EZÜ), ein negatives Vermögenskonto zur Verwaltung der Auszahlungsüberschüsse (AZÜ) geführt. Bis zum Abschluss des Investitionsvorhabens werden die Einzahlungen auf dem positiven bzw. negativen Vermögenskonto mit dem Zinssatz (i_H, i_S) berechnet. Am Ende des Betrachtungszeitraums (VE_t^+ und VE_t^-) werden die verschiedenen Kontostände zum Vermögensendwert (VE_n) saldiert.

$$VE_n = VE_t^+ + VE_t^-$$

$$VE_t^+ = \sum_{t=1}^{n} EZÜ_t^+ \cdot x \cdot (1+i_H)^{n-t}$$

$$VE_t^- = \sum_{t=0}^{n} AZÜ_t^- \cdot x \cdot (1+i_S)^{n-t}$$

Beispiel:

Der Vermögensendwert im Falle eines Kontenausgleichsverbot

Für die Zahlungsreihe −140.000, 60.000, 50.000, 45.000, 30.000, 5.000 ist bei einem Sollzinssatz von 8 % und einem Habenzinssatz von 5 % der Vermögensendwert unter der Annahme des Kontenausgleichsverbots zu ermitteln.

	$EZÜ_t$	VE_{t+}	VE_{t-}	VE_n
t_0	−140.000,00		−140.000,00	
t_1	60.000,00	60.000,00	−151.200,00	
t_2	50.000,00	113.000,00	−163.296,00	
t_3	45.000,00	163.650,00	−176.359,68	
t_4	30.000,00	201.832,50	−190.468,45	
t_5	5.000,00	216.924,13	−205.705,93	11.218,20

Da im Ergebnis ein positiver Vermögensendwert entsteht, ist das Investitionshaben durchzuführen.

Bei einem **Kontenausgleichsgebot** werden zur Tilgung vorerst alle positiven Einzahlungsüberschüsse vollständig verwendet. Negative Nettoeinzahlungen werden zugleich durch bereits vorhandenes Vermögen finanziert. Ist zum Periodenende ein positives Vermögen vorhanden, erfordert die sofortige Verrechnung keine doppelte Kontenführung. Ist jedoch ein negatives Vermögen vorhanden wird die Verzinsung mit dem Sollzinssatz vorgenommen.

Der jeweilige Kontenstand zum Periodenende (VE_t) errechnet sich wie folgt:

$$VE_t = EZÜ_t + VE_{t-1} \times (1+i)$$
$$\text{mit } i = i_H, \text{ falls } VE_{t-1} > 0$$
$$\text{und } i = i_S, \text{ falls } VE_{t-1} < 0$$

Bezogen auf das Beispiel ergeben sich unter Einhaltung des Kontenausgleichsgebots die nachstehend aufgeführten Kontenstände:

	$EZÜ_t$	VE_{t-1}	i	VE_t	VE_n
t_0	−140.000,00			−140.000,00	
t_1	60.000,00	−140.000,00	0,08	−91.200,00	
t_2	50.000,00	−91.200,00	0,08	−48.496,00	
t_3	45.000,00	−48.496,00	0,08	−7.375,68	
t_4	30.000,00	−7.375,68	0,08	22.034,27	
t_5	5.000,00	22.034,27	0,05	28.135,98	28.135,98

Die Annahme des Kontenausgleichs erbringt damit einen um 16.917,78 höheren Vermögensendwert.

Die zwei zuvor genannten Verrechnungsmethoden können bei der Beurteilung, sowohl bei der relativen als auch bei der absoluten Vorteilhaftigkeit der Investitionsobjekte zu differenzierten Ergebnissen führen.

Bei einer Auswahlentscheidung ist wichtig, dass eine Vergleichbarkeit nur gegeben ist, wenn sich die Vermögensendwerte auf den gleichen Zeitpunkt beziehen. In diesem Fall sind Ergänzungsinvestitionen durch gleiche Laufzeiten herzustellen. Jedoch wirkt dies bei einem Kontenausgleichverbot im Falle von Finanzinvestitionen endwertreduzierend (durch die erhöhten Sollzinsen).

Unter der sog. VOFI-Methode versteht man eine Erweiterung der Vermögensendwertmethode bei der die konkrete Finanzierungsform berücksichtigt wird. Bei der VOFI-Methode können darüber hinaus noch mehrere Kreditarten mit unterschiedlichen Zins- und Tilgungsmodalitäten einbezogen werden.

Ist die Endwertmethode dem Grundkonzept der Kapitalwertmethode vorzuziehen? Gemeinsam haben die Verfahren, dass sie die sichere Prognose der mit dem isolierbaren Investitionsvorhaben verbundenen Ein- und Auszahlungen voraussetzen. Sie unterscheiden sich darin, dass bei der Kapitalwertmethode von einem einheitlichen Kalkulationszinsfuße ausgegangen wird, wohingegen die Vermögensendwertmethode von der Kenntnis der Art der Tilgung und der Höhe von Soll- und Habenzinssatz ausgeht. Eine entsprechende Anpassung an reale Planungsgegebenheiten ist jedoch bei beiden Verfahren möglich, was dazu führt, dass sie durchaus als gleichwertig zu betrachten sind.

3.4.2 Vermögensendwertmethode

3.4.2.1 Unvollkommener Kapitalmarkt

Ein Investor möchte sein Vermögen bei gegebenen Konsumentnahmen maximieren und steht einem unvollkommenen und beschränkten Kapitalmarkt gegenüber. Welche Eigenschaften hat ein solcher Kapitalmarkt?

Es ist dem Investor möglich, beliebig viele Mittel in Form von Ergänzungs-Investitionen anzulegen, er kann jedoch nur in beschränkter Höhe Ergänzungs-Finanzierungen vornehmen. Die Haben-Zinsen, die er bei einer Ergänzungs-Investition verdient liegen bei i_H, wobei er bei einer Ergänzungs-Finanzierung Kosten in Höhe des Soll-Zinses i_S hat. Es ist jedoch zu beachten, dass die Haben-Zinssätze immer niedriger als die Soll-Zinssätze sind.

An dem folgenden Zahlenbeispiel soll nun belegt werden, dass miteinander konkurrierende Investitionsobjekte nun auf der Basis der oben entwickelten allgemeinen Rechenregeln evaluiert werden können.

Beispiel:

Ausgegangen wird von einem Investor mit einem Planungszeitraum von T = 3 Jahren. Der Investor steht einem unvollkommenen und beschränkten Kapitalmarkt gegenüber. Die Zinssätze für Ergänzungs-Investitionen und Ergänzungs-

Finanzierungen sind Tabelle 13 zu entnehmen. Weiterhin ist zu beachten, dass Ergänzungs-Finanzierungen einen Wert von G = 350 nicht übersteigen dürfen. Es muss zwischen drei Investitionen: A, B und C gewählt werden, deren Zahlungsüberschüsse ebenfalls Tabelle 13 zu entnehmen sind. Außerdem gibt es die Möglichkeit keines der Investitionsobjekte durchzuführen. Aufgrund früher eingeleiteter Maßnahmen, an denen jetzt nichts mehr geändert werden kann, rechnet der Investor mit den in Tabelle 13 angegebenen entscheidungsunabhängigen Basiszahlungen. Ziel des Investors ist es, sein Endvermögen zu maximieren. Auch die gewünschten Entnahmen sind in Tabelle 13 aufgeführt. Welche Investition ist die beste?

Zeitpunkt	t	0	1	2	3
Soll-Zinssatz	i_{St}		0,12	0,10	0,10
Haben-Zinssatz	i_{Ht}		0,05	0,07	0,07
Investition A	$EZÜ_{t,A}$	−500	−400	800	400
Investition B	$EZÜ_{t,B}$	−300	−800	1.200	200
Investition C	$EZÜ_{t,C}$	−900	800	360	−10
Unterlassungsalternative	$EZÜ_{t,0}$	0	0	0	0
Basiseinzahlungen	E_t	600	100	−200	800
Entnahmen	A_t	20	22	24	26

Tabelle 13: Ausgangsdaten eines Investors, der unter Bedingungen eines unvollkommenen Kapitalmarkts nach Endwertmaximierung strebt

Lösung:

Bei Anwendung der oben beschriebenen Rechenregeln auf Investitionsobjekt A ergibt sich folgende Rechnung:

t = 0 $VE_{0,A}$ $= E_0 - A_0 + EZÜ_{0,A}$

                 $= 600 - 20 - 500 = 80$

                 (Ergänzungs-Investition erforderlich)

t = 1 $VE_{1,A}$ $= E_1 - A_1 + EZÜ_{1,A} + (1 + i_{H1}) VE_{0,A}$

                 $= 100 - 22 - 400 + 1{,}05 \cdot 80 = -238$

                 (Ergänzungs-Finanzierung erforderlich und in dem benötigten Umfang auch möglich)

t = 2 $VE_{2,A}$ $= E_2 - A_2 + EZÜ_{2,A} + (1 + i_{S2}) VE_{1,A}$

                 $= -200 - 24 + 800 - 1{,}1 \cdot 238 = 314{,}20$

                 (Ergänzungs-Investition erforderlich)

t = 3 $VE_{3,A}$ $= E_3 - A_3 + EZÜ_{3,A} + (1 + i_{H3}) VE_{2,A}$

                 $= 800 - 26 + 400 + 1{,}07 \cdot 314{,}2 = 1.510{,}19$

                 (Endvermögen)

Bei äquivalentem Vorgehen für Investitionsobjekt B wird erkennbar, dass diese Investition wegen des Finanzierungslimits nicht durchführbar ist. Es ergibt sich folgendes Bild:

$t = 0$ $\quad VE_{0,B}$ $\quad = E_0 - A_0 + EZÜ_{0,B}$

$\quad\quad\quad\quad\quad\quad = 600 - 20 - 300 = 280$

(Ergänzungs-Investition erforderlich)

$t = 1$ $\quad VE_{1,B}$ $\quad = E_1 - A_1 + EZÜ_{1,B} + (1 + i_{H1})\, VE_{0,B}$

$\quad\quad\quad\quad\quad\quad = 100 - 22 - 800 + 1{,}05 \cdot 280 = -428$ über 350

(Ergänzungs-Finanzierung erforderlich, jedoch in dieser Höhe nicht realisierbar)

Die Berechnung für die Investition C ist wie folgt:

$t = 0$ $\quad VE_{0,C}$ $\quad = E_0 - A_0 + EZÜ_{0,C}$

$\quad\quad\quad\quad\quad\quad = 600 - 20 - 900 = -320$

(Ergänzungs-Finanzierung erforderlich)

$t = 1$ $\quad VE_{1,C}$ $\quad = E_1 - A_1 + EZÜ_{1,C} + (1 + i_{S1})\, VE_{0,C}$

$\quad\quad\quad\quad\quad\quad = 100 - 22 + 800 - 1{,}12 \cdot 320 = 519{,}60$

(Ergänzungs-Investition erforderlich)

$t = 2$ $\quad VE_{2,C}$ $\quad = E_2 - A_2 + EZÜ_{2,C} + (1 + i_{H2})\, VE_{1,C}$

$\quad\quad\quad\quad\quad\quad = -200 - 24 + 360 + 1{,}07 \cdot 519{,}60 = 691{,}97$

(Ergänzungs-Investition erforderlich)

$t = 3$ $\quad VE_{3,C}$ $\quad = E_3 - A_3 + EZÜ_{3,A} + (1 + i_{H3})\, VE_{2,C}$

$\quad\quad\quad\quad\quad\quad = 800 - 26 - 10 + 1{,}07 \cdot 691{,}97 = 1.504{,}41$  (kleiner als A)

(Endvermögen)

Die Berechnung für die Unterlassungsalternative ist hingegen:

$t = 0$ $\quad VE_{0,Alt.}$ $\quad = E_0 - A_0$

$\quad\quad\quad\quad\quad\quad = 600 - 20 = 580$

(Ergänzungs-Investition erforderlich)

$t = 1$ $\quad VE_{1,Alt.}$ $\quad = E_1 - A_1 + (1 + i_{S1})\, VE_{0,Alt.}$

$\quad\quad\quad\quad\quad\quad = 100 - 22 + 1{,}05 \cdot 580 = 687$

(Ergänzungs-Investition erforderlich)

$t = 2$ $\quad VE_{2,Alt.}$ $\quad = E_2 - A_2 + (1 + i_{H2})\, VE_{1,Alt.}$

$\quad\quad\quad\quad\quad\quad = -200 - 24 + 1{,}07 \cdot 687 = 511{,}09$

(Ergänzungs-Investition erforderlich)

$t = 3$ $\quad VE_{3,Alt.}$ $\quad = E_3 - A_3 + (1 + i_{H3})\, VE_{2,Alt.}$

$\quad\quad\quad\quad\quad\quad = 800 - 26 + 1{,}07 \cdot 511{,}09 = 1.320{,}87$ (kleiner als) A

(Endvermögen)

An dieser Stelle kann die Berechnung beendet werden. Werden die Endwerte aller vier Investitionsobjekte nach den gleichen allgemeinen Rechenregeln ermittelt, erhält man schließlich folgende Ergebnisse:

Investitionsobjekt A: 1.510,19

Investitionsobjekt B: nicht finanzierbar

Investitionsobjekt C: 1.504,41

Unterlassungsalternative: 1.320,87

Zeitpunkt t	0	1	2	3
Basiszahlungen	600,00	100,00	−200,00	800,00
Investition A	−500,00	−400,00	800,00	400,00
Ergänzungs-Investition (5 %)	−80,00	84,00		
Ergänzungs-Finanzierung (10 %)		238,00	−261,80	
Ergänzungs-Investition (7 %)			−314,20	336,19
Entnahmen	20,00	22,00	24,00	26,00
Endvermögen				1.510,19
Basiszahlungen	600,00	100,00	−200,00	800,00
Investition C	−900,00	800,00	360,00	−10,00
Ergänzungs-Finanzierung (12 %)	320,00	−358,40		
Ergänzungs-Investition (7 %)		−519,60	555,97	
Ergänzungs-Investition (7 %)			−691,97	740,41
Entnahmen	20,00	22,00	24,00	26,00
Endvermögen				1.504,41
Basiszahlungen	600,00	100,00	−200,00	800,00
Unterlassungsalternative	0,00	0,00	0,00	0,00
Ergänzungs-Investition (5 %)	−580,00	609,00		
Ergänzungs-Investition (7 %)		687,00	735,09	
Ergänzungs-Investition (7 %)			−511,09	546,87
Entnahmen	20,00	22,00	24,00	26,00
Endvermögen				1.320,87

Tabelle 14: Vollständige Finanzpläne für drei Investitionsalternativen bei unvollkommenem und beschränktem Kapitalmarkt

In Tabelle 14 sind die vollständigen Finanzpläne für die zwei durchführbaren Investitionsobjekte zu sehen. Den beschriebenen Daten nach zu urteilen, sollte Investitionsobjekt A realisiert werden.

3.4.2.2 Vollkommener Kapitalmarkt

Auch an dieser Stelle soll wieder ein Investor betrachtet werden, der sein Endvermögen bei gegebenen Entnahmen maximieren möchte. Der Investor steht dabei einem vollkommenen und unbeschränkten Kapitalmarkt gegenüber. Dieser zeichnet sich durch folgende Eigenschaften aus:

- Sowohl Ergänzungs-Investitionen, als auch Ergänzungs-Finanzierungen sind in unbeschränkter Höhe möglich. Wie bereits oben beschrieben sind im

Falle des vollkommenen Kapitalmarkts ist die Höhe des Haben-Zinssatzes (i_H) – für Ergänzungs-Investitionen – gleich der Höhe des Soll-Zinssatzes (i_S) für Ergänzungs-Finanzierungen.

- Der Einheitszinssatz, der im Beispiel auf dem vollkommenen Kapitalmarkt gilt, wird mit dem Symbol i gekennzeichnet.

- $i_H = i_S = i$.

Die Vorgehensweise entspricht der auf dem unvollkommenen Kapitalmarkt, nur mit dem Unterschied, dass für Ergänzungs-Investitionen und Ergänzungs-Finanzierungen mit dem für den vollkommenen Kapitalmarkt charakteristischen einheitlichen Zinssatz verzinst werden.

3.5 Programmentscheidungen

Nachfolgend werden Investitionsentscheidungen unter Sicherheit behandelt. Es werden Verfahren zur Bestimmung optimaler Investitionen im Sinne des Shareholder Value-Ansatzes dargestellt unter der Prämisse, dass die Finanzierung bereits geregelt ist bzw. kein Entscheidungsproblem mehr darstellt.

Im vorliegenden Abschnitt geht es um Fragestellungen, in denen gleichzeitig Investitions- und Finanzierungsentscheidungen gelöst werden sollen. Denn es entstehen im Finanzmanagement Situationen, in denen der Entscheider ein Planungsmodell benötigt, mit dem er voneinander **abhängige** Investitions- und Finanzierungsmaßnahmen **simultan** planen kann. Damit besteht eine vom Investor auszuwählende Handlungsalternative aus einem kombinierten Investitions- und Finanzierungsprogramm.

Auch für dieses Entscheidungsproblem soll wieder der Shareholder Value-Ansatz als Zielsetzung dienen. Dabei werden exemplarisch

- das **Dean-Modell** und

- das **Fisher/Hirshleifer-Modell**

näher vorgestellt.

3.5.1 Dean-Modell

Das Dean-Modell ist ein **Ein-Perioden-Modell**, das im Grundmodell mit **fünf Annahmen** verbunden ist:

(1) Es werden nur einperiodige Investitionsobjekte (IO) und Finanzierungsmaßnahmen (FM) betrachtet.

(2) Die Investitionsobjekte sind unabhängig voneinander.

(3) Es wird eine beliebige Teilbarkeit der Investitionsobjekte und Finanzierungsmittel unterstellt.

(4) Konsumpräferenzen existieren nicht.

(5) Auch die Investitionsobjekte und Finanzierungsmittel sind unabhängig voneinander.

Dem Dean-Modell liegt die Konstruktion einer **Kapitalnachfragefunktion (IO)** und einer **Kapitalangebotsfunktion (FM)** zugrunde, um Art und Menge der auszuführenden Investitionsobjekte und der dazugehörigen Finanzierungsmittel zu ermitteln.

Das optimale Investitions- und Finanzierungsprogramm ist dann gefunden, wenn die Verzinsung der **letzten investierten** Geldeinheit (Rendite der IO) genau der Verzinsung der **letzten aufgenommenen** Geldeinheit (Kosten der FM) entspricht. Diese Bedingung wird durch den Schnittpunkt von Kapitalnachfrage- und Kapitalangebotsfunktion erfüllt. Der sich durch den Schnittpunkt ergebende endogene Kalkulationszinsfuß wird „**cut-off-rate**" genannt (in den bisherigen Ausführungen werden den dynamischen Verfahren ein KZF von „außen" (exogen) vorgegeben, wohingegen im Dean-Modell sich der KZF jeweils aus dem Modell ergibt (endogen)). Das im Optimum gebundene Kapital (optimales Kapitalbudget) wird durch den „cut-off-point" bestimmt.

3.5.1.1 Vorgehensweise

Die Vorgehensweise zur Ermittlung des optimalen Investitions- und Finanzierungsprogramms lässt sich an einem einfachen Beispiel demonstrieren:

Beispiel:

Dem Vorstand der X-Soft AG werden von den Geschäftsführern Ihrer Tochtergesellschaft der Softec AG folgende sichere, einperiodige Investitionsobjekte vorgeschlagen:

- Anlage von 2.000.000 EUR in einem Aktiendepot, das eine Dividende von 10 % abwirft und nach einem Jahr für 2.280.000 EUR verkauft werden kann (IO_1).

- Kauf eines Prozessors zur Programmierung einer Begleitsoftware für 1.000.000 EUR, mit deren Hilfe sich in einem Jahr ein Bruttoeinzahlungsüberschuss (incl. des Restverkaufserlöses) von 1.200.000 EUR erzielen lässt (IO_2).

- Erwerb des Unternehmens eines Konkurrenten zu 2.000.000 EUR, das in einem Jahr für voraussichtlich 2.320.000 EUR liquidiert werden soll (IO_3).

- Neuanmietung von hochmodernen Büroräumen für 1.000.000 EUR zu Beginn des Jahres, durch die die Altmiete eines ähnlichen, aber veralteten Objektes, die am Ende des Jahres fällig werden würde, in Höhe von 1.280.000 EUR eingespart werden kann. (IO_4).

- Beauftragung eines Beratungsunternehmens zum Jahresbeginn für ein Honorar von 2.000.000 EUR, durch dessen Arbeit man am Ende des Jahres eine Gewinnverbesserung in Höhe von 2.240.000 EUR erwartet. (IO_5).

Es stellt sich die Frage, welche der Investitionsobjekte der Vorstand genehmigt, wenn folgende Finanzierungsszenarien vorliegen:

(1) Es stehen dem Entscheider unbegrenzte Eigenmittel mit einem KZF von 22 % zur Verfügung (1. Szenario).

(2) Es existiert kein Eigenkapital und die Fremdfinanzierungsmittel, die sich zu 9 % verzinsen, beschränken sich auf 4.000.000 EUR (2. Szenario).

(3) Es können folgende einperiodige Finanzierungsmöglichkeiten in Anspruch genommen werden (3. Szenario):

- Hypothek der Hausbank in Höhe von 3.000.000 EUR mit einer Verzinsung von 15 % (FM_1).

- Gewährung eines staatlich subventionierten Betriebsmittelkredites in Höhe von 1.000.000 EUR mit einem Zinssatz von 8 % (FM_2).

- Inanspruchnahme eines Kontokorrentkredites bis zu einer Höhe von 2.000.000 EUR mit einer Zinsbelastung in Höhe von 18 % auf die in Anspruch genommene Kreditsumme (FM_3).

- Darlehen eines Gesellschafters in Höhe von 1.000.000 EUR, der eine Zinsforderung von 12 % (FM_4) stellt.

1. Schritt:

Zunächst soll die Kapitalnachfragefunktion konstruiert werden, indem die alternativen Investitionsobjekte nach ihrer internen Verzinsung (IZF) in **absteigender** Reihenfolge geordnet werden. Dazu muss der jeweilige interne Zinssatz für die Investitionen des **Beispiels** ermittelt werden:

	t_0	t_1	IZF
IO_1	−2.000.000	2.480.000	24 %
IO_2	−1.000.000	1.200.000	20 %
IO_3	−2.000.000	2.320.000	16 %
IO_4	−1.000.000	1.280.000	28 %
IO_5	−2.000.000	2.240.000	12 %

Abbildung 3.6 stellt die Kapitalnachfragefunktion dar, welche sich aus der vorangegangenen Tabelle ableitet.

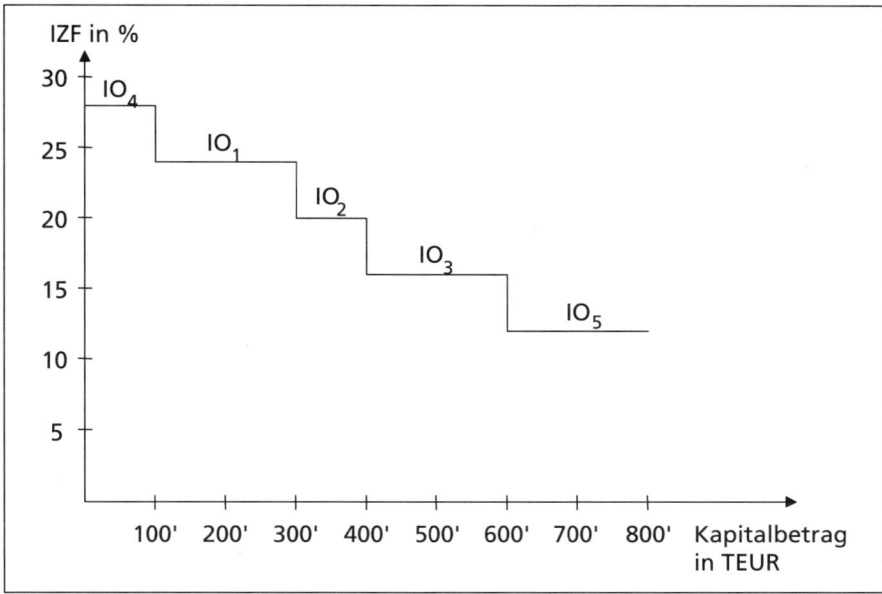

Abbildung 3.6: Kapitalnachfragefunktion

2. Schritt:

Im 2. Schritt ermittelt man die Kapitalangebotsfunktion, indem die alternativen Finanzierungsmaßnahmen nach der internen Verzinsung (Kapitalkosten i) in **aufsteigender** Reihenfolge abgetragen werden. Im **Beispiel** ist dies für die Szenarien (1) und (2) nicht notwendig; für das Szenario (3) lassen sich die Kapitalkosten als interner Zinsfuß wie folgt berechnen:

	t_0	t_1	Kapitalkosten
FM_1	3.000.000	–3.450.000	15 %
FM_2	1.000.000	–1.080.000	8 %
FM_3	2.000.000	–2.360.000	18 %
FM_4	1.000.000	–1.120.000	12 %

3. Schritt:

Abgeleitet aus den Schritten 1 und 2 ergibt sich das nachfolgende Dean-Modell, in dem neben der Kapitalnachfragefunktion auch die Kapitalangebotsfunktionen der drei Finanzierungsszenarien abgetragen sind.

Nach der Bestimmung von Kapitalangebots- und Kapitalnachfragefunktion wird das optimale Investitions- und Finanzierungsprogramm im Dean-Modell simultan ermittelt. Die folgenden drei Abbildungen zeigen die optimalen Investitions- und Finanzierungsprogramme für die drei möglichen Szenarien des **Beispiels**.

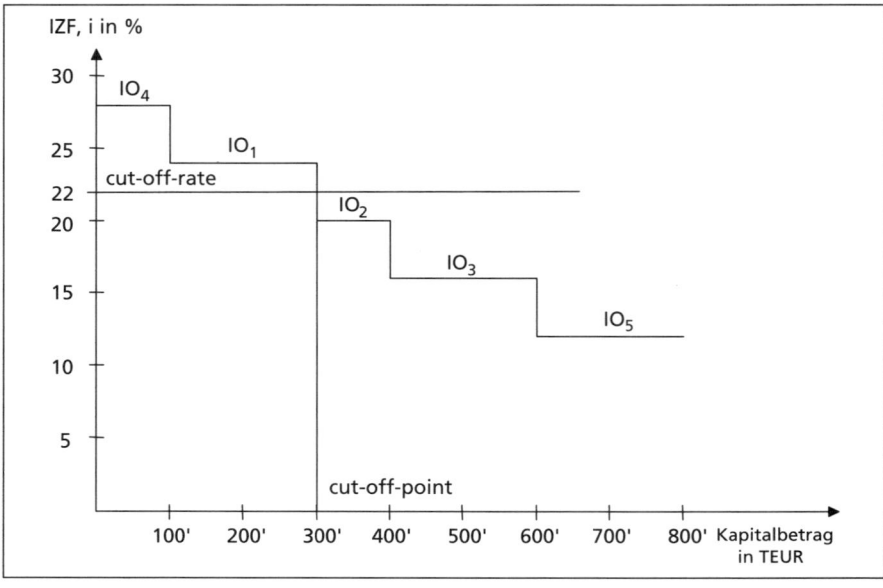

Abbildung 3.7: Graphische Darstellung des Dean-Modells (1. Szenario)

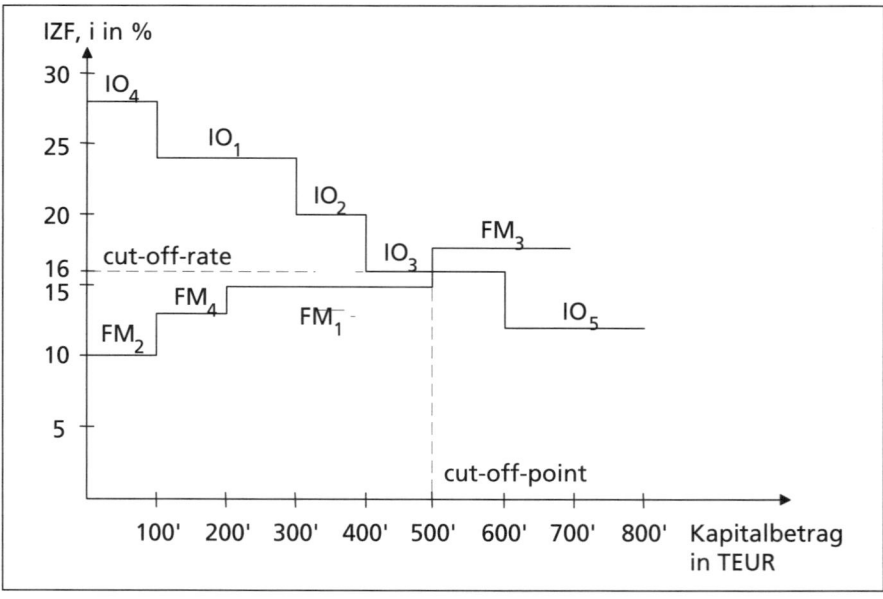

Abbildung 3.8: Graphische Darstellung des Dean-Modells (2. Szenario)

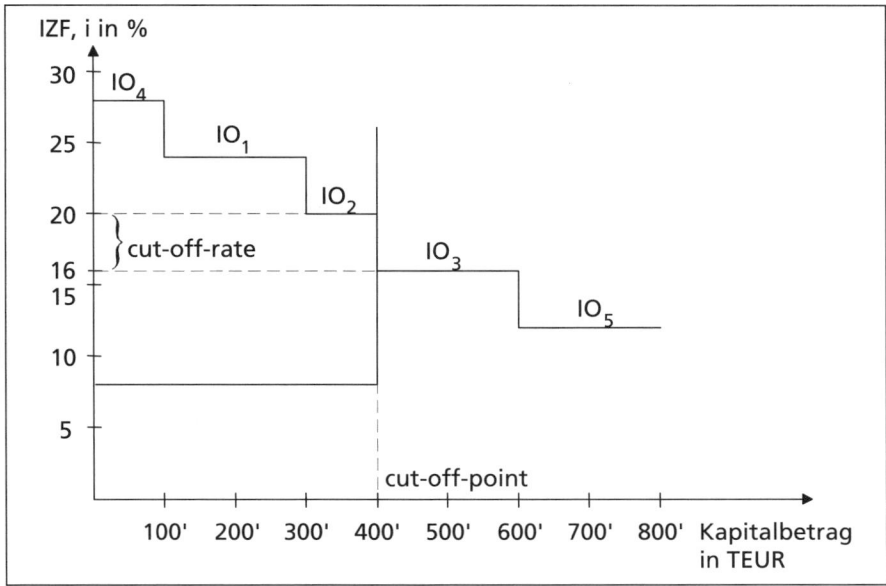

Abbildung 3.9: Graphische Darstellung des Dean-Modells (3. Szenario)

Für die drei Szenarien lassen sich die Ergebnisse wie folgt interpretieren:

(1) Hat der Entscheider unbegrenzt Eigenmittel mit einem KZF von 22 % zur Verfügung (Abbildung 3.7), so werden die Investitionen IO_4 und IO_1 durchgeführt. Denn der interne Zinsfuß dieser beiden Investitionsobjekte liegt jeweils über dem KZF. Allgemein befinden sich alle Investitionen der Kapitalnachfragefunktion im optimalen Investitions- und Finanzierungsprogramm, die sich links vom Schnittpunkt mit der Kapitalangebotsfunktion befinden. Diejenigen die rechts vom Schnittpunkt liegen, sind im optimalen Kapitalbudget nicht enthalten. Eine Entscheidung erfolgt vordergründig nach der internen Zinsfußmethode. Allerdings gilt vor allem auch: Die beiden Investitionsobjekte IO_4 und IO_1 weisen jeweils einen positiven Kapitalwert auf. Allgemein bedeutet dies, dass alle Investitionen mit einem positiven Kapitalwert durchgeführt und alle mit einem negativen Kapitalwert nicht in das Optimum mit einbezogen werden. Das optimale Investitions- und Finanzierungsprogramm ist dann erreicht, wenn der Kapitalwert der betrachteten Investitionsobjekte und Finanzierungsmittel maximal ausfällt und damit der Vermögenszuwachs nach dem Shareholder Value-Ansatz maximiert wird.

(2) Im 2. Finanzierungsszenario (Abbildung 3.8) liegt lediglich die Möglichkeit vor, Fremdmittel bis zu einer Höhe von 4.000.000 EUR mit einer Verzinsung von 9 % aufzunehmen. Obwohl alle möglichen Investitionsobjekte eine höhere Rendite abwerfen, können nur IO_4, IO_1 und IO_2 durchgeführt werden. Die Restriktion zwingt dazu, den Kapitalwert zu maximieren, indem alle Investitionsobjekte links vom Schnittpunkt der Kapitalangebots- und Kapitalnachfragefunktion in das optimale Kapitalbudget aufgenommen und

die rechts vom Schnittpunkt liegenden Investitionen nicht berücksichtigt werden.

Ersatzweise verwendet man beim Dean-Modell als Zielgröße das **maximale Endvermögen**, um der Problematik des „richtigen" endogenen KZF zur Abzinsung für die Kapitalwertberechnung zu entgehen. Soll nun das maximale Endvermögen im 2. Szenario ermittelt werden, betrachtet man eine einfache **Einzahlungs-Auszahlungs-Überschussrechnung** im Zeitpunkt t_1.

Die im optimalen Kapitalbudget enthaltenen Investitionen liefern die Einzahlungen und die Finanzmittel die Auszahlungen in t_1:

	1.280.000 EUR	(IO_4)
+	2.480.000 EUR	(IO_1)
+	1.200.000 EUR	(IO_2)
−	4.360.000 EUR	(FM)
=	600.000 EUR	(Überschuss)

Der Überschuss in Höhe von 600.000 EUR stellt das maximale Endvermögen im Szenario 2 dar, wenn das optimale Investitions- und Finanzierungsprogramm gewählt wird. Graphisch ergibt sich dieses Endvermögen als Fläche zwischen der Kapitalangebots- und Kapitalnachfragefunktion links vom Schnittpunkt.

(3) Im dritten Finanzierungsszenario (Abbildung 3.9) stellt man der Kapitalnachfragefunktion eine typische Kapitalangebotsfunktion gegenüber, wobei auch hier gilt, dass das optimale Kapitalbudget aus den Investitionsobjekten links vom Schnittpunkt besteht, finanziert mit den Finanzierungsmitteln, die sich ebenfalls links vom Schnittpunkt befinden. Im **Beispiel** ergibt sich das optimale Investitions- und Finanzierungsprogramm aus IO_4, IO_1, IO_2 und 1/2 IO_3 mit FM_2, FM_4 und FM_1. Das maximale Endvermögen lässt sich wiederum durch eine Einzahlungs-Auszahlungs-Überschussrechnung bestimmen.

3.5.1.2 Cut-off-point

Das im optimalen Kapitalbudget gebundene Kapital ergibt sich im Dean-Modell als Lot des Schnittpunktes auf die Abszisse. Für die im **Beispiel** dargestellten Finanzierungsszenarien lassen sich folgende „cut-off-points" ermitteln:

(1)	3.000.000 EUR
(2)	4.000.000 EUR
(3)	5.000.000 EUR

3.5.1.3 Cut-off-rate

Der dem Optimum zugeordnete Zinssatz im Schnittpunkt wird als „cut-off-rate" bezeichnet. Die „cut-off-rate" ist dadurch charakterisiert, dass sie

(1) nicht größer ist als der interne Zinsfuß aller im optimalen Investitions- und Finanzierungsprogramm aufgenommenen Investitionsobjekte **und**

(2) nicht kleiner ist als die Kosten aller im Optimum berücksichtigten Finanzierungsmaßnahmen.

Weil sich die „cut-off-rate" immer aus dem gerade vorliegenden Dean-Modell ergibt und auch nur für das gerade betrachtete Modell Gültigkeit besitzt, bezeichnet man sie auch als endogenen KZF. Bei dessen Verwendung als Abzinsungsfaktor errechnen sich für die im optimalen Kapitalbudget enthaltenen Investitionen und Finanzierungen **positive** Kapitalwerte und für die nicht enthaltenen Maßnahmen negative Kapitalwerte. Da der endogene KZF allerdings erst dann bekannt ist, wenn man das optimale Kapitalbudget bereits kennt, ist es aus praktischen Erwägungen weder notwendig die erwähnten Kapitalwerte zu berechnen noch die „cut-off-rate" zu ermitteln.

Im **Beispiel** können in den drei Abbildungen folgende „cut-off-rates" abgelesen werden:

(1) 22 %, wobei die „cut-off-rate" aufgrund des unbegrenzt zur Verfügung stehenden Eigenkapitals ein exogener KZF ist.

(2) Die „cut-off-rate" ist größer als 16 % und kleiner als 20 %. Sie stellt einen Bereich und keinen Punkt dar (endogener KZF).

(3) 16 % (endogener KZF).

3.5.1.4 Zusammenfassende Beurteilung

Die Anwendbarkeit des Dean-Modells für das Finanzmanagement lässt sich anhand der dem Grundmodell zugrundeliegenden fünf Annahmen überprüfen:

(1) Einperiodigkeit

Werden in das Dean-Modell mehrperiodige Investitionsobjekte und Finanzierungsmaßnahmen mit einbezogen, gelangt man nur zu suboptimalen Ergebnissen. Denn bei der Berechnung der internen Zinsfüße geht das DeanModell von einer Tilgung der Finanzmittel aus, die erst in der letzten Periode erfolgt, ohne zu berücksichtigen, dass überschüssige Mittel während der Laufzeit auch schon zur Schuldentilgung herangezogen werden können. In diesem Sinne ist auch die Wiederanlage überschüssiger Finanzmittel problematisch. Eine Lösung im Mehr-Perioden-Fall ist nur durch die Anwendung von mathematischen Gleichungsansätzen möglich.

(2) Unabhängigkeit der Investitionsobjekte

Investitionsobjekte sind im Allgemeinen nicht unabhängig voneinander. Es können sowohl Und-Verknüpfungen als auch Oder-Verknüpfungen vorliegen:

(2.1) Und-Verknüpfungen

Hierbei lassen sich 2 Investitionen nur gemeinsam durchführen. Angenommen im **Beispiel** sei dies für IO_2 und IO_3 der Fall:

	IO_2	IO_3	IO_{Ges}
t_0	−1.000.000	−2.000.000	−3.000.000
t_1	1.200.000	2.320.000	3.520.000
r	20 %	16 %	17,33 %

Die Und-Verknüpfung ist im Dean-Modell einfach abbildbar, weil statt der 2 separaten das gemeinsame Investitionsobjekt mit einem Zinssatz von 17,33 % und 3.000.000 GE in das Dean-Modell eingezeichnet wird. Die Bestimmung des Optimums erfolgt analog der bisher beschriebenen Vorgehensweise.

(2.2) Oder-Verknüpfungen

Hierbei lässt sich nur eine Investition von zwei zur Auswahl stehenden Investitionsobjekten durchführen. Im **Beispiel** soll dies für IO_3 und IO_4 gelten:

	IO_3	IO_4	IO_{Diff}
t_0	−2.000.000	−1.000.000	−1.000.000
t_1	2.320.000	1.280.000	1.040.000
IZF	16 %	28 %	4 %

Liegen Investitionsobjekte vor, die sich gegenseitig ausschließen, ist eine Differenzinvestition (IO_{Diff}) zu bilden. Die Differenzinvestition für das Beispiel zeigt an, ob es sinnvoller ist, 2.000.000 GE in IO_3 zu stecken oder 1.000.000 GE in IO_4 und die restlichen 1.000.000 GE anderweitig anzulegen. Gibt es ein anderes Investitionsobjekt, welches zusammen mit IO_4 durchgeführt werden kann, 1.000.000 GE benötigt und sich zu einem höheren Zinssatz als 4 % rentiert, ist die Durchführung von IO_4 und die Alternative besser als IO_3, andernfalls ist IO_3 vorzuziehen.

(3) Beliebige Teilbarkeit

Das **Beispiel** wird so variiert, dass man realistischerweise von **unteilbaren** Investitionsobjekten ausgeht. Es stellt sich nun die Frage, ob IO_3 ganz oder aber gar nicht mehr durchgeführt werden soll. Die Beantwortung dieser Frage erfolgt mittels eines Flächenvergleichs (Abbildung 3.10).

In Abbildung 3.10 ist erkennbar, dass die Gewinnfläche unterhalb von IO_3 kleiner ist als die Verlustfläche oberhalb von IO_3. Damit ist IO_3 nicht mehr im optimalen Kapitalbudget enthalten. Dies bedeutet, dass Unteilbarkeiten auch mit dem Dean-Modell gelöst werden können.

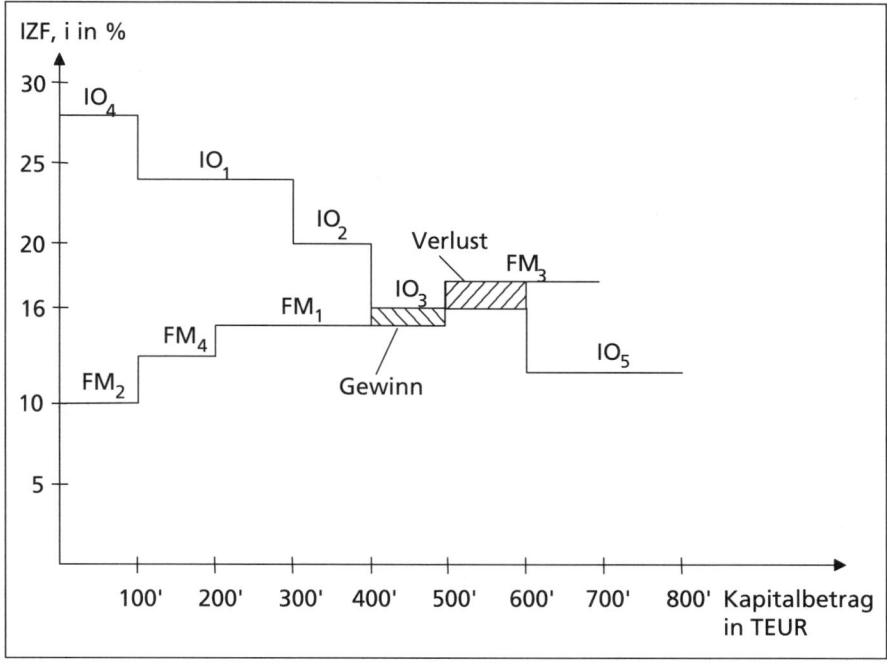

Abbildung 3.10: Das Dean-Modell und unteilbare Investitionsobjekte

(4) Konsumpräferenzen

Konsumpräferenzen lassen sich nicht in das Dean-Modell einbeziehen, weil dafür eine andere Art der Fragestellung notwendig ist. Eine Berücksichtigung und Darstellung der sich daraus ergebenden Implikationen nimmt das **Fisher/Hirshleifer-Modell** vor (s. Abschnitt 3.5.2).

(5) Unabhängigkeit von Investition und Finanzierung

In der Realität ist regelmäßig zu beobachten, dass die bei einer Finanzmittelvergabe entstehenden Kapitalkosten vom Risiko der zu finanzierenden Investitionsobjekte abhängen. Diese Abhängigkeit ist im Dean-Modell nicht abbildbar. Zur Lösung dieser Problematik sind ebenfalls komplexe mathematische Gleichungsansätze heranzuziehen.

Trotz der aus den Annahmen abgeleiteten Problembereiche bei einer Anwendung des Dean-Modells wird dieses einfache Planungsmodell in der Praxis des Finanzmanagements eingesetzt. Dabei wird weiter vereinfachend angenommen, dass die Investitions- und Finanzierungsvolumina nach dem betrachteten Jahr als gegeben anzusehen sind und dadurch nur für dieses eine Jahr ein Entscheidungsproblem besteht.

So lassen sich einerseits simultane Investitions- und Finanzierungsentscheidungen ableiten, ohne zeitliche Interdependenzen berücksichtigen zu müssen. Andererseits können die aus den dann optimalen Lösungen resultierenden finanziellen Konsequenzen wiederum durch Zahlungsreihen abgebildet und damit in mehrperiodige Überlegungen übergeleitet werden.

3.5.2 Fisher/Hirshleifer-Modell

3.5.2.1 Grundüberlegungen

Im Zusammenhang mit der Kritik an den Annahmen des Dean-Modells wurde festgestellt, dass **Konsumpräferenzen** oder auch **subjektive Zeitpräferenzen** nicht in den Modellrahmen des Dean-Modells integriert werden können. Da aber die frei verfügbaren Mittel von Wirtschaftssubjekten immer entweder für investive oder aber **konsumtive Zwecke** Verwendung finden, stellt sich unweigerlich die Frage, welche Aufteilung für Investoren optimal ist. Für die Beantwortung dieser Frage zieht man subjektive Zeitpräferenzen heran, die die Vorstellung von Investoren wiedergeben, welcher Konsumbetrag in der Zukunft (abgebildet in t_1 durch C_1) einem jetzt verfügbaren Konsumbetrag (ausgedrückt in t_0 mit C_0) gleichwertig ist. Das Fisher/Hirshleifer-Modell ist somit ebenfalls ein **Ein-Perioden-Modell**.

Im Rahmen des Fisher/Hirshleifer-Modells lassen sich Konsumpräferenzen in einem C_0/C_1-Diagramm in Form von **Indifferenzkurven** abbilden, wobei jeder Punkt auf der Indifferenzkurve für den Investor den gleichen Nutzen in Bezug auf die jeweiligen C_0/C_1-Kombinationen aufweist.

Indifferenzkurven lassen sich mathematisch durch folgende allgemeine Form schreiben:

$$U = U(C_0, C_1)$$

Graphisch erhält man die in Abbildung 3.11 dargestellten Indifferenzkurven.

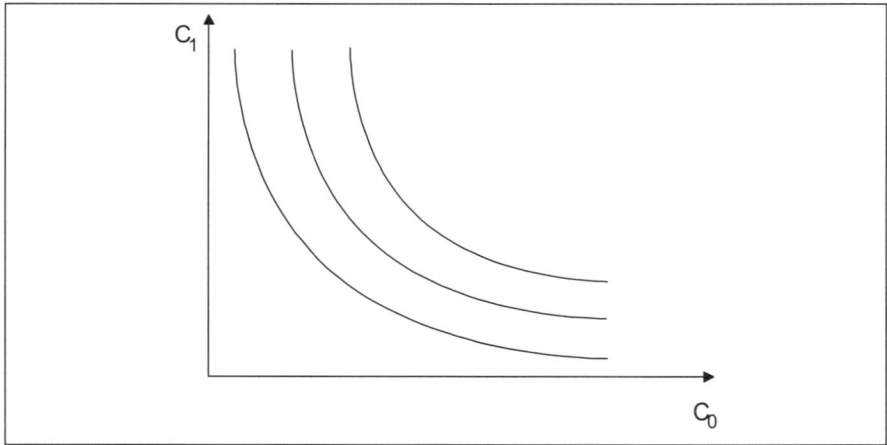

Abbildung 3.11: Indifferenzkurven

Um nun eine für den Investor optimale Aufteilung seiner Mittel in Konsum und Investition zu erhalten, benötigt man neben den Indifferenzkurven als

Abbildung der konsumtiven Seite eine Einbeziehung der investiven Seite in das C_0/C_1-Diagramm. Diese Aufgabe übernimmt die Transformationskurve, die eine Darstellung der Kapitalnachfragefunktion des Dean-Modells in anderer Form ist (Abbildung 3.12). Die sich dem Investor bietenden Investitionsobjekte werden mittels der **Transformationskurve** nach abnehmenden internen Zinssätzen angeordnet.

Allgemein kann ein Investor durch Investitionen in t_0 sein in die Investition investiertes Kapital (I) in einen höheren Kapitalbetrag am Periodenende (t_1) **transformieren**. Dieser Geldbetrag ergibt sich als Rückfluss aus dem in t_0 realisierten Investitionsprogramm (R(I)). Die Transformationskurve bildet somit alle möglichen I/R(I)-Kombinationen ab. Dabei geht man von der Annahme aus, dass der Investor über ein bestimmtes Anfangsvermögen (A_0) verfügt.

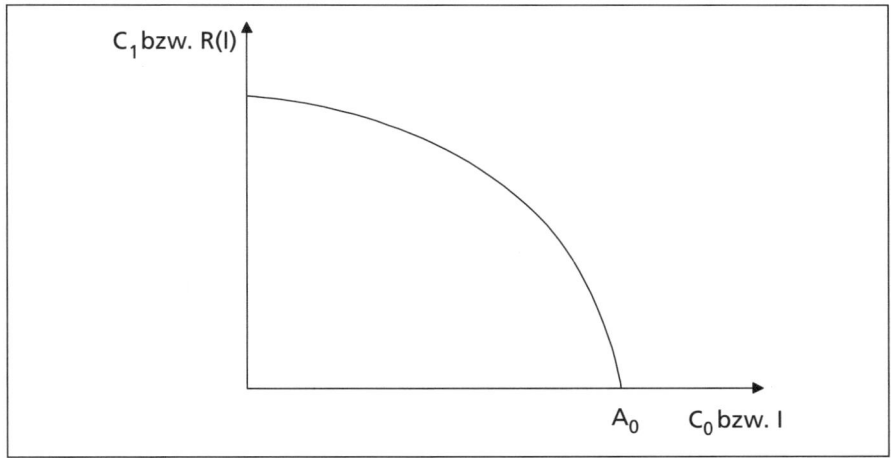

Abbildung 3.12: Transformationskurve im C_0/C_1-Diagramm

Die Transformationskurve weist eine negative Steigung auf, da jede vom Investor realisierte Investition eine Minderung des Anfangsvermögens A_0 zur Folge hat. Sie verläuft bei einer Betrachtung im C_0/C_1-Diagramm von rechts nach links zuerst steiler und dann flacher, da zu erwarten ist, dass der Investor zunächst das Investitionsobjekt mit dem höchsten internen Zinsfuß und die weiteren Investitionen in absteigender Reihenfolge der Renditen durchführt. Das negative Steigungsmaß ($-dR(I)/dI$) an jeder Stelle der Transformationskurve wird als **marginale Transformationsrate** bezeichnet. Die jeweilige Steigung ist gleich dem um 1 erhöhten marginalen internen Zinsfuß (1+IZF) des zuletzt durchgeführten Investitionsobjektes.

Das vom Investor realisierte **optimale Investitionsprogramm** ist dann erreicht, wenn die Steigung der Indifferenzkurve **(Grenzrate der Substitution)** gleich der marginalen Transformationsrate ist. In diesem Punkt (T) tangiert die Indifferenzkurve die Transformationskurve. Der Investor führt damit alle Investitionen durch, deren interner Zinsfuß größer ist als die marginale Transformationsrate im Berührungspunkt. Dies bedeutet, dass das optimale Investitionsprogramm aus allen Investitionen besteht, die unterhalb des Tangentialpunktes liegen.

Die um 1 verminderte Grenzrate der Substitution im Punkt T kann wiederum, wie im Dean-Modell, als endogener Kalkulationszinsfuß bezeichnet werden, der im Fisher/Hirshleifer-Modell von den Konsumpräferenzen des Investors abhängt (Abbildung 3.13). Liegt der Tangentialpunkt eines Investors im oberen Bereich der Transformationskurve (T_A), kann dem Investor eher eine Präferenz für Zukunftskonsum zugeschrieben werden; liegt der Tangentialpunkt jedoch im unteren Bereich der Transformationskurve (T_B), präferiert er mehr den Gegenwartskonsum.

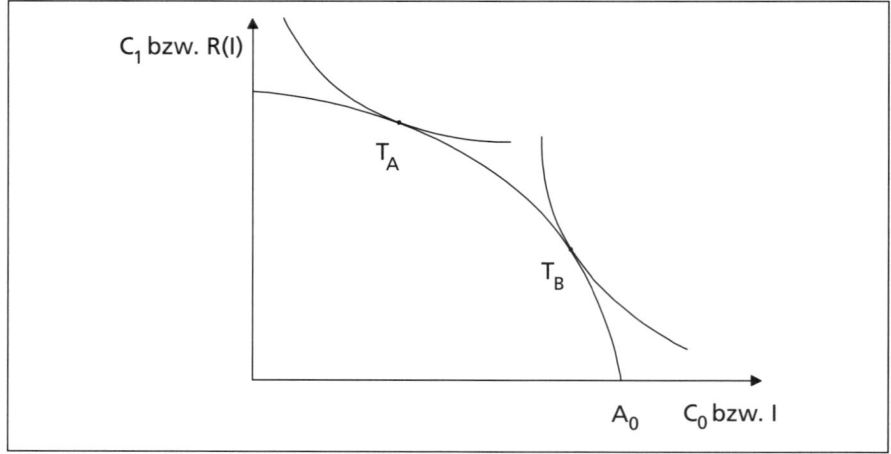

Abbildung 3.13: Das optimale Investitionsprogramm

Bisher wurden die beschriebenen Implikationen ohne die Berücksichtigung eines Kapitalmarktes vorgenommen. Bezieht man den Kapitalmarkt in die Überlegungen mit ein, unterscheidet man zwei Fälle, und zwar

- den **Fisher**-Fall und
- den **Hirshleifer**-Fall.

3.5.2.2 Fisher-Fall

Im Fisher-Fall wird von einem **vollkommenen Kapitalmarkt** ($i_H = i_S$) ausgegangen. Interpretiert man die Kapitalanlage als Finanzinvestition (I) und den Rückfluss in t_1 als R(I), so kann ein Investor jederzeit beliebige Geldeinheiten I zum Einheitszinssatz i gegen I × (1+i) = R(I)-Einheiten eintauschen und umgekehrt. Diese Tauschmöglichkeiten werden im C_0/C_1-Diagramm durch eine **Marktlinie (Kapitalmarktgerade)** mit der Steigung –(1+i) abgebildet (Abbildung 3.14).

Der Tangentialpunkt T_M von Transformationskurve und Marktlinie gibt das für die Investoren optimale Investitionsprogramm an. Demgegenüber wird durch den Berührungspunkt der die Transformationskurve tangierenden Marktlinie

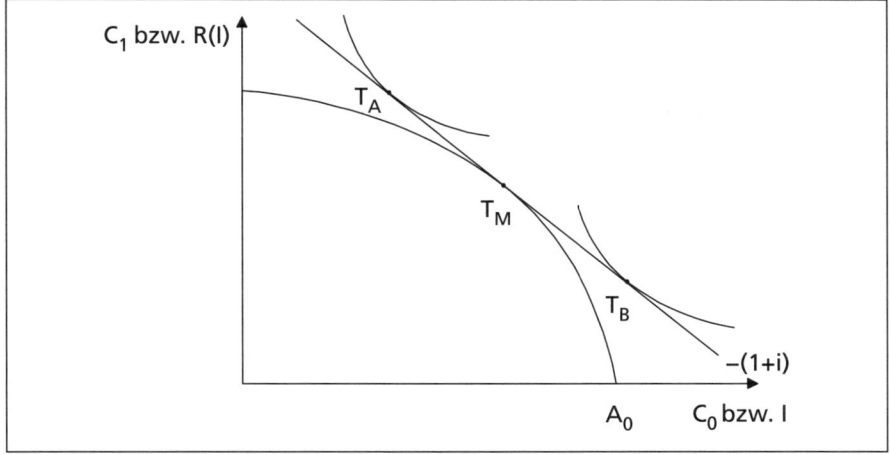

Abbildung 3.14: Das optimale Investitionsprogramm im Fisher-Fall

und der Indifferenzkurve der Kapitalbetrag bestimmt, den der Investor auf dem Kapitalmarkt anlegt oder aufnimmt. Investoren im Punkt T_A oberhalb von T_M präferieren Zukunftskonsum und legen das Kapital am Kapitalmarkt zum Zinssatz i an, das über das zu realisierende Investitionsprogramm hinaus verfügbar ist. Liegt der Berührungspunkt T_B dagegen unterhalb von T_M, wird Gegenwartskonsum präferiert und die Investoren müssen, um T_M zu erreichen, Geld auf dem Kapitalmarkt zum Zinssatz i aufnehmen.

Da es jederzeit möglich ist, Geld am Kapitalmarkt zum Zinssatz i anzulegen, werden alle Investitionen durchgeführt, deren Transformationsrate größer als (1+i) bzw. deren interner Zinsfuß (IZF) größer als i ist. Der endogene KZF beim Fisher-Fall ist damit gleich dem Marktzins i.

Wichtig ist nun, dass beim Fisher-Fall die Konsumpräferenzen den endogenen KZF nicht beeinflussen, sondern lediglich den Kapitalbetrag, der auf dem Kapitalmarkt angelegt bzw. aufgenommen wird. Dies bedeutet gleichzeitig, dass alle Investoren auf dem Kapitalmarkt unabhängig von ihren subjektiven Zeitpräferenzen das jeweils **gleiche optimale Investitionsprogramm** realisieren.

Die unterschiedlichen Konsumpräferenzen determinieren nur die Art und die Höhe der Inanspruchnahme des Kapitalmarktes, nicht jedoch das optimale Investitionsvolumen **(Fisher-Separationstheorem)**. Hierbei bedeutet Separation, dass die Entscheidung über die Verteilung der Mittel in zwei Schritte aufgespalten (separiert) werden kann:

(1) Im ersten Schritt wird das für alle Investoren gültige, optimale Investitionsprogramm bestimmt.

(2) Danach erfolgt eine für jeden Investor individuelle Aufteilung der Mittel auf den Konsum in t_0 und t_1.

Beispiel:

Angenommen, der Vorstand der X-Soft AG Herbert Schneidewind ist ein Investor auf einem vollkommenen Kapitalmarkt (i = 50 %) und verfügt über ein Anfangsvermögen von A_0 = 125 EUR. Er möchte das optimale Investitionsprogramm, seine Inanspruchnahme des Kapitalmarktes, sowie die Aufteilung seiner Mittel für investive und konsumtive Zwecke in t_0 bestimmen.

Herr Schneidewind wird durch ein Indifferenzkurvensystem in der Form $U = C_0 \cdot C_1$ charakterisiert. Weiterhin erwartet er beim Einsatz seines Kapitals zur Finanzierung von Sachinvestitionen den folgenden Rückfluss am Ende der Periode:

$$R(I) = 12 \cdot \sqrt{5 \cdot I} = 12 \cdot (5 \cdot I)^{\frac{1}{2}}$$

Zur Bestimmung des optimalen Investitionsvolumens sind die folgenden Rechenschritte durchzuführen:

1. Ermittlung der marginalen Transformationsrate:

$$-\frac{dR(I)}{dI} = -12 \cdot 5 \cdot 1/2 \cdot (5 \cdot I)^{-\frac{1}{2}} = -\frac{30}{\sqrt{5 \cdot I}}$$

2. Gleichsetzen der marginalen Transformationsrate mit der Steigung der Marktlinie $-(1+i)$:

$$-\frac{30}{\sqrt{5 \cdot I}} = -1{,}5 \quad \Rightarrow \quad I^* = 80$$

3. Ermittlung des Rückflusses aus dem eingesetzten Kapital:

$$R(80) = 12 \cdot \sqrt{5 \cdot 80} = 240$$

4. Berechnung des verbleibenden Konsumbetrages in t_0:

$$C_0 = 125 - 80 = 45$$

5. Ermittlung der Gleichung der Kapitalmarktgeraden:

$$-1{,}5 = \frac{C_1 - 240}{C_0 - 45} \quad \Rightarrow \quad -1{,}5C_0 + 307{,}5 = C_1$$

6. Im Indifferenzkurvensystem des Investors ersetzen von C_1 durch die Gleichung der Marktlinie:

$$U = C_0 (-1,5 C_0 + 307,5)$$

7. Bestimmung des optimalen Konsumplanes:

$$\frac{dU}{dC_0} = -3,0C_0 + 307,5 = 0 \quad \Rightarrow \quad C_0 = 102,5$$

Herr Schneidewind verwendet für Konsum in t_0 102,5 EUR und investiert 80 EUR, von denen 57,5 EUR auf dem Kapitalmarkt aufgenommen werden. Im Zeitpunkt t_1 stehen ihm der Rückfluss aus dem optimalen Investitionsprogramm, vermindert um die Rückzahlung und die Zinsen des aufgenommenen Kapitals, für Konsumzwecke zur Verfügung:

$$C_1 = 307,5 - 1,5 \cdot 102,5 = 153,75.$$

Graphisch lassen sich die Ergebnisse wie in Abbildung 3.15 darstellen.

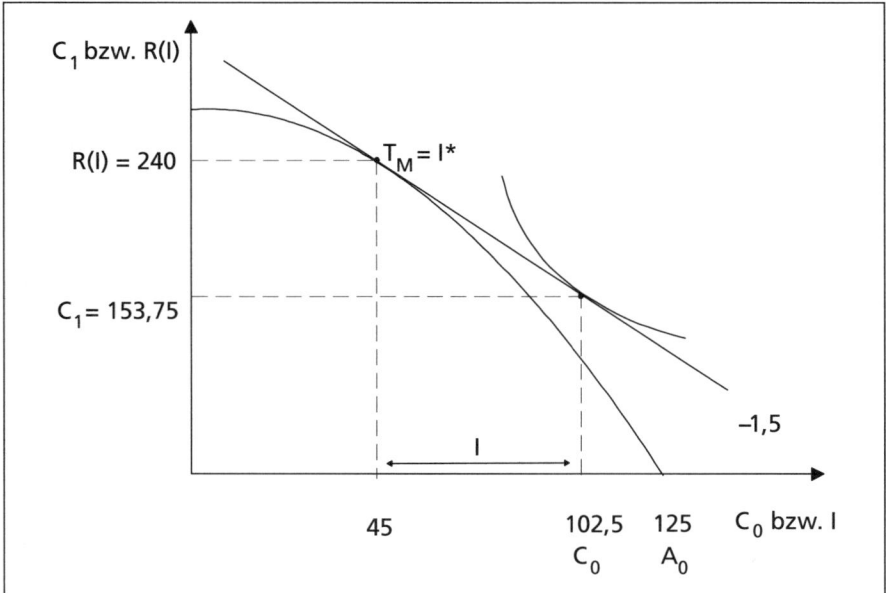

Abbildung 3.15: Das optimale Investitionsprogramm

3.5.2.3 Hirshleifer-Fall

Im Gegensatz zum Fisher-Fall unterstellt der Hirshleifer-Fall einen **unvollkommenen Kapitalmarkt**, auf dem der Habenzins i_H kleiner ist als der Sollzins i_S. Dies bedeutet, dass zwei Arten von Marktlinien existieren und zwar solche mit einer Steigung von $-(1+i_H)$ und andere mit einer Steigung von $-(1+i_S)$. Damit muss man bei der Bestimmung des optimalen Investitionsprogramms drei Szenarien betrachten, die sich graphisch aufbereitet in Abbildung 3.16 wiederfinden.

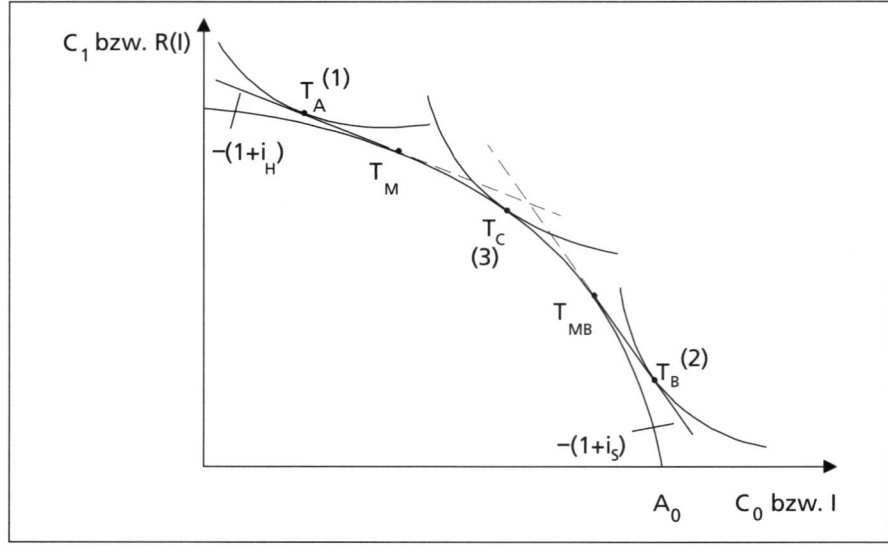

Abbildung 3.16: Die optimalen Investitionsprogramme im Hirshleifer-Fall

1) Die Investoren legen Geld auf dem Kapitalmarkt an (T_A)

Die Investoren präferieren Zukunftskonsum und haben deshalb nach der Erreichung des optimalen Investitionsprogramms in T_{MA} noch Mittel übrig, die sie am Kapitalmarkt zum Habenzins i_H anlegen. Alle Investoren realisieren zwar T_{MA}, allerdings unterscheiden sie sich in der Höhe der Geldanlage.

2) Die Investoren nehmen Geld auf dem Kapitalmarkt auf (T_B)

Aufgrund der Präferenz für Gegenwartskonsum müssen die Investoren, um das optimale Investitionsprogramm in T_{MB} durchführen zu können, zum vorhandenen Anfangsvermögen noch zusätzliche Mittel am Kapitalmarkt zum Zinssatz i_S aufnehmen. Auch hier investieren alle Investoren in das Optimum in T_{MB}, wohingegen die Höhe der Kapitalaufnahme von der Lage der jeweiligen Indifferenzkurven abhängt.

3) Die Investoren nehmen den Kapitalmarkt gar nicht in Anspruch (T_C)

Da die Investoren weder eindeutig Sofortkonsum noch Gegenwartskonsum vorziehen, berühren die Indifferenzkurven nicht die Marktlinien, sondern direkt die Transformationskurve. Dies bedeutet, dass die Investoren ihr

Anfangsvermögen, ohne den Kapitalmarkt in Anspruch zu nehmen, in das jeweilige optimale Investitionsprogramm hineinstecken. Jeder Investor realisiert damit ein anderes optimales Investitionsprogramm in Abhängigkeit von den individuellen subjektiven Zeitpräferenzen.

Im Hirshleifer-Fall hängt der endogene KZF letztendlich von den jeweiligen Konsumpräferenzen der Investoren ab:

(1) Werden zur Erreichung des Optimums Mittel auf dem Kapitalmarkt angelegt, dann entspricht der KZF dem Habenzins i_H.

(2) Nimmt der Investor jedoch Mittel auf, so ist der KZF gleich dem Sollzinssatz i_S.

(3) Erreicht der Investor das Optimum ohne Kapitalaufnahme und ohne Kapitalanlage, dann liegt der KZF zwischen i_H und i_S. Die genaue Höhe des KZF wird in diesem Fall von den subjektiven Zeitpräferenzen der jeweiligen Investoren bestimmt.

Im Gegensatz zum Fisher-Fall existiert damit **nicht** nur ein einziger endogener KZF. Weiterhin gilt **nicht** das **Fisher**-Separationstheorem, weil in Abhängigkeit der Lage der Indifferenzkurven jeder Investor ein anderes optimales Investitionsprogramm wählt. Zwar gelten für die Investoren, deren Indifferenzkurven die Marktlinie tangieren weiterhin die gleichen Optima (T_{MA} und T_{MB}), allerdings befinden sich zwischen T_{MA} und T_{MB} unendlich viele optimale Investitionsprogramme der Investoren (z. B. T_C), die den Kapitalmarkt nicht in Anspruch nehmen.

3.6 Übungsaufgaben

Aufgabe 3.1
Welche gemeinsamen Eigenschaften kann man den statischen Verfahren der Investitionsrechnung zuschreiben?

Aufgabe 3.2
Zwei alternative Investitionen seien durch folgende Daten gekennzeichnet:

Zeitpunkt (t)	Investition A		Investition B	
	Zahlung	Gewinn	Zahlung	Gewinn
-1	−5.000	0	0	0
0	−5.000	0	−40.000	0
1	2.000	−500	13.000	3.000
2	2.000	−500	13.000	3.000
3	9.000	6.500	13.000	3.000
4	−1.000	−3.500	7.000	−3.000

a) Welches Objekt ist nach der Gewinnvergleichsrechnung vorzuziehen?

b) Welches Objekt ist nach der Rentabilitätsvergleichsrechnung günstiger?

c) Bestimmen Sie die Amortisationsperiode (t*) und den Amortisationszeitpunkt (t_A) für beide Vorhaben!

Aufgabe 3.3

Die Leiterplatten GmbH plant eine Erweiterung ihrer Produktion durch den Kauf einer Reinraumkabine (eine Reinraumkabine ermöglicht den Zusammenbau der Leiterplatten in einem keimfreien Raum) vom Typ „Airfresh". Zusätzlich soll eine Leiterplattenkomponentenanlage zum Zusammenbau der Leiterplatten vom Typ „Kompofix" angeschafft werden.

Die Anschaffungsauszahlung beider zur Disposition stehender Investitionsobjekte beträgt jeweils 400.000 EUR. Durch die Fertigung der Leiterplatten in der neuen Reinraumkabine und durch den schnelleren Zusammenbau der Leiterplatten werden für die beiden Investitionsobjekte folgende direkt zurechenbaren Einzahlungsüberschüsse (in EUR) in den Perioden 1 bis 5 prognostiziert:

Periode	Airfresh	Kompofix
1	120.000	40.000
2	160.000	40.000
3	120.000	160.000
4	80.000	180.000
5	80.000	180.000

a) Berechnen Sie anhand der vorliegenden Einzahlungsüberschüsse den genauen Amortisationszeitpunkt für die beiden Investitionsobjekte. Zu welchem Investitionsobjekt würden Sie der Leiterplatten GmbH raten, wenn Sie wissen, dass die Unternehmensleitung nur Investitionsobjekte mit einer Amortisationsdauer von weniger als 3,5 Jahren durchführt?

b) Gehen Sie weiter davon aus, dass die beiden Investitionsobjekte linear über 5 Jahre abgeschrieben werden; Restwerte ergeben sich nach den 5 Jahren nicht. Sie sollen aufgrund der Rentabilitätsvergleichsrechnung die Vorteilhaftigkeit der beiden Investitionsobjekte überprüfen. Zu welcher Investitionsentscheidung gelangen Sie, wenn die bisher eingesetzten Reinraumkabinen einen internen Zinsfuß von 18 % aufweisen und maschinelle Anlagen zur Produktion der Leiterplatten eine Rendite von 12 % abwerfen?

Aufgabe 3.4

Der Vorstand der Investment AG muss sich zwischen den zwei alternativen Sprinkleranlagen Feuerfix und Wassernix entscheiden, um in einem Ausstellungsgebäude bestimmte Veranstaltungen ausrichten zu können. Für beide Sprinkleranlagen nimmt die Investment AG eine vollständige lineare Abschreibung (ein Restwert entsteht nicht) vor. Weiterhin können die Anlagen durch folgende Daten (in EUR) der Finanzabteilung charakterisiert werden:

Zeitpunkt (t)	Feuerfix		Wassernix	
	Einzahlungs-überschüsse	Gewinn	Einzahlungs-überschüsse	Gewinn
0	−12.000	0	−36.000	0
1	1.000	−1.000	6.000	0
2	2.700	700	7.600	1.600
3	500	−1.500	7.700	1.700
4	3.600	1.600	8.500	2.500
5	8.000	6.000	9.200	3.200
6	−800	-2.800	4.800	−1.200

a) Angenommen der Vorstand der Investment AG trifft die Investitionsentscheidung aufgrund der Gewinnvergleichsrechnung. Für welche Sprinkleranlage entscheidet er sich?

b) Angenommen der Vorstand der Investment AG trifft die Investitionsentscheidung aufgrund der Rentabilitätsvergleichsrechnung vor Zinsen. Für welche Sprinkleranlage entscheidet er sich, wenn bei der Berechnung des Gewinns in jedem Jahr für Feuerfix 500,00 EUR und für Wassernix 1 500,00 EUR Zinsen als Aufwand berücksichtigt wurden? Erläutern Sie das Ergebnis im Vergleich mit der Entscheidung aus a)!

c) Bestimmen Sie die Amortisationsperiode (n) und den Amortisationszeitpunkt (t_A) für die beiden Sprinkleranlagen!

d) Kommentieren Sie anhand der Investitionsentscheidung bezüglich der beiden Sprinkleranlagen die Aussage des Vorstandes **„Wir führen nur Investitionen durch, die sich nach 3 Jahren amortisiert haben."**!

e) Sollte wegen der voraussichtlichen Verluste im 6. Jahr die Nutzungszeit der beiden Sprinkleranlagen auf 5 Jahre verkürzt werden (eine **genaue** Begründung ist erforderlich!), um so die Ergebnisse aus a) und b) zu verbessern?

f) Wie beurteilen Sie die beiden Investitionsvorhaben beim Ansatz von kalkulatorischen Zinsen in Höhe von 19 % pro Jahr?

g) Welche Gründe könnten für die Investment AG vorliegen, damit die Entscheidung aus f) nicht sinnvoll erscheint?

Aufgabe 3.5

Welche Probleme ergeben sich bei der Anwendung der statischen Verfahren der Investitionsrechnung?

Aufgabe 3.6

Wie können die dynamischen Verfahren der Investitionsrechnung charakterisiert werden?

Aufgabe 3.7

Karl Otto bietet seinem langjährigen Diener James für die von ihm während der letzten Jahre geleisteten treuen Dienste eine Abschiedsgratifikation. Folgende Alternativen stehen James zur Auswahl:

(1) 50.000 EUR jetzt,

(2) 90.000 EUR nach Ablauf von 7 Jahren,

(3) 4.100 EUR für immer pro Jahr oder

(4) 7.000 EUR pro Jahr für die Dauer von 12 Jahren.

Der Kalkulationszinsfuß für alternative Anlagen liegt für James bei 8 %. Für welche der Abschiedsgratifikationen entscheidet er sich?

Aufgabe 3.8

Die Max Meier OHG hat die Möglichkeit, die beiden folgenden, sich gegenseitig ausschließenden Investitionsobjekte durchzuführen (die Angaben beziehen sich auf in Mio. EUR):

	t_0	t_1	t_2
IO_1	−400	256	228
IO_2	−300	248	116

a) Berechnen Sie für die beiden Investitionsobjekte den internen Zinsfuß und bestimmen Sie auf dieser Grundlage die Rangfolge der Investitionen.

b) Skizzieren Sie die Kapitalwertfunktionen beider Investitionsobjekte. Geben Sie dabei die Achsenbezeichnungen an und markieren Sie die Schnittpunkte der Funktionen mit der Abszisse und der Ordinate. Geben Sie weiterhin die Koordinaten des Schnittpunktes der beiden Kapitalwertfunktionen an.

c) Für welches Investitionsobjekt entscheidet sich die Max Meier OHG bei einem Kalkulationszinsfuß von 5 % und von 10 %? Beurteilen Sie die Lösungen im Vergleich zur Rangordnung nach der internen Zinsfußmethode.

Aufgabe 3.9

Der Geschäftsführer der Seifix GmbH steht vor der Entscheidung, ob er eine neue Produktionsanlage anschaffen soll. Als Alternative überlegt er den Erwerb eines Mitkonkurrenten. Für die Produktionsanlage stehen ihm folgende Angaben zur Verfügung:

Anschaffungskosten	10 Mio. EUR; 40 % sind sofort zu zahlen, der Rest nach einem Jahr
Resterlös	2,5 Mio. EUR
Nutzungsdauer	5 Jahre
Maximale Ausbringungs-menge	2 Mio. Stück
Auslastung	In den ersten beiden Jahren 80 %, in den restlichen Jahren 90 %, die im Jahr der Produktion auch vollständig abgesetzt werden
Jährliche fixe Kosten	500.000,00 EUR (im Jahr der Entstehung sofort und vollständig zahlungswirksam)
Stückkosten	7,00 EUR (im Jahr der Entstehung sofort und vollständig zahlungswirksam)
Verkaufspreis	In den ersten beiden Jahren 12,00 EUR, danach 14,00 EUR; in den ersten beiden Jahren wird die Hälfte der produzierten Stückzahl von einem Großkunden abgenommen, ihm wird ein Zahlungsziel von einem Jahr eingeräumt. Allen anderen Kunden wird kein Zahlungsziel eingeräumt.
Reparaturkosten	Am Ende des 3. Jahres wird die Maschine repariert, die Kosten hierfür betragen 1 Mio. EUR und sind sofort zu bezahlen

a) Bilden Sie die Maschine in einer Zahlungsreihe ab!

b) Überprüfen Sie mit Hilfe der Kapitalwertmethode, ob die Produktionsanlage Maschine angeschafft werden sollte, wenn Sie davon ausgehen, dass das zum Erwerb stehende Unternehmen eine Rendite auf das eingesetzte Kapital von 25 % abwirft.

c) Nehmen Sie zu folgender Aussage **kurz** Stellung: „Der Kapitalwert ist lediglich ein theoretischer Wert, der keine Schlussfolgerung auf die Verzinsung des Investitionsobjektes zulässt. Ohne Kenntnis der Rendite einer Investition kann allerdings keine Aussage darüber getroffen werden, ob sich eine Investition letztendlich lohnt!"

Aufgabe 3.10

Der reiche Investor Maximilian Duco sieht sich den folgenden sicheren, sich gegenseitig ausschließenden und unteilbaren Investitionsalternativen (Angaben in EUR) gegenüber. Er fragt Sie um Rat, welche Investitionsentscheidung er treffen soll:

	t_0	t_1	t_2	t_3	t_∞
IO_1	−10.000	2.000	2.000	2.000	∞
IO_2	−10.000	14.850	0	0	0

a) Maximilian Duco hat unbegrenzte Eigenmittel zur Verfügung, die er jederzeit zu 10 % anlegen kann. Beurteilen Sie die beiden Investitionsobjekte nach der Kapitalwertmethode und nach der internen Zinsfußmethode. Welches Investitionsobjekt sollte Maximilian Ihrer Meinung nach durchführen?

b) Wenn Sie in a) richtig gerechnet haben, so ergibt sich ein Widerspruch zwischen der Anwendung der Kapitalwertmethode und der internen Zinsfußmethode. Ab welchem zugrundeliegenden Kalkulationszinssatz ergibt sich dieser Widerspruch?

c) Zusätzlich zu den beiden Investitionsmöglichkeiten IO_1 und IO_2 kann Maximilian Duco in t_0 12.850 EUR unbefristet in eine von IO_1 und IO_2 technisch unabhängige Alternative (= IO_3) investieren. Die interne Verzinsung von IO3 beträgt 48,5 %. Welche Investition realisiert Maximilian, wenn er nur Eigenmittel in Höhe von 15.000 EUR zur Verfügung hat (KZF = 10 %) und kein Fremdkapital aufnehmen möchte? Wie hoch ist sein maximal möglicher Konsum in t_0?

d) Nehmen Sie nun an, dass Maximilian Duco in t_0 wiederum nur begrenzte Eigenmittel in Höhe von 10.000 EUR zur Verfügung hat, die er alternativ zu 10 % anlegen könnte. Andererseits ist er bereit, Fremdmittel aufzunehmen, die er für einen Zinssatz von 16 % erhalten kann. Für welches der beiden Investitionsobjekte IO_1 und IO_2 würde sich Maximilian entscheiden, wenn er Ihnen sagen würde, dass er sein Geld

da) **nur** im Zeitpunkt t_1 bzw.

db) **nur** im Zeitpunkt t_2

konsumieren möchte?

Geben Sie jeweils die Höhe des Konsums an!

Aufgabe 3.11

Zwei sich gegenseitig ausschließende Investitionsobjekte seien durch folgende Zahlungsreihen gekennzeichnet:

	t_0	t_1	t_2
IO_1	−100	42	97,6
IO_2	−100	97	35

a) Welche Alternative würde man ergreifen, wenn man sich am internen Zinsfuß der beiden Zahlungsreihen orientiert?

b) Welche Rangfolge der Alternativen ergibt sich nach der Kapitalwertmethode bei einer alternativen Anlagemöglichkeit freier Mittel zu 10 %?

c) Vergleichen Sie die Ergebnisse von a) und b) und erklären gegebenenfalls die Unterschiede, indem Sie anhand von Finanzplänen verdeutlichen, wie beide Methoden eine Vergleichbarkeit der Investitionen herstellen.

Aufgabe 3.12

Zwischen welchen gewinnabhängigen und gewinnunabhängigen Steuern gilt es zu unterscheiden?

Aufgabe 3.13

Die ABC AG plant ein neues Investitionsobjekt (lineare Abschreibung über 4 Jahre) durchzuführen, das durch die nachfolgende Zahlungsreihe gekennzeichnet ist (in 1.000 EUR):

	t_0	t_1	t_2	t_3	t_4
BEZÜ$_t$	−800	350	400	450	400

Der Gewinnsteuersatz beträgt 50 %. Die ABC AG kann Ihre finanziellen Mittel alternativ am Kapitalmarkt zu 8 % anlegen. Zur Durchführung des Investitionsobjektes benötigt die ABC AG fremde Mittel in Höhe von 400.000 EUR, die mit 10 % zu verzinsen sind.

a) Ermitteln Sie den Kapitalwert des Investitionsobjektes unter der Voraussetzung, dass die ABC AG den Kredit in vier gleichen Raten tilgt.

b) Alternativ könnte die ABC AG den Kredit bereits in zwei Perioden in gleichen Raten tilgen. Wäre dies für die ABC AG ratsam?

c) Wie lassen sich die Ergebnisse aus a) und b) im Vergleich erklären?

Aufgabe 3.14

Die Jupiter AG prüft, welches der beiden Investitionsobjekte (IO) mit den nachfolgend dargestellten Zahlungsreihen vorteilhafter ist, wenn man den Kapitalwert als Entscheidungskriterium zu Grunde legt.

in TEUR	t_0	t_1	t_2	t_3
IO 1	−1.500	1.000	700	100
IO 2	−1.500	90	800	1.000

Es ist vorgesehen, die Investitionsobjekte in jedem Fall linear abzuschreiben, wobei die voraussichtlichen Liquidationserlöse mit null veranschlagt werden. Es wird mit einem (unversteuerten) Kalkulationszinssatz von 10 % gerechnet. Die Firmeninhaber sind sich nicht einig, ob es erforderlich ist, die Gewinnsteuern bei der Entscheidung zu berücksichtigen. Der Ertragssteuersatz wird mit 60% veranschlagt.

a) Prüfen Sie, ob es im vorliegenden Fall erforderlich ist, die Ertragsteuern zu berücksichtigen, wenn man sich für das richtige Investitionsobjekt entscheiden will.

b) Vergleichen Sie den Kapitalwert des Investitionsobjekts 2 unter Berücksichtigung von Steuern mit dem Kapitalwert bei Vernachlässigung der Steuern. Wie kann man den hier zu beobachtenden Effekt ökonomisch erklären?

Aufgabe 3.15

Die Klecker & Klotz GmbH beabsichtigt den Kauf einer Hydraulikpresse zur Produktion von Formteilen für die Kfz-Industrie. Es wird eine Nutzungsdauer der Presse von 4 Jahren prognostiziert und eine lineare Abschreibung geplant. Mit einem Restwert wird im 4. Jahr nicht gerechnet. Die Klecker & Klotz GmbH kann ihre Eigenmittel alternativ zu 10% anlegen. Die Zahlungsreihe der Investition stellt sich wie folgt dar (in EUR):

Investition	t_0	t_1	t_2	t_3	t_4
BEZÜ	−100.000	50.000	40.000	22.000	35.000

a) Ermitteln Sie den Kapitalwert der Investition ohne Berücksichtigung von Steuern.

b) Der durchschnittliche Gewinnsteuersatz der Klecker & Klotz GmbH beträgt 45%. Wie wäre die Investition unter der Berücksichtigung dieses Steuersatzes und wiederum einer 100%-Eigenkapitalfinanzierung zu beurteilen?

c) Ist die Investition unter Berücksichtigung von Steuern auch dann noch interessant, wenn 60% Fremdkapital aufgenommen werden? Der Kredit kostet 8% und soll im Laufe von 3 Jahren durch eine gleichbleibende Annuität (Zinsen + Tilgungsrate) in Höhe von EUR 23.280,00 (gerundet) pro Jahr bezahlt werden. Der Kredit lässt sich vor dem Laufzeitende nicht durch Sondertilgungen reduzieren. Die Gesellschafter der Klecker & Klotz GmbH konsumieren deshalb überschüssige Einzahlungen. Benötigt die GmbH dagegen zusätzliche Fremdmittel, kosten diese ebenfalls 8%. Wie hoch ist der Kapitalwert?

Aufgabe 3.16

Die Müller & Co. GmbH plant die Durchführung des folgenden Investitionsobjekts, welches über den vierjährigen Planungszeitraum linear abgeschrieben werden soll:

in TEUR	t_0	t_1	t_2	t_3	t_4
IO 1	−2.000	850	1.100	1.450	1.150

Die Gesellschaft unterliegt einem Gewinnsteuersatz von 40 %. Für die Finanzierung dieses Vorhabens nimmt das Unternehmen Fremdmittel in Höhe von 50 % der Anschaffungskosten auf. Die Hausbank ermöglicht der Müller & Co. GmbH bei einem Zinssatz von 10 % folgende Rückzahlungsmodalitäten:

- Tilgungsdarlehen mit vier gleichen Tilgungsraten
- Endfälliges Zinsdarlehen
- Annuitätendarlehen (Annuität: 315 TEUR)

Welche Form der Rückzahlung sollte das Unternehmen wählen, so dass die Investition einen möglichst hohen Kapitalwert aufweist?

Aufgabe 3.17

a) Angenommen, Sie führen Anlageberatungen für eine Investitionssumme von 100.000 durch. Der Kalkulationszinssatz betrage 8 %. Zwei Zerobonds stehen zur Wahl: Zerobond 1 (Zerobond 2) hat eine Laufzeit von 6 (5) Jahren und liefert am Ende der Laufzeit eine Ausschüttung in Höhe von EUR 200.000 € (EUR 182.000). Bestimmen Sie Kapitalwerte und Annuitäten beider Zerobonds!

b) Nehmen Sie nun an, es stünde nur noch Zerobond 1 und ein Fonds „MaxValueNow" (MVN) mit folgenden Zahlungen zur Wahl:

in EUR	t_0	t_1	t_2	t_3	t_4	t_5	t_6
Zero-bond 1	−100.000	0	0	0	0	0	200.000
Fonds MVN	−100.000	13.000	13.000	13.000	13.000	13.000	113.000

Ein Anleger bekundet in Ihrer Beratungssitzung eindeutige Sympathien für Fonds MNV, da dieser Fonds in seiner Ausschüttungsstruktur exakt seiner persönlichen Konsumplanung entspricht. Die regelmäßigen Ausschüttungen in Höhe von EUR 13.000 entsprechen genau seinen Konsumwünschen, und er freut sich über eine hohe Ausschüttung am Ende der Laufzeit. Welche Anlage würden Sie ihm empfehlen, wenn der Kalkulationszinsfuß 8 % beträgt? (Unterstellen Sie dabei, dass der Anleger tatsächlich zu 8 % Geld anlegen und aufnehmen kann, und gehen Sie explizit auf seine Konsumplanung ein).

c) Ändert sich Ihre Empfehlung aus b), wenn der Anleger Geld zwar zu 8 % leihen, aber nur zu 6 % anlegen kann?

d) Nehmen Sie an, neben Zerobond 1 und Fonds MVN stünde noch ein weiterer Fonds „MaxReturn" (MR) mit Einlageverpflichtungen in den ersten Jahren und ab dem vierten Jahr steigenden Ausschüttungen zur Wahl:

in EUR	t_0	t_1	t_2	t_3	t_4	t_5	t_6
Fonds MR	−30.000	−30.000	−30.000	−10.000	2.500	6.000	172.000

Ein weiterer Anleger interessiert sich für die renditestärkste Anlagemöglichkeit. Beurteilen Sie die Vorteilhaftigkeit der drei Anlagemöglichkeiten anhand der internen Zinsfuß- und Kapitalwertmethode bei einem Kalkulationszinssatz von 8 %. Gehen Sie davon aus, dass Fonds MR einen internen Zinsfuß von 13,12 % aufweist. Gehen Sie auf mögliche Probleme und Konflikte bei der Beurteilung der Anlagemöglichkeiten ein und empfehlen Sie vor diesem Hintergrund eine der Anlagen.

Aufgabe 3.18

Sie werden eine Investition durchführen und benötigen dafür eine Maschine, die Sie leasen oder kaufen können. Im Folgenden sollen Sie ermitteln, welche der beiden Alternativen günstiger ist. Nehmen Sie an, der Zinssatz betrage 7 %, der Unternehmenssteuersatz 40 %. Rechnen Sie mit dem Standardmodell der Investitionsrechnung.

Die Maschine erwirtschaftet sichere Einzahlungsüberschüsse in Höhe von EUR 65.150 im ersten, EUR 55.300 im zweiten, EUR 66.125 im dritten und EUR 65.600 im vierten Jahr.

Bei einem möglichen Kauf der Maschine kostet diese EUR 100.000 und wird vier Jahre genutzt werden. Die betriebsgewöhnliche Nutzungsdauer beträgt jedoch fünf Jahre. Im Fall des Kaufes können Sie den Kaufpreis linear abschreiben. Nach Ablauf der vier Jahre werden Sie die Maschine zum Preis von EUR 18.500 veräußern können.

Sofern Sie sich für Leasing entscheiden, beträgt die Leasingrate EUR 25.000 jährlich.

a) Ignorieren Sie eventuelle Wartungskosten der Maschine. Ermitteln Sie, welche Alternative (Kauf oder Leasing) günstiger ist.

b) Gehen Sie jetzt davon aus, dass in jedem Zeitpunkt Wartungskosten in Höhe von EUR 12.540 jährlich anfallen. Sowohl im Fall des Kaufs wie auch des Leasing müssen die Wartungskosten von Ihnen getragen werden. Was ändert sich an Ihrem Ergebnis?

Aufgabe 3.19

Ein Investor kann bei einem Kalkulationszinsfuß von 10 % folgende Anlage (A) durchführen:

t	1	2	3	4	5	6
E_t	8.500	7.500	7.500	6.000	3.000	1.500
R_t	9.000	7.500	5.000	3.500	2.500	1.000

a) Bestimmen Sie die optimale Nutzungsdauer der Anlage (A). Nach Ablauf der Nutzungsdauer soll die Anlage nicht ersetzt werden. Die Anschaffungsauszahlung für die Anlage beträgt 10.000 EUR.

b) Wie lautet der optimale Ersatzzeitpunkt der Anlage (A), wenn sie einmalig durch eine Anlage des gleichen Typs (B) ersetzt wird?

Aufgabe 3.20

Die Unternehmensleitung der Blicknix AG beauftragt Sie, die optimale Investitionskette einer Roboterstraße aus den beiden Robotern Rumpel I und Rumpel II zusammenzustellen.

Das Investitionsproblem besteht darin, dass die Kapazitäten dringend mit dem Roboter Rumpel I erweitert werden sollen, so dass nicht auf die neueste Ausführung, den Rumpel II, gewartet werden kann, der erst in einem Jahr einsatzbereit ist. Sie sollen deshalb den optimalen Ersatzzeitpunkt für Rumpel I und die optimale Nutzungsdauer für Rumpel II bestimmen, da nach der Nutzung von Rumpel II die Produktion dieser Roboterstraße aufgrund der Planungen der Unternehmensleitung eingestellt werden soll.

Die Anschaffungsauszahlung der Rumpel I beträgt laut Verkaufsprospekt 10.000 EUR. An Einzahlungsüberschüssen und Restwerten werden von der Investitionsabteilung folgende Werte in EUR geschätzt:

t	1	2	3	4	5	6
E_t	6.500	4.000	3.000	1.000	500	200
R_t	8.000	6.000	3.500	2.000	800	100

Der neue Roboter, Rumpel II, soll nach Herstellerangaben aller Voraussicht nach 15.000 EUR kosten. Aus den Informationen der Marketingabteilung hat die Investitionsabteilung folgende Prognosewerte in EUR abgeleitet:

t	1	2	3	4	5	6
E_t	8.000	6.000	5.000	2.000	1.000	500
R_t	11.000	8.000	5.000	2.000	1.000	100

Ermitteln Sie den maximalen Kapitalwert für die Investitionskette unter der Kenntnis, dass die Blicknix AG ihr Kapital alternativ zu 10 % anlegen kann.

Aufgabe 3.21

Ihnen liegen folgende Informationen zu einem Investitionsobjekt vor. Die Anschaffungskosten betragen EUR 1.250.000, das Objekt hat eine Laufzeit von vier Jahren. Die Umsatzerlöse aus dem Investitionsobjekt können Sie der unten stehenden Tabelle entnehmen.

in TEUR	t_1	t_2	t_3	t_4
BEZÜ	600	500	800	800

In jedem Jahr fallen Auszahlungen für Personal in Höhe von EUR 125.000 an. Die Materialauszahlungen beginnen im Jahr t=1 mit EUR 130.000 und steigen jährlich um 10%. Sonstige Auszahlungen betragen EUR 15.000 in den ersten beiden Jahren und EUR 30.000 in den letzten beiden Jahren.

Ihr Eigenkapital zur Finanzierung der Investition beträgt EUR 1.000.000. Sollzinsen sind 15%, Habenzinsen betragen 5%. Entnahmen für Konsum betragen ab dem Jahre t=1 jährlich EUR 130.000.

a) Stellen Sie einen vollständigen Finanzplan auf und prüfen Sie, ob es sich lohnt, die Investition durchzuführen, wenn der Investor die Absicht hat, sein Endvermögen zu maximieren.

b) Unterstellen Sie nun, dass statt verschiedener Soll- und Habenzinsen ein Durchschnittszinssatz anzuwenden sei. Ändert sich Ihre Entscheidung?

Aufgabe 3.22

Die Engels & Co, ein Produzent von Spezialartikeln für die KFZ-Industrie, möchte eine neue Hochleistungshydraulikpresse erwerben. Die vom Hersteller vorgegebene Nutzungsdauer liegt bei 4 Jahren. Die Engels & Co strebt eine lineare Abschreibung der Anschaffungskosten von 1 Mio. EUR über diesen Zeitraum an. Weiterhin werden folgende Daten von der Finanzabteilung der Engels & Co geschätzt (in 1.000 EUR):

	t_1	t_2	t_3	t_4
Betriebsauszahlungen	350	930	1.000	1.400
Betriebseinzahlungen	990	1 050	1.450	1.950
Restverkaufserlöse	800	700	600	200

Der in den letzten Jahren durchschnittlich zu zahlende Steuersatz betrug 50%. Teilweise wurden auch Investitionen getätigt, um den dabei entstehenden Verlust mit dem Ertrag rentabel arbeitender Investitionen zu verrechnen. Die Engels & Co. arbeitet mit einer Kapitalverzinsung von 20%.

a) Gehen Sie zunächst von einer Welt ohne Steuern aus. Ermitteln Sie die optimale Nutzungsdauer und den maximalen Kapitalwert für das Investitionsobjekt! Gehen Sie davon aus, dass nach Auslaufen der Erstinvestition **keine Ersatzbeschaffung** vorgesehen ist!

b) Ändert sich die optimale Nutzungsdauer unter den Bedingungen von a), wenn gleichzeitig Steuern mitberücksichtigt werden? Wie hoch ist dabei der Kapitalwert?

Aufgabe 3.23

Setzen Sie sich mit den Methoden der Vermögensendwertmaximierung kritisch auseinander!

Aufgabe 3.24

Nennen Sie die Prämissen und Kritikpunkte am Dean-Modell!

Aufgabe 3.25

Die einperiodigen Investitionsmöglichkeiten eines Investors lassen sich im Rahmen des Dean-Modells folgendermaßen graphisch darstellen:

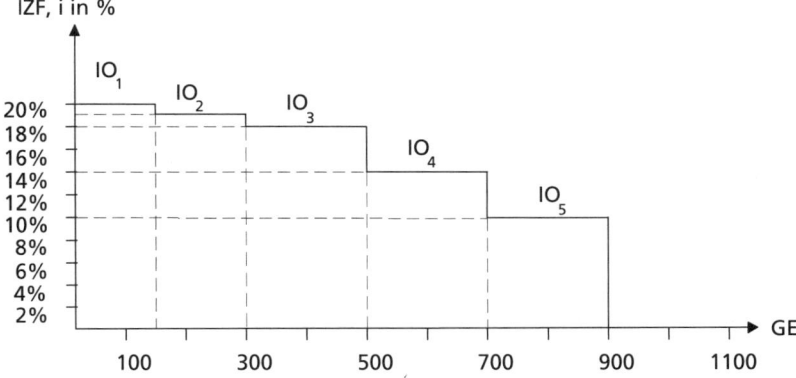

a) Geben Sie das optimale Investitionsprogramm für den Fall an, dass der Investor keine eigenen Mittel besitzt und er maximal 300 Geldeinheiten (GE) Kredit für eine Periode zu 8 % aufnehmen kann, und bestimmen Sie den Geldbetrag, den der Investor in t_1 für seinen Konsum ausgeben kann. Gehen Sie dabei von **beliebiger Teilbarkeit** der Investitionsobjekte aus.

b) Die Investitionsmöglichkeiten seien **unteilbar**. Geben Sie das optimale Investitions- und Finanzierungsprogramm für den Fall an, dass der Investor keine eigenen Mittel besitzt, die ersten 200 GE Kredit zu 6 % beschaffen kann und die Fremdkapitalkosten pro weitere 200 GE Kredit um jeweils 3 % steigen. Die Fremdmittel seien einperiodig und beliebig **teilbar**.

Aufgabe 3.26

Die Müller KG möchte für ein Jahr zusätzliche Produktionsmöglichkeiten schaffen, bis der gerade im Bau befindliche Erweiterungsbau auf dem bisherigen Betriebsgelände bezugsfertig ist. Dazu stehen der Müller KG folgende unteilbare Investitionsalternativen und teilbare Finanzierungsmöglichkeiten in Mio. EUR zur Auswahl:

	t_0	t_1		t_0	t_1
IO_1	−200	+228	FM_1	+300	−348
IO_2	−200	+232	FM_2	+300	−324
IO_3	−300	+324	FM_3	+300	−330
IO_4	−300	+333			

Außerdem besitzt die Müller KG einige liquide Mittel in Form von Bareinlagen der Gesellschafter in Höhe von 100 Mio. EUR (FM_4).

a) Bestimmen Sie graphisch das optimale Investitions- und Finanzierungsprogramm, indem Sie die Kosten des Eigenkapitals mit 5% ansetzen und geben Sie an, für welche Investitionsobjekte und Finanzierungsmittel sich die Müller KG entscheidet!

b) Was wird durch Ihr Vorgehen in a) bezüglich der Behandlung des Eigenkapitals unterstellt?

Aufgabe 3.27

Definieren Sie die cut-off-rate und den cut-off-point im Dean-Modell.

Aufgabe 3.28

Was sagt die marginale Transformationsrate im Fisher/Hirshleifer-Modell aus?

Aufgabe 3.29

Erläutern Sie mit Hilfe jeweils einer kleinen Graphik die möglichen optimalen Investitionsprogramme im Fisher-Modell.

Aufgabe 3.30

Welche möglichen optimalen Investitionsprogramme ergeben sich im Hirshleifer-Modell. Begründen Sie den Unterschied zum Fisher-Modell.

Aufgabe 3.31

Ein Investor in einer Zwei-Zeitpunkt-Welt hat im Zeitpunkt $t = 1$ ein Anfangsvermögen von 144 GE. Wird das Anfangsvermögen zur Finanzierung von Sachinvestitionen verwendet, so lässt sich bei einem Investitionsvolumen von I ein Zahlungsrückfluss von

$$R(I) = 22\sqrt{I}$$

erzielen, der in $t = 2$ konsumiert werden kann.

a) Skizzieren Sie den ungefähren Verlauf der Transformationskurve, die die Konsummöglichkeiten des Investors in einer Welt ohne Kapitalmarkt begrenzt! Tragen Sie die Schnittpunkte mit den Koordinatenachsen ein!

b) Am Kapitalmarkt können Mittel zu 10% angelegt und zu 37,5% aufgenommen werden. Bestimmen Sie die Berührungspunkte der Soll- und der Habenzinsgerade mit der Transformationskurve aus a).

c) Es existiert ein vollkommener Kapitalmarkt mit einem Zinssatz von 37,5%. Der Investor hat die von den Konsumbeträgen C_1 und C_2 abhängige Nutzenfunktion

$$U = C_1 \cdot C_2$$

Berechnen Sie den optimalen Konsumplan!

4 Investitionsentscheidungen bei unsicheren Erwartungen

4.1 Unsicherheit und Risiko

In Kapitel 3 wurde einerseits davon ausgegangen, dass die zur Vorteilhaftigkeitsbestimmung verwendeten Zahlungen sichere Größen darstellen. Andererseits wurde in Abschnitt 3.3 damit begonnen, die unter der Zielsetzung des Shareholder Value-Ansatzes gemachten vereinfachenden Prämissen zur Darstellung der Grundzüge der Kapitalwertmethode nach und nach aufzuheben. Bisher geschah dies aber nicht mit der vierten Annahme über die Existenz sicherer Erwartungen. Dies soll nun in diesem Kapitel nachgeholt werden.

Denn betrachtet man konkrete Investitions- und Finanzierungsentscheidungen, ist zu berücksichtigen, dass die real existierende Welt unsicher ist. Es ist nicht bekannt, in welcher Höhe die mit Investitionsobjekten und Finanzierungsmöglichkeiten erwarteten Zahlungen in der Zukunft tatsächlich anfallen. Zwar ist es nicht möglich, diese Unsicherheit der Zukunft aufzuheben, jedoch kann man versuchen, sie quantitativ abzubilden.

Beispiel:

Die X-Soft AG möchte 100 TEUR, die zurzeit nicht anderweitig im Betriebsprozess benötigt werden, für ein Jahr in eine Finanzanlageinvestition am Kapitalmarkt anlegen. Je nachdem, ob die Zinsen eher fallen (Umweltzustand S_1) oder eher steigen (Umweltzustand S_2), erwartet der Vorstand nach einem Jahr aus den beiden zur Verfügung stehenden Alternativen (IO_1 oder IO_2) folgende Rückzahlungen in TEUR:

	S_1 (0,5)	S_2 (0,5)
IO_1	110	96
IO_2	105	101

Die Zahlungen aus den beiden Finanzanlageinvestitionen unterliegen der **Unsicherheit**, da die X-Soft AG nicht genau weiß, wie hoch der Rückfluss nach einem Jahr tatsächlich ist.

Das **Risiko** wird hingegen gemessen aufgrund der durchschnittlichen Abweichung bzw. Streuung um den gewichteten Durchschnittswert der erwarteten Zahlungen aus den Investitionen. Betriebswirtschaftlich gesehen beinhaltet der Begriff Risiko damit sowohl das Eintreten eines Vorteils gegenüber dem

Erwarteten (positive Abweichungen) als auch den Eintritt eines Nachteils (negative Abweichungen).

Bei der Beurteilung der Vorteilhaftigkeit von Investitionen unter Unsicherheit ist es deshalb wichtig, für die Prognose der Inputgrößen die **zukünftige Entwicklung der Umwelt (mögliche Umweltzustände)**, die die Zahlungen beeinflussen, im Entscheidungskalkül zu berücksichtigen.

Mit der Frage der Einbeziehung der **Unsicherheit** in die Entscheidungsfindung beschäftigen sich vor allem

- Korrekturverfahren,
- Sensitivitätsanalysen und
- Risikoanalysen.

Zum anderen ist auch zu versuchen, das **Risiko** rechentechnisch in die Investitionsentscheidungen einzubeziehen. Dies geschieht vor allem durch

- ausgewählte Entscheidungskriterien,
- sequentielle Investitionsplanungsmodelle,
- Portfolio-Selection-Theorie und
- Capital Asset Pricing Model (CAPM).

Dabei sollen in diesem Kapitel aufgrund der Zielsetzung des Shareholder Value-Ansatzes die Inputgrößen des Kapitalwertes und der Kapitalwert als Outputgröße im Zusammenhang mit Unsicherheit und Risiko näher beleuchtet werden.

4.2 Entscheidungen mit der Einbeziehung von Unsicherheit

4.2.1 Korrekturverfahren

Die Grundidee des Korrekturverfahrens spiegelt sich darin wider, dass die Unsicherheit der Inputgrößen durch die Vornahme von **Risikozu- oder -abschlägen** berücksichtigt wird.

Das Korrekturverfahren wird in drei Schritten abgearbeitet:

(1) Sämtliche Inputgrößen, die in den Kapitalwert als Outputgröße eingehen, werden durch Risikozu- oder -abschläge korrigiert. Dabei drückt sich eine unsichere und gleichzeitig vorsichtige Beurteilung der Investition anhand der Kapitalwertmethode dadurch aus, dass man

- den KZF erhöht,
- die geschätzten Einzahlungen vermindert,
- die geschätzten Auszahlungen erhöht und/oder
- die voraussichtliche Nutzungsdauer verkürzt.

(2) Im 2. Schritt werden die jetzt korrigierten und als „quasi-sicher" angenommenen Inputgrößen zur Berechnung des Kapitalwertes der Investition herangezogen.

(3) Nur die Investitionsobjekte, die nach der Korrektur noch einen positiven Kapitalwert aufweisen werden durchgeführt.

Die Beurteilung der Konzeption des Korrekturverfahrens führt zu folgenden Ergebnissen:

(1) Das Korrekturverfahren berücksichtigt grundsätzlich nur die negativen Komponenten der Unsicherheit der Inputgrößen. Es unterstellt damit eine starke Risikoscheu der Investoren.

(2) Andererseits ist der Einsatz des Korrekturverfahrens begrüßenswert, weil dadurch die Entscheidungsträger gezwungen werden, sich über das Risiko einer Investition explizit Gedanken zu machen.

(3) Allerdings kann ein von mehreren Entscheidern durchgeführtes Korrekturverfahren ein „Totrechnen" des Investitionsobjektes zur Folge haben, da Unsicherheit nur summarisch einbezogen wird.

(4) Mit dem Korrekturverfahren wird Unsicherheit zwar durch Risikoabschläge oder Risikozuschläge berücksichtigt, aber weder transparent noch rechenbar gemacht.

(5) Dieser Mangel kann auch dazu führen, dass sogar Inputgrößen korrigiert werden, die gar nicht unsicher sind.

4.2.2 Sensitivitätsanalyse

Sensitivitätsanalysen leiten sich aus der Fragestellung ab, wie und in welcher Höhe die Outputgrößen auf eine Veränderung der Inputgrößen reagieren und ob ihre Variation die Rangfolge der Vorteilhaftigkeit bei Auswahlentscheidungen beeinflusst.

Der Ablauf von Sensitivitätsanalysen kann in einem dreistufigen Prozess dargestellt werden. Dabei soll sich auf die Sensitivitätsanalyse für eine einzige Inputgröße bei Konstanz aller anderen Eingabedaten beschränkt werden:

(1) Auswahl der aus der Sicht des Investors unsicheren Inputgröße.

(2) Ermittlung des **kritischen Wertes** der unsicheren Inputgröße, also des Wertes, für den der Kapitalwert gerade noch positiv ist.

    a. Festlegung eines **Schwankungsintervalls**, in dem der Kapitalwert positioniert sein soll. Danach wird für dieses Schwankungsintervall der Wertebereich ermittelt, in welchem sich die Inputgröße bewegen darf. **Oder:**

    b. Der Entscheider hat bestimmte Vorstellungen über die Bandbreite von Werten, die die unsichere Inputgröße annimmt. Es wird im Rahmen einer **Bandbreitenanalyse** deshalb festgestellt, welche Werte der Kapitalwert bei gegebener Schwankungsbreite der betrachteten Inputgröße annimmt und ob unter Zugrundelegung dieses Intervalls das Investitionsobjekt durchgeführt werden soll.

Beispiel:

Der Vorstand der X-Soft AG möchte mit Hilfe der Sensitivitätsanalyse unter Zugrundelegung der Kapitalwertmethode die Vorteilhaftigkeit einer neu von ihm anzuschaffenden Software, die für die Erstellung einer auf die Kunden individuell zugeschnittene Applikationssoftware benötigt wird, bestimmen. Die Anschaffungsauszahlung beträgt 250.000 EUR, die Nutzungsdauer wird auf 3 Jahre geschätzt, da darauf folgend eine neue Software verwendet werden soll. Als KZF verwendet Herr Schneidewind einen Zinssatz von 10 %. Herr Schneidewind geht streng nach dem ihm bekannten dreistufigen Entscheidungsprozess der Sensitivitätsanalyse vor.

1. Stufe:

Für Schneidewind scheint innerhalb der Bruttoeinzahlungsüberschüsse die Inputgröße Absatzmenge (x_t) unsicher zu sein. Der Produktpreis pro individueller Software $(p = 7.500)$ als weitere Inputgröße der Bruttoeinzahlungsüberschüsse sieht er als annähernd sicher und konstant an. Die variablen Herstellkosten (k_v) für die pro erstellter Software zu erwerbende Lizenz betragen 3.000 EUR. Von weiteren Produktkosten soll aus Vereinfachungsgründen abgesehen werden. Die Absatzmenge nimmt Schneidewind über die Nutzungsdauer der Software als konstant an.

2. Stufe:

In der allgemeinen Kapitalwertformel (s. Kapitel 3.2.2) werden die Einzahlungsüberschüsse durch ihre Inputgrößen ersetzt:

$$K_0 = -BAZÜ_0 + \sum_{t=1}^{T} \frac{\left[x \cdot (p - k_v) \right]_t}{(1+e)^t}$$

Zur Ermittlung des kritischen Wertes wird die Gleichung für die Kapitalwertberechnung gleich null gesetzt und dann nach der unsicheren Inputgröße, der Absatzmenge, aufgelöst. Der kritische Wert ist im Beispiel diejenige Absatzmenge, ab der der Kapitalwert positiv wird. Da die Absatzmenge über die Nutzungsdauer der Investition konstant bleiben soll, wird für das Beispiel die Kapitalwertformel für die endliche Rente mit einer Laufzeit von 3 Jahren gleich null gesetzt:

$$K_0 = -BAZÜ_0 + x \cdot (p - k_v) \cdot \frac{(1+e)^T - 1}{(1+e)^T \cdot e}$$

Daraus folgt:

$$x_{krit} = \frac{BAZ\ddot{U}_0 \cdot KWF}{p - k_v} \qquad \text{mit KWF für } n = 3 \text{ und } e = 10\%$$

$$x_{krit} = \frac{250.000 \cdot \dfrac{1{,}1^3 \cdot 0{,}1}{1{,}1^3 - 1}}{7.500 - 3.000} = \frac{250.000 \cdot 0{,}4021}{4.500} = 22{,}34$$

Damit die Investition vorteilhaft ist (positiver Kapitalwert), müssen pro Periode mindestens 23 Softwareversionen programmiert und abgesetzt werden.

3. Stufe (Bandbreitenanalyse):

Aufgrund von Daten seiner Marktforschungsabteilung geht Herr Schneidewind davon aus, dass die Absatzmenge für die 3 Jahre der Nutzungsdauer der Software bei mindestens 19 Softwareversionen pro Jahr liegt. Die maximale Absatzmenge pro Jahr stimmt mit der maximal möglichen jährlichen Produktionsmenge in Höhe von 50 Softwareversionen überein.

Die Berechnung für die günstigste und ungünstigste Inputkonstellation ergibt folgende Kapitalwerte:

$K_0(19)$ = −250.000 + 19 (7.500 − 3.000) 2,49 = −37.105 EUR

$K_0(50)$ = −250.000 + 50 (7.500 − 3.000) 2,49 = +310.250 EUR

Der Kapitalwert liegt bei dem erwarteten Schwankungsintervall der Inputgröße Absatzmenge in einer Bandbreite zwischen −37.105 EUR und +310.250 EUR. Das Abwägen der Ergebniswerte und eine erwartete Absatzmenge von ca. 34 Softwareversionen pro Periode lässt für Schneidewind den Kauf der Software als vorteilhaft erscheinen.

Neben einer Entscheidung für einzelne Investitionen kann auch bei Auswahlentscheidungen auf die Sensitivitätsanalyse zurückgegriffen werden, indem ein Vergleich der Bandbreiten der Kapitalwerte durchgeführt wird.

Es ist natürlich nicht sehr sinnvoll, wenn die Sensitivitätsanalyse für eine als unsicher erachtete Inputgröße unter der Annahme der Konstanz der anderen Inputgrößen vorgenommen wird. Denn es ist leicht einsichtig, dass eine Variation des Preises auch immer Veränderungen für die Absatzmenge nach sich zieht, die beide wiederum Inputgrößen für die Bruttoeinzahlungsüberschüsse der Kapitalwertformel sind. Somit führt man Sensitivitätsanalysen im Allgemeinen für mehrere unsichere Inputgrößen durch. Die Vorgehensweise bei der Betrachtung mehrerer unsicherer Inputgrößen gegenüber der Berücksichtigung von einer Inputgröße ändert sich jedoch nicht (allerdings der Rechenaufwand).

Die Konzeption der Sensitivitätsanalyse führt zu folgender Beurteilung:

(1) Zwar zeigen Sensitivitätsanalysen dem Entscheider explizit, wie sich Abweichungen von Prognosen auf die Outputgröße auswirken, jedoch wird die Unsicherheit nur bedingt transparent, aber auf keinen Fall berechenbar.

(2) Bedingt transparent deshalb, weil Sensitivitätsanalysen dem Entscheider nur Informationen darüber zur Verfügung stellen, ob die Unsicherheit für das betrachtete Investitionsobjekt von Bedeutung ist oder nicht. Ist die Unsicherheit von Bedeutung, geben die Sensitivitätsanalysen aber nicht an, welche weiteren Maßnahmen nun zu ergreifen sind.

(3) Berechenbar ist die Unsicherheit nicht, weil keine Wahrscheinlichkeitsverteilungen der unsicheren Inputgrößen in die Sensitivitätsanalyse eingehen. Zum Beispiel gibt die Bandbreitenanalyse zwar an, in welchem Schwankungsbereich sich ein Ergebnis bewegen kann, nicht jedoch mit welcher Wahrscheinlichkeit man erwartet, dass das einzelne Ergebnis eintritt.

4.2.3 Risikoanalyse

Die Risikoanalyse ist ein Verfahren, das die Wahrscheinlichkeitsverteilungen einzelner unsicherer Inputgrößen so überlagert, dass nach Anwendung der Analyse eine einzige Verteilungsfunktion für die Outputgröße existiert.

Die Durchführung der Risikoanalyse erfolgt in 6 Stufen:

(1) Auswahl der als unsicher geltenden Inputgrößen, wobei man bei der Risikoanalyse automatisch davon ausgeht, dass immer mehrere Größen unsicher sind.

(2) Man nimmt eine Schätzung der Wahrscheinlichkeitsverteilungen der unsicheren Inputgrößen vor.

(3) Erstellung eines Satzes von sicheren und unsicheren Inputdaten, die in die Outputgröße, hier den Kapitalwert, eingehen. Die unsicheren Inputgrößen werden mittels Monte-Carlo-Simulation generiert. Mit Hilfe eines Zufallsgenerators werden Zufallszahlen für die unsicheren Inputgrößen erzeugt, die zur Berechnung des Kapitalwertes herangezogen werden.

(4) Berechnung des Kapitalwertes aus den vorliegenden Inputgrößen.

(5) Ermittlung der relativen Häufigkeiten des Kapitalwertes. Die kumulierten relativen Häufigkeiten stellen ihrerseits wiederum die Verteilungsfunktion des Kapitalwertes dar.

(6) Wiederholung der Schritte 3-5 bis sich auch durch weitere Wiederholungen nur noch unwesentliche Änderungen der Verteilungsfunktion des Kapitalwertes ergeben.

Beispiel:

Herbert Schneidewind möchte den Kauf einer neuen Maschine zur Herstellung von Hardwareteilen, die es ermöglichen, chemische Stoffe zu analysieren und direkt an den Computer zu übertragen, anhand des Kapitalwertes (KZF = 10 %) beurteilen, diese soll allerdings mit einer Risikoanalyse verbunden werden, um der Unsicherheit der Inputgrößen Rechnung zu tragen.

1. Stufe:

Zunächst prognostiziert Schneidewind für die von ihm als unsicher einge-
stuften Inputgrößen wie Absatzmenge (x), Höhe der Anschaffungsauszahlung
($BAZÜ_0$), Nutzungsdauer (t), variable Kosten (k_v) sowie Verkaufspreis der er-
zeugten Teile (p) die möglichen Wertausprägungen. Dabei kann Schneidewind aus Praktikabilitätsgründen keine exakten Werte angeben, sondern nur
Bereichsangaben machen.

2. Stufe:

Für die Intervallschätzwerte gibt Schneidewind von ihm erwartete subjektive
Wahrscheinlichkeiten (w) an:

$BAZÜ_0$	500.000–550.000	550.001–600.000	600.001–650.000	650.001–700.000	
$w(BAZÜ_0)$	0,2	0,2	0,4	0,2	
t	4	5	6	7	
w(t)	0,2	0,2	0,4	0,2	
k_v	0,50–0,55	0,56–0,60	0,61–0,65		
$w(k_v)$	0,2	0,6	0,2		
x	400.000–600.000	600.001–800.000	800.001–1.000.000	1.000.001–1.200.000	1.200.001–1.400.000
w(x)	0,2	0,2	0,2	0,2	0,2
p	0,80–0,90	0,901–1,00	1,001–1,10	1,101–1,20	
w(p)	0,2	0,4	0,2	0,2	

3. Stufe:

Im Rahmen der Monte-Carlo-Simulation nimmt Schneidewind eine Zufalls-
auswahl von Kombinationen der Inputgrößen unter Berücksichtigung der
Wahrscheinlichkeiten vor. Schneidewind verwendet als Zufallsgenerator einen
Würfel, wobei er nur die Zahlen von 1-5 verwendet. Wenn die Zahl 6 eintritt,
würfelt er noch einmal.

Bevor Schneidewind anfängt zu würfeln, ordnet er den durchschnittlichen
Wertausprägungen seiner unsicheren Inputgrößen (Zufallsvariablen) die möglichen Zufallszahlen (1-5) gemäß seinem Wahrscheinlichkeitsurteil zu:

Zufallszahl	Zufallsvariable				
	$BAZÜ_0$	T	k_v	x	p
1	525.000	4	0,525	500.000	0,85
2	575.000	5	0,575	700.000	0,95
3	625.000	6	0,575	900.000	0,95
4	625.000	6	0,575	1.100.000	1,05
5	675.000	7	0,625	1.300.000	1,15

Die Zielfunktion für Schneidewind stellt die Maximierung des Kapitalwertes unter der Zugrundelegung einer endlichen Rente dar, da Schneidewind aus Vereinfachungsgründen von konstanten Inputgrößen während der Nutzungsdauer seiner Anlage ausgeht:

$$K_0 = -BAZÜ_0 + x \cdot (p - k_v) \cdot RBF$$

Für die Aufstellung der Verteilungsfunktion des Kapitalwertes ermittelt Schneidewind zunächst den besten, den schlechtesten und den durchschnittlichen Wert. Dazu braucht er keine Simulation durchzuführen:

Schlechtester Wert:

$$
\begin{aligned}
K_{0min} &= -BAZÜ_{0max} + x_{min} \cdot (p_{min} - k_{vmax}) \cdot RBF(n_{min}) \\
&= -700.000 + 400.000 \cdot (0,80 - 0,65) \cdot 3,17 \\
&= -509.800 \text{ GE}
\end{aligned}
$$

Bester Wert:

$$
\begin{aligned}
K_{0max} &= -BAZÜ_{0min} + x_{max} \cdot (p_{max} - k_{vmin}) \cdot RBF(n_{max}) \\
&= -500.000 + 1.400.000 \cdot (1,20 - 0,50) \cdot 4,87 \\
&= +4.272.600 \text{ GE}
\end{aligned}
$$

Durchschnittlicher Wert:

$$
\begin{aligned}
K_{0\varnothing} &= -BAZÜ_{0\varnothing} + x_\varnothing \cdot (p_\varnothing - k_{v\varnothing}) \cdot RBF(n_\varnothing) \\
&= -600.000 + 900.000 \cdot (1,00 - 0,579) \cdot 4,08 \\
&= +945.912 \text{ GE}
\end{aligned}
$$

Neben diesen Eckwerten benötigt Schneidewind aber weitere Kapitalwerte, die er durch die Monte-Carlo-Simulation generiert. Dazu nimmt er eine Simulation nach folgenden, mit dem Würfel ermittelten Zufallszahlen vor:

	$BAZÜ_0$	N	k_v	x	p
1. Würfeln	2	2	5	1	4
2. Würfeln	2	5	1	5	4
3. Würfeln	1	5	1	5	5
4. Würfeln	4	3	2	3	2
5. Würfeln	1	5	5	3	3
6. Würfeln	5	2	2	3	1
7. Würfeln	5	5	4	4	5
8. Würfeln	3	2	4	1	2

4. Stufe:

Jetzt berechnet Schneidewind die Kapitalwerte für die acht generierten Eingabesätze:

Würfelvorgang	Zufallsvariable						
	$BAZÜ_0$	T	k_v	x	p		K_0
1	575.000	5	0,625	500.000	1,05	+	230.375
2	575.000	7	0,525	1.300.000	1,05	+	2.748.775
3	525.000	7	0,525	1.300.000	1,15	+	3.431.875
4	625.000	6	0,575	900.000	0,95	+	846.500
5	525.000	7	0,625	900.000	0,95	+	899.475
6	675.000	5	0,575	900.000	0,85	+	263.025
7	675.000	7	0,575	1.100.000	1,15	+	2.405.275
8	625.000	5	0,575	500.000	0,95	+	85.625

5. Stufe:

Herr Schneidewind bringt nun die Kapitalwerte in eine Rangfolge und erhält so die folgende Tabelle:

Rang	Kapitalwert Nr.	Kapitalwerte
1	bester Wert	4.272.600 GE
2	3	3.431.875 GE
3	2	2.748.775 GE
4	7	2.405.275 GE
5	Durchschnitt	960.600 GE
6	5	899.475 GE
7	4	846.500 GE
8	6	263.025 GE
9	1	230.375 GE
10	8	85.625 GE
11	schlechtester Wert	−509.800 GE

Herr Schneidewind erhält die Verteilungsfunktion des Kapitalwertes, indem er die ermittelten Kapitalwerte auf der Abszisse eines Koordinatensystems gegen die kumulierte relative Häufigkeit der aufgetretenen Kapitalwerte auf der Ordinate abträgt. Die so erzeugte Verteilung der Ergebnisse gibt Schneidewind an, wie groß die Wahrscheinlichkeit ist, dass sich die Durchführung der Investition lohnt bzw. mit welchem Risiko das Investitionsobjekt verbunden ist (Abbildung 4.1).

Schneidewind kann aus der Verteilungsfunktion z. B. folgende Informationen ablesen:

- 10 % der Kapitalwerte liegen zwischen 4,27 Mio. und 3,43 Mio. GE.
- 95 % der Kapitalwerte sind positiv.
- Die Wahrscheinlichkeit, einen negativen Kapitalwert zu erzielen beträgt 5 %.

Die 6. Stufe wurde im Beispiel durch die 8 Würfelvorgänge integriert, ohne aus Vereinfachungsgründen so lange zu würfeln, bis eine stabile Verteilungsfunktion des Kapitalwertes entstanden ist.

Unterzieht man die Konzeption einer kritischen Überprüfung kommt man zu folgenden Ergebnissen:

(1) Gegenüber den bisher betrachteten Methoden, die Unsicherheit berücksichtigen, dem Korrekturverfahren und den Sensitivitätsanalysen, hat die Risikoanalyse den entscheidenden Vorteil, die Unsicherheit transparent zu machen.

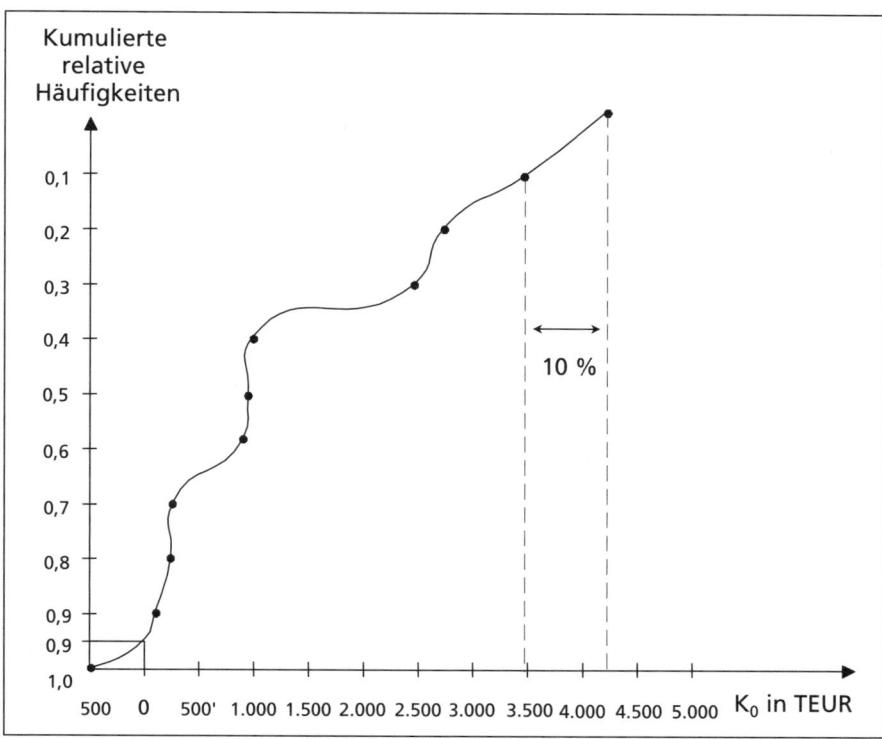

Abbildung 4.1: Verteilungsfunktion des Kapitalwertes

(2) Die Risikoanalyse beseitigt die Unsicherheit nicht. Allerdings ist es möglich, die Ergebnisse der Risikoanalyse als Informationen für die Anwendung von Entscheidungskriterien zur Auswahl optimaler Handlungsalternativen zu verwenden (s. dazu Abschnitt 4.3).

(3) Ein weiterer Vorteil der Risikoanalyse liegt darin, dass sowohl unsichere Inputgrößen, die voneinander unabhängig als auch voneinander abhängig sind, in die Betrachtung miteinbezogen werden können.

(4) Die Risikoanalyse ermöglicht die Berücksichtigung der unterschiedlichsten Informationen von verschiedenen Entscheidern durch die Zusammenfassung der einzelnen Wahrscheinlichkeitsverteilungen der Inputgrößen in einer Verteilungsfunktion der Outputgröße in einem einzigen Modell.

(5) Problematisch ist allerdings die Annahme der Risikoanalyse, dass die Wahrscheinlichkeitsverteilungen der jeweiligen Inputgrößen im Zeitablauf konstant bleiben. Dieses Manko versuchen wiederum die sequentiellen Investitionsplanungsmodelle zu beseitigen (s. Abschnitt 4.3.3).

Zum Schluss bleibt ein wichtiger Punkt festzuhalten: So geeignet nach den Ausführungen die Risikoanalyse für die Berücksichtigung von Unsicherheit auch erscheinen mag, darf nicht vergessen werden, dass es sich hierbei um ein Verfahren handelt, das lediglich die **Unsicherheit** in das Entscheidungskalkül einbezieht, aber **nicht** auf Basis von Rechenoperationen Risiko rechenbar macht.

Die Risikoanalyse kann nur eine Vorstufe sein, deren Ergebnisse in die eigens zur Bewertung von Investitionen unter Risiko entwickelten Entscheidungskriterien einbezogen werden. Einige ausgewählte Entscheidungsregeln zur Beurteilung von Investitionsentscheidungen bei Risikosituationen sollen im Folgenden kurz vorgestellt werden.

4.3 Investitionsentscheidungen bei Risikosituationen

In diesem Abschnitt sollen zwei Entscheidungskriterien für **Risikosituationen** exemplarisch vorgestellt werden, um die Einbindung der Risikoanalyse in die Entscheidungsfindung zu verdeutlichen. Dabei wird die Kapitalwertmethode als Investitionsrechenverfahren mit Risiko verknüpft. Allerdings erfolgt im Gegensatz zur Darstellung unter Sicherheit eine Berücksichtigung der Wahrscheinlichkeitsverteilung über die Kapitalwerte bei unterschiedlichen Umweltzuständen.

4.3.1 Erwartungswert (μ)-Regel

In die μ-Regel geht die Kenntnis des Investors über die Verteilung der Eintrittswahrscheinlichkeiten aller alternativ möglichen Umweltzustände ein. Die Regel fordert die **Maximierung des Erwartungswertes** der Wahrscheinlichkeitsverteilung.

Bezogen auf die Zielsetzung des Shareholder Value-Ansatzes und der daraus abgeleiteten Maximierung des Kapitalwertes gilt folgende Entscheidungsregel:

> Wähle die Investition mit dem maximal erwarteten Kapitalwert!

Der Erwartungswert des Kapitalwertes einer Investition i ist der mit den jeweiligen Wahrscheinlichkeiten der zugehörigen Umweltzustände j (p_j) gewichtete Durchschnitt aller in die Betrachtung einbezogenen Kapitalwerte in den jeweiligen Umweltzuständen:

$$\mu_i = \sum_{j=1}^{n} p_j \cdot K_{0j} \rightarrow \text{Max!}$$

Beispiel:

Der Vorstand der X-Soft AG muss sich von zwei zur Auswahl stehenden Investitionsobjekten IO_X und IO_Y für das vorteilhaftere entscheiden. In der untenstehenden Ergebnismatrix sind die jeweiligen Kapitalwerte für die einzelnen Umweltzustände aus einer Verteilungsfunktion der Risikoanalyse abgeleitet worden. Die Umweltzustände (S) geben die jeweils möglichen Wertausprägungen des Kapitalwertes mit ihren Eintrittswahrscheinlichkeiten an (in Mio. EUR):

	S_1 (0,1)	S_2 (0,5)	S_3 (0,1)	S_4 (0,3)
K_{0X}	6	3	1	–3
K_{0Y}	5	2	3	–1

Die Ermittlung der erwarteten Kapitalwerte führt zu folgenden Ergebnissen:

$\mu_X = 0{,}1 \cdot 6 + 0{,}5 \cdot 3 + 0{,}1 \cdot 1 + 0{,}3 \cdot (-3) = \quad 1{,}3$

$\mu_Y = 0{,}1 \cdot 5 + 0{,}5 \cdot 2 + 0{,}1 \cdot 3 + 0{,}3 \cdot (-1) = \quad 1{,}5$

Das Ergebnis lässt sich so interpretieren, dass der erwartete Kapitalwert für IO_X 1,3 Mio. EUR beträgt und für IO_Y 1,5 Mio. EUR. Aufgrund der Entscheidungsregel zur Maximierung des Erwartungswertes der Kapitalwerte wird damit IO_Y gewählt.

Problematisch für die Anwendung der Erwartungswert-Regel ist die Tatsache, dass bezüglich der Risikoeinstellung des Investors **Risikoneutralität** unterstellt wird, d.h. der Entscheider verhält sich indifferent zwischen einem sicheren Kapitalwert in Höhe von X GE und der Möglichkeit, mit einer bestimmten Wahrscheinlichkeit einen unsicheren Kapitalwert ebenfalls in Höhe von X GE zu erzielen. Dies soll das nächste Beispiel verdeutlichen.

Beispiel:

Die X-Soft AG will aus den folgenden Investitionsobjekten IO_1 und IO_2 das vorteilhaftere auswählen. Die Ergebnismatrix zeigt die für alternative Umweltzustände prognostizierten Kapitalwerte mit den zugehörigen Eintrittswahrscheinlichkeiten (in Mio. EUR):

p_j	S_1 (0,2)	S_2 (0,6)	S_3 (0,2)	μ_i
K_{01}	2,5	2,5	2,5	2,5
K_{02}	-5	3,125	5	2,5

Nach der Erwartungswert-Regel würde der Investor die Alternativen als gleichwertig beurteilen, weil sie einen gleich hohen Erwartungswert der Kapitalwerte aufweisen. Trotzdem ist die Durchführung von IO_2 mit einem wesentlich höheren Risiko verbunden, so dass Investoren, für die das Risiko interessant ist, zu dem Ergebnis kommen könnten, IO_2 nicht zu wählen. Die Entscheidung ist somit nicht unwesentlich mit der Risikoeinstellung des Investors verbunden.

Die Einbeziehung der Risikoeinstellung nimmt das (μ, σ)-Prinzip vor, das im Folgenden kurz skizziert werden soll.

4.3.2 (μ,σ)-Prinzip

Die rechnerische Berücksichtigung des Risikos erfolgt für Investitionsentscheidungen, abgeleitet aus der Entscheidungstheorie, durch die Einbeziehung eines **Streuungsmaßes**, das die Abweichung der Zielwerte, hier der Kapitalwerte, von ihrem Mittelwert angibt.

Ein solches Streuungsmaß stellt die **Varianz** (σ^2) bzw. **Standardabweichung** (σ) dar:

$$\sigma_i^2 = \sum_{j=1}^{n}(K_{0j} - \mu_i)^2 \cdot p_j \quad \text{und} \quad \sigma_i = \sqrt{\sigma_i^2}$$

Beispiel:

Das Entscheidungsproblem der X-Soft AG soll nun um die Einbeziehung von Risiko erweitert werden. Für die beiden Investitionsobjekte IO_1 und IO_2 ergeben sich folgende Varianzen und Standardabweichungen:

Für IO_1:

$$\sigma^2 = (2,5 - 2,5)^2 \cdot 0,2 + (2,5 - 2,5)^2 \cdot 0,6 + (2,5 - 2,5)^2 \cdot 0,2 = 0,00$$
$$\sigma = 0$$

Für IO_2:

$$\sigma^2 = (-5 - 2,5)^2 \cdot 0,2 + (3,125 - 2,5)^2 \cdot 0,6 + (5 - 2,5)^2 \cdot 0,2 = 12,734$$
$$\sigma = 3,5685$$

Unterstellt, der Vorstand der X-Soft AG wäre risikoscheu, so wäre für ihn IO_1 vorteilhafter, da er bei der Durchführung von IO_1 trotz eines gleich hohen Erwartungswertes ein geringeres Risiko als bei IO_2 eingehen würde.

Risikoscheues Verhalten liegt dann vor, wenn ein Investor bei einer gegebenen Renditeerwartung bereit ist, zugunsten einer Risikominderung auf Teile seiner Rendite zu verzichten. Nun sind aber nicht alle Investoren zwangsläufig risikoscheu und wenn sie es doch sind, unterscheiden sie sich wiederum im Grad der Risikoscheu. Aus diesem Grund ist das (μ,σ)-Prinzip für die Auswahl einer optimalen Investitionsalternative durch eine **Risikopräferenzfunktion** Φ zu konkretisieren, die die individuelle Risikoeinstellung des Entscheiders zum Ausdruck bringt. Die Präferenzfunktion kann beispielsweise durch den folgenden Ausdruck beschrieben werden:

$$\text{Präferenzfunktion: } \Phi_i(\mu,\sigma) = \mu + a \cdot \sigma$$

Daraus abgeleitet gilt als Maximierungshypothese die Entscheidungsregel:

> Wähle die Investition mit dem höchsten Präferenzwert!

Um dies zu gewährleisten, gibt der Faktor a die Risikoeinstellung des Entscheiders an; dabei gilt:

> $a = 0 \rightarrow$ Risikoneutralität
>
> $a < 0 \rightarrow$ Risikoscheu
>
> $a > 0 \rightarrow$ Risikofreude

Graphisch lässt sich die Risikoeinstellung eines Investors durch Indifferenzkurven im (μ,σ)-Diagramm darstellen (Abbildung 4.2).

Geht man im Beispiel davon aus, die Risikoeinstellung des Vorstandes der X-Soft AG könnte durch eine Präferenzfunktion mit $\Phi_i(\mu,\sigma) = \mu - 0{,}5 \cdot \Phi$ charakterisiert werden, dann würde dies zu folgenden Präferenzwerten führen:

$$\Phi_1(\mu,\sigma) = 2{,}5 - 0{,}5 \cdot 0 \quad = \quad 2{,}5$$
$$\Phi_2(\mu,\sigma) = 2{,}5 - 0{,}5 \cdot 3{,}5685 \quad = \quad 0{,}7158$$

Die Maximierung des Präferenzwertes $\Phi_i(\mu,\sigma)$ führt dazu, das die X-Soft AG aufgrund ihrer Risikoscheu IO_1 vorteilhafter einstuft als IO_2.

Die Anwendung des (μ,σ)-Prinzips ist allerdings insofern problematisch, weil die Reduktion der in der Ergebnismatrix verfügbaren Information auf die Parameter μ und σ zu einem Verstoß gegen das Dominanzprinzip führen kann. Deshalb wird in der Entscheidungstheorie das **Bernoulli-Prinzip** zur Bestimmung optimaler Entscheidungen empfohlen.

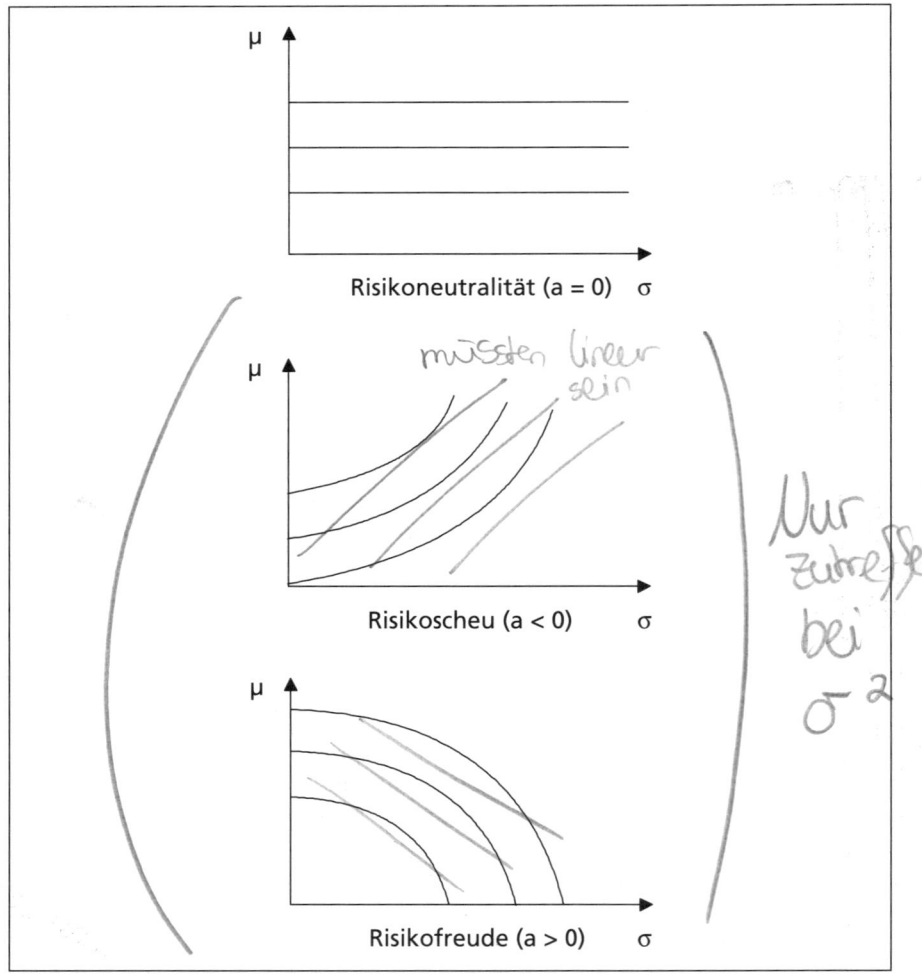

Abbildung 4.2: Risikoeinstellungen eines Investors

4.3.3 Sequentielle Investitionsplanungsmodelle

Im Rahmen sequentieller Investitionsplanungsmodelle werden **zeitliche Interdependenzen** zwischen gegenwärtigen und zukünftigen Investitionsentscheidungen in Abhängigkeit von den jeweils möglichen Umweltzuständen berücksichtigt. Der Investor soll somit eine im Zeitablauf optimale Folge von Investitionen aus den ihm zur Verfügung stehenden Alternativen auswählen. Die sich dem Entscheider stellende Problematik soll anhand eines einfachen Beispiels kurz skizziert werden.

Beispiel:

Die X-Soft AG steht vor dem Entscheidungsproblem, eine Hochleistungsserverfarm, die es ermöglicht, immensen Traffic zu bewältigen, oder eine einfache

Serverfarm zu kaufen, die bei erhöhter Nachfrage aufgestockt werden kann. Sollte der geplante Onlinedienst eine hohe Nachfrage genießen, würde die X-Soft AG mit der Hochleistungsserverfarm profitabler sein, ist sie jedoch bei mangelnder Nachfrage nicht stark genug ausgelastet, sind mögliche Verluste aufgrund der höheren Anschaffungskosten größer als bei dem einfachen Server. In die hier betrachtete Entscheidung sind somit die zukünftig möglichen Umweltzustände (stark oder schwach prognostizierte Nachfrage bzw. Serverauslastung) miteinzubeziehen.

Weil Investitionsentscheidungen zum gegenwärtigen Zeitpunkt i.d.R. mit Folgeinvestitionen und/oder finanziellen Konsequenzen in der Zukunft verbunden sind, benötigt man ein Modell, das die zeitlichen Interdependenzen zwischen den Entscheidungen sowie die möglichen Umweltzustände berücksichtigt und es erlaubt, gegenwärtige und zukünftige Entscheidungen simultan zu planen.

In diesem Kapitel sollen deshalb die „Starre" und „Flexible Planung" als Lösungsansätze kurz vorgestellt werden. Obwohl diese Planungsmodelle im Kontext mit Instrumenten zur rechentechnischen Einbeziehung von Risiko dargestellt werden, wird aus Vereinfachungsgründen davon ausgegangen, dass die Investoren risikoneutral sind. Sie treffen Investitionsentscheidungen somit auf Grundlage der Maximierung des Erwartungswertes des Kapitalwertes. Eine rechnerische Einbeziehung von Risiko in die sequentiellen Planungsmodelle ist zwar ohne Probleme möglich, eine Darstellung würde aber den hier vorgegebenen Rahmen überschreiten.

4.3.3.1 Starre Planung

Die Entscheidung bei starrer Planung wird zwar simultan über gegenwärtige und zukünftige Handlungsalternativen getroffen, der gesamte Planungsvorgang findet jedoch im Zeitpunkt t_0 statt. Die zukünftigen Investitionsalternativen werden somit nicht in Form bedingter Pläne, sondern ohne Rücksicht auf die innerhalb des Planungszeitraumes möglicherweise eintretenden Umweltzustände festgelegt. Bei der starren Planung wird die Unsicherheit zukünftiger Investitionszahlungen nicht in die Investitionsentscheidung einbezogen. Folglich werden für einen vorher definierten Zeitraum feste Pläne, aber keine Eventualpläne erstellt.

Beispiel:

Um wie geplant ein ASP anbieten zu können, kalkuliert der Vorstand der X-Soft AG mit möglichen Szenarien, die sich innerhalb der nächsten zwei Jahre ergeben können. Die Anschaffung der Hochleistungsserverfarm (SF) wäre mit einer Anschaffungsauszahlung von 5 Mio. EUR am 01.01.2010 verbunden. Um das Beispiel zu erleichtern, geht der Vorstand entweder von einem vollen Erfolg des ASP und damit einer hohen Nachfrage, oder einer geringen Nachfrage aus. Durch die starke Konkurrenz in diesem Bereich kann es jedoch dazu kommen, dass einer hohen Nachfrage des Dienstes im Jahre 2010 eine starke Kundenabwanderung zu Konkurrenten und damit eine geringe Nachfrage im darauf folgenden Jahr 2011 folgen. Diese Entwicklung kann natürlich auch umgekehrt erfolgen, so dass auf eine geringe Nachfrage im Jahre 2010 eine starke Nachfrage im Jahr 2011 folgt.

Die Bruttoeinzahlungsüberschüsse sind von der Nachfrage abhängig und betragen

- bei hoher Nachfrage jeweils 4,5 Mio. EUR und
- bei geringer Nachfrage jeweils 2,25 Mio. EUR.

Als zweite Investitionsmöglichkeit steht der X-Soft AG eine einfache Serverfarm (S) mit einer Anschaffungsauszahlung von 3 Mio. EUR am 01.01.2010 zur Wahl. In diesem Falle könnte die X-Soft AG den einfachen Server bei hoher Nachfrage, am 01.01.2011 für eine Anschaffungsauszahlung von 2,25 Mio. EUR, auf eine Hochleistungsserverfarm (F) aufstocken.

Die einfache Serverfarm (S) lässt in den Jahren 2010 und 2011 Bruttoeinzahlungsüberschüsse

- bei hoher Nachfrage von 1,8 Mio. EUR und
- bei geringer Nachfrage von 1,35 Mio. EUR erwarten.

Durch die Erweiterungsinvestition (F) wären im Jahr 2011 insgesamt (also einschließlich der Investition) Bruttoeinzahlungsüberschüsse in der gleichen Höhe wie bei der Hochleistungsserverfarm (SF) zu erzielen.

Die Wahrscheinlichkeiten werden wie folgt geschätzt:

- in 2010 ist mit 65 %iger Wahrscheinlichkeit mit einer hohen Nachfrage zu rechnen,
- bei hoher Nachfrage in 2010 ist in 2011 mit 80 %iger Wahrscheinlichkeit eine hohe Nachfrage zu erwarten und
- bei geringer Nachfrage in 2010 wird sich in 2011 mit 30 %iger Wahrscheinlichkeit eine hohe Nachfrage einstellen.

Die möglichen Umweltzustände lassen sich in einem Zustandsbaum anschaulich darstellen.

Die Werte am rechten Rand des Zustandsbaumes in Abbildung 4.3 geben die unbedingten Wahrscheinlichkeiten für die jeweiligen Endzustände an.

Würde die X-Soft AG auf der Grundlage der starren Planung ihre Investitionsentscheidung treffen, könnten sie aus drei Investitionsstrategien auswählen:

(1) A_1: Erwerb der Hochleistungsserverfarm (SF) am 01.01.2010 mit anschließender Nichtinvestition (NI) am 01.01.2011

(2) A_2: Erwerb der einfachen Serverfarm (S) am 01.01.2010 und Erweiterung auf eine Hochleistungsserverfarm (F) am 01.01.2011 unabhängig von Begeisterung und Desinteresse in 2010

(3) A_3: Erwerb der einfachen Serverfarm (S) am 01.01.2010 mit anschließender Nichtinvestition (NI) am 01.01.2011 unabhängig von Begeisterung und Desinteresse in 2010

Am Beispiel wird ersichtlich, dass eine mögliche unterschiedliche Umweltentwicklung **nicht** in die Strategiebetrachtung der starren Planung eingeht. Man legt in t_0 fest, welche Strategie man wählt, ohne zu beachten, dass eine

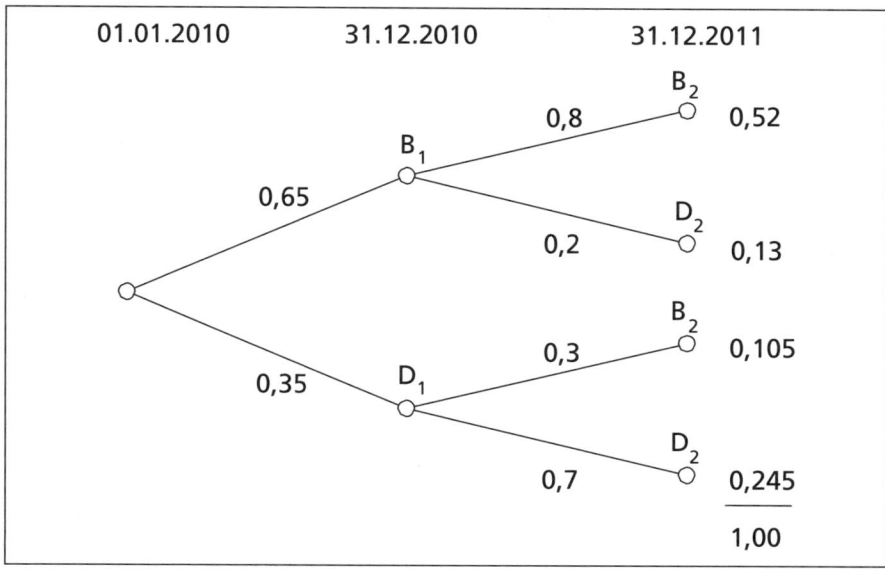

Abbildung 4.3: Zustandsbaum

Planrevision beim Eintreten eines bestimmten Umweltzustandes sehr wohl sinnvoll sein könnte. Noch besser wäre allerdings, wenn man im Vorfeld die Strategiewahl an die Bedingung einer bestimmten Umweltentwicklung knüpft. Diese Vorgehensweise wählt die flexible Planung.

4.3.3.2 Flexible Planung

Bei Investitionsentscheidungen durch die flexible Planung werden alle Handlungsalternativen als **unsicher** angesehen. **Simultan** wird für jeden zukünftigen Aktionszeitpunkt ein System von Eventualplänen erstellt. Welcher Plan in einem zukünftigen Zeitpunkt letztlich realisiert wird, hängt von den dann tatsächlich eintretenden Umweltzuständen ab.

Ausgehend von einem Entscheidungsbaum werden die optimalen Handlungsalternativen durch „**retrogrades Aufrollen**" des Entscheidungsproblems in den relevanten Entscheidungssituationen bestimmt („**Roll-Back-Verfahren**").

Beispiel:

Bei Anwendung der flexiblen Planung steht dem Vorstand der X-Soft AG gegenüber der starren Planung zwei zusätzliche Investitionsstrategien zur Verfügung:

(4)　A_4: Erwerb der einfachen Serverfarm (S) am 01.01.2010 und Erweiterung auf die Hochleistungsserverfarm (F) am 01.01.2011 bei hoher Nachfrage in 2010 **oder**

　　Erwerb der einfachen Serverfarm (S) am 01.01.2010 mit anschließender Nichtinvestition (NI) am 01.01.2011 bei geringer Nachfrage in 2010;

(5) A_5: Erwerb der einfachen Serverfarm (S) am 01.01.2010 und Erweiterung auf die Hochleistungsserverfarm (F) am 01.01.2011 bei geringer Nachfrage in 2010 **oder**

Erwerb der einfachen Serverfarm (S) am 01.01.2010 mit anschließender Nichtinvestition (NI) am 01.01.2011 bei hoher Nachfrage in 2010.

Die Entscheidung für den Vorstand der X-Soft AG, die mit einer alternativen Anlagemöglichkeit ihrer Mittel zu 10 % rechnen, wird mit Hilfe des Entscheidungsbaumes getroffen.

An der Wurzel des Baumes beginnen die beiden Entscheidungskanten „Erwerb von SF" und „Erwerb von S". An den Enden dieser Kanten befinden sich die Zufallsknoten, die das Auftreten der Zufallsereignisse „hohe Nachfrage" und „geringe Nachfrage" symbolisieren. In den Zufallsknoten beginnen die Zufallskanten von 2010, die die jeweiligen Eintrittswahrscheinlichkeiten der Zufallsereignisse anzeigen. Von diesen Kanten gehen wiederum die Entscheidungsknoten „Nichtinvestition (NI)" und „Aufstockung (F)" ab. Jeder Kantenzug repräsentiert einen möglichen Einzahlungsüberschuss in 2010 und 2011. Im Roll-Back-Verfahren werden, ausgehend von den jeweiligen Einzahlungsüberschüssen in 2011, die Erwartungswerte der Kapitalwerte für jede Alternative bestimmt.

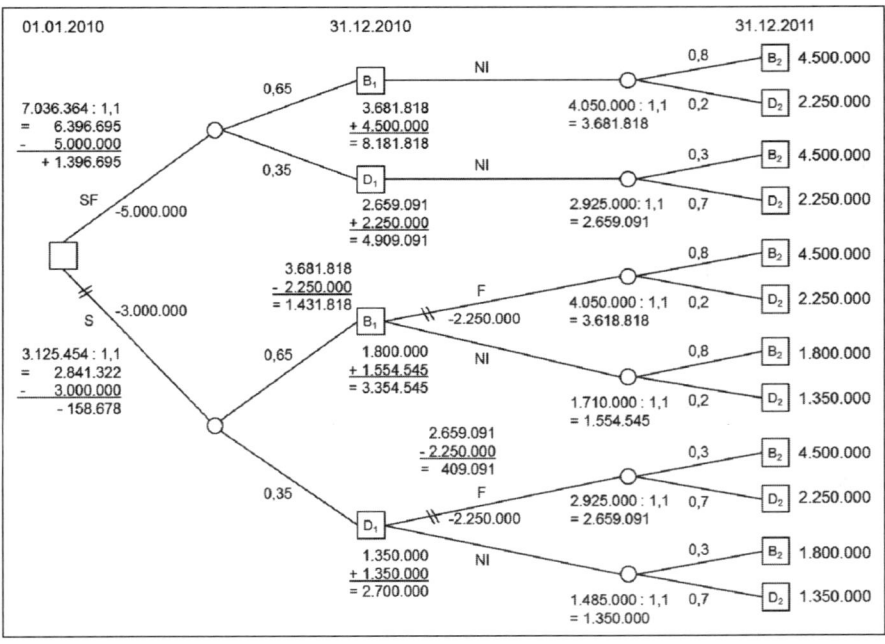

Abbildung 4.4: Entscheidungsbaum

Für den oberen Teil des Entscheidungsbaumes (Kauf von SF am 01.01.2010) ergibt sich exemplarisch folgende Vorgehensweise (gerundete Ergebnisse):

(1) Betrachtung des oberen Astes mit hoher Nachfrage in 2010.

(1.1) Multiplikation der Bruttoeinzahlungsüberschüsse in 2011 mit ihren jeweiligen Eintrittswahrscheinlichkeiten, d. h.

4,5 · 0,8 + 2,25 · 0,2 = 4,05 Mio. EUR.

(1.2) Abzinsung des erwarteten Betrages in 2010 für 2011 in Höhe von 4,05 Mio. EUR mit dem Abzinsungsfaktor für ein Jahr, 1,1, d. h.

4,05 : 1,1 = 3,68 Mio. EUR.

(1.3) Addition des 2010 für 2011 erwarteten abgezinsten Bruttoeinzahlungsüberschusses mit dem Bruttoeinzahlungsüberschuss in 2010, d. h.

3,68 + 4,5 = 8,18 Mio. EUR.

(2) Betrachtung des unteren Astes mit geringer Nachfrage in 2010

(2.1) Multiplikation der Bruttoeinzahlungsüberschüsse in 2011 mit ihren jeweiligen Eintrittswahrscheinlichkeiten, d. h.

4,5 · 0,3 + 2,25 · 0,7 = 2,925 Mio. EUR.

(2.2) Abzinsung des erwarteten Betrages in 2010 für 2011 in Höhe von 2,925 Mio. EUR mit dem Abzinsungsfaktor für ein Jahr, 1,1, d. h.

2,925 : 1,1 = 2,66 Mio. EUR.

(2.3) Addition des 2010 für 2011 erwarteten abgezinsten Bruttoeinzahlungsüberschusses mit dem Bruttoeinzahlungsüberschuss in 2010, d. h.

2,66 + 2,25 = 4,91 Mio. EUR.

(3) Zusammenführung des oberen und unteren Astes

(3.1) Multiplikation der abgezinsten Bruttoeinzahlungsüberschüsse in 2010 mit ihren jeweiligen Eintrittswahrscheinlichkeiten, d. h.

8,18 · 0,65 + 4,91 · 0,35 = 7,04 Mio. EUR.

(3.2) Abzinsung des erwarteten Betrages in 2010 mit dem Abzinsungsfaktor 1,1, d. h.

7,04 : 1,1 = 6,4 Mio. EUR.

(4) Ermittlung des erwarteten Kapitalwertes am 01.01.2010, indem die Anschaffungsauszahlung vom erwarteten Einzahlungsüberschuss subtrahiert wird, d. h.

6,4 – 5,0 = 1,4 Mio. EUR.

Analog verfährt man mit den Alternativen des unteren Teils des Entscheidungsbaums, wobei zusätzlich die Äste des Entscheidungsbaumes, die jeweils einen niedrigeren Erwartungswert aufweisen, weggestrichen werden. Damit ergeben sich für die X-Soft AG folgende Erwartungswerte des Kapitalwertes:

(1) Oberer Teil des Entscheidungsbaumes: 1,4 Mio. EUR;

(2) Unterer Teil des Entscheidungsbaumes: –0,2 Mio. EUR.

Die optimale Investitionsstrategie für die risikoneutrale X-Soft AG ist somit der Erwerb der Hochleistungsserverfarm (SF) am 01.01.2010 mit anschließender Nichtinvestition (NI), also A_1.

4.3.3.3 Zusammenfassende Beurteilung

Die flexible Planung ist der starren Planung deshalb überlegen, weil bei der starren Planung die Investitionsmöglichkeiten des Investors **nicht vollständig** erfasst werden, andererseits die flexible Planung immer auch alle Alternativen der starren Planung beinhaltet. Im **Beispiel** fehlen der starren Planung allein bei diesem einfachen Fall schon zwei Investitionsalternativen. Zwar hat dies auf das Ergebnis im **Beispiel** keine Auswirkungen, weil A_1 auch in der starren Planung enthalten ist, aber die starre Planung kann grundsätzlich aufgrund der Vernachlässigung entscheidungsrelevanter Handlungsalternativen zu suboptimalen Entscheidungen führen.

Allerdings ist bei der Anwendung der flexiblen Planung das **Kosten-Nutzen-Verhältnis** im Auge zu behalten, da man sich das „Mehr" an Handlungsalternativen durch einen höheren Planungsaufwand „erkauft". Es ist also zu prüfen, ob die Inkaufnahme der mit der Anwendung der flexiblen Planung verbundenen höheren Kosten durch das Ergebnis bzw. die Verbesserung des Ergebnisses **wirtschaftlich gerechtfertigt** erscheint.

4.4 Portfolio Selection-Theorie

4.4.1 Grundidee

Die Portfolio Selection-Theorie ist allgemein ein Entscheidungsmodell bei Risikosituationen. Die Grundidee wurde von Markowitz am Beispiel der Anlage in Aktien an der Börse entwickelt. Aktien sind **Wertpapiere bzw. Finanzierungstitel mit unsicheren Renditen**, die als Verbriefung der Ansprüche aus riskanten Investitionsobjekten bzw. Unternehmen interpretiert werden können. Die Portfolio Selection-Theorie ist im Rahmen von Investitionsentscheidungen damit nichts anderes als ein Modell zur Auswahl eines optimalen Investitionsprogrammes unter Zugrundelegung einer bestimmten **Rendite-Risiko-Kombination**, die ein Investor als Zielgröße erreichen möchte.

Dieses Entscheidungsmodell basiert auf der Annahme, dass Investoren **risikoscheu (risikoavers)** seien. Die Richtigkeit dieser Prämisse wurde durch verschiedene empirische Untersuchungen untermauert. Weiterhin wird unterstellt, dass Investoren die Maximierung des Portefeuille-Endvermögens gemäß dem (μ,σ)-Prinzip anstreben. Darauf aufbauend besteht die Grundidee der Portfolio Selection-Theorie darin, dem Entscheider Handlungsempfehlungen zu geben, wie er durch **Diversifikation** von riskanten Wertpapieren in einem Portefeuille eine **Risikoreduktion** herbeiführen kann.

Die Portfolio Selection-Theorie beruht auf der Möglichkeit, durch die Mischung von Anlage- bzw. Investitionsalternativen mit **nicht vollständig positiver Korre-**

lation (d. h. einem nicht gleich gerichteten Renditezusammenhang von riskanten Finanzierungstiteln) das Gesamtrisiko eines Wertpapier-Portefeuilles im Vergleich zu den Risiken der einzelnen Wertpapiere zu vermindern. Der Preis, den der Investor dafür bezahlen muss, ist der Verzicht auf die höchst mögliche Renditeerwartung. Ein Beispiel mag dies verdeutlichen:

Beispiel:

Herr Schneidewind, als Investor an der Börse (Anleger), spekuliert auf fallende Benzinpreise, woraufhin er beabsichtigt, Aktien von Automobilproduzenten zu kaufen, die von dieser Entwicklung seiner Meinung nach stark profitieren werden. Weil Schneidewind aber risikoscheu ist, erwirbt er gleichzeitig für einen Teil seines Kapitals Aktien von Fahrradherstellern. Tritt die Benzinpreissenkung ein, profitieren die Aktien der Automobilproduzenten, wohingegen die Kurse der Anteilsrechte der Fahrradhersteller fallen werden. Der Renditezusammenhang der betrachteten Wertpapiere ist nicht gleichgerichtet, sondern entgegengesetzt. Das Vermögen des Investors lässt sich zwar bei fallenden Benzinpreisen aufgrund des Kursverfalls der Aktien der Fahrradhersteller nicht maximal steigern (dies ist der von ihm zu bezahlende „Preis" für die Risikoreduktion), jedoch kann er bei steigenden Benzinpreisen einen Teil des Verlustes der Aktien der Automobilproduzenten durch Kurssteigerungen der Anteile der Fahrradhersteller ausgleichen. Wie groß nun der Anteil der Aktien der Fahrradhersteller im Portefeuille des Anlegers ist, hängt letztendlich vom Grad seiner Risikoscheu ab.

4.4.2 Annahmen zur Modellvereinfachung

Die Entwicklung eines Entscheidungsmodells bei Risiko erfordert die Kenntnis der Risikoeinstellung des Entscheiders sowie der Konsequenzen der Handlungsalternativen und die Festlegung des Planungszeitraumes. Um trotz dieser schwer erfassbaren und quantifizierbaren Informationen eine grundsätzliche Modellbetrachtung zu ermöglichen, geht man im Allgemeinen von folgenden einfachen Prämissen aus:

(1) Es erfolgt die Darstellung in einem **Ein-Perioden-Modell**. Die Wertpapiere werden im Zeitpunkt t_0 gekauft und in t_1 wieder verkauft. Diskontierungs- und Wiederanlageprobleme treten somit nicht auf. Transaktionskosten spielen so auch keine Rolle und Steuern werden nicht berücksichtigt.

(2) Die Risikoeinstellung der Investoren wird als **risikoscheu** unterstellt. Die (zulässige) Reduzierung der Betrachtung auf risikoscheue Investoren führt zu eindeutigen Ergebnissen, die sich darüber hinaus noch graphisch verdeutlichen lassen.

(3) Zwar sollten Anleger gemäß der Entscheidungstheorie nach dem Bernoulli-Prinzip entscheiden, jedoch erfolgt ersatzweise eine Risikoerfassung über das (μ,σ)-**Prinzip** mittels einer **Risikopräferenzfunktion**: $\Phi_i(\mu,\sigma)$ (s. hierzu Kapitel 4.3.2).

(4) Zur Reduzierung des rechentechnischen Aufwandes werden im Folgenden nur Portefeuilles betrachten, die aus **maximal 2 Investitionsobjekten bzw. den sie repräsentierenden Wertpapieren** (A und B) bestehen (2-Wertpapierfall).

(5) Weiterhin wird angenommen, dass für die Anleger **keine sichere Anlagemöglichkeit** existiert.

4.4.3 Quantifizierung der Entscheidungsparameter eines Portefeuilles

In der Portfolio Selection-Theorie wird die Rendite einer Investition i durch den Erwartungswert μ_i und das damit verbundene Risiko durch die Standardabweichung σ_i bzw. die Varianz σ_i^2 abgebildet.

Legt ein Investor sein Kapital in einem risikobehafteten Wertpapier an, so erhält er dafür an der Börse eine **Rendite** r, die wiederum die Summe aus Dividende und Kurssteigerungen, bezogen auf das investierte Kapital, repräsentiert. Die unsicheren Größen Dividende und Kurssteigerungen (bzw. -minderungen) stellen die Zufallsvariablen des Modells dar. Sie nehmen mit bestimmten Wahrscheinlichkeiten bestimmte Ausprägungen an. Welche Rendite tatsächlich eintritt, hängt vom Umweltzustand j ab. Die Wahrscheinlichkeit für das Eintreten eines Umweltzustandes wird mit p_j bezeichnet.

Der gewichtete Durchschnittswert (Erwartungswert μ_i) der alternativ möglichen Renditen r_{ij} (je nach Umweltzustand) stellt als Summe aller daraus ableitbaren Renditen multipliziert mit ihren Eintrittswahrscheinlichkeiten (p_j) das Maß für die erwartete Rendite eines Investitionsobjektes i dar:

$$\mu_i = \sum_{i=1}^{n} r_{ij} \cdot p_j$$

Im Rahmen der Portfolio Selection-Theorie interessiert neben den erwarteten Renditen der Einzelinvestitionen (μ_i) vor allem der Erwartungswert der Rendite μ eines aus verschiedenen Investitionsobjekten i bestehenden Portefeuilles p. Dieser Erwartungswert (μ_p) ist das gewogene arithmetische Mittel der Renditen der einzelnen Investitionen, gewichtet mit ihren Portefeuille-Anteilen (x_i), und ist somit der zu erwartende Durchschnittsertrag der im Portefeuille enthaltenen Wertpapiere A und B (2-Wertpapierfall):

$$\mu_p(A,B) = x_A \cdot \mu_A + x_B \cdot \mu_B$$

Parameter für das **Risiko** einer Investition sind die Standardabweichung bzw. die Varianz. Die Varianz eines Wertpapiers ist der Erwartungswert der quadrierten Abweichungen der möglichen Renditen von ihrem Mittelwert:

$$\sigma_i^2 = \sum_{i=1}^{n} (r_{ij} - \mu_i)^2 \cdot p_{ij}$$

Die Standardabweichung ergibt sich als quadratische Wurzel der Varianz:

$$\sigma_i = \sqrt{\sigma_i^2}$$

Das Risiko des Portefeuilles σ_P^2 hängt neben den mit den Portefeuille-Anteilen gewichteten Varianzen der einzelnen Investitionsobjekte A und B von deren Kovarianz (cov (r_A, r_B)) im Portefeuille ab:

$$\sigma_p^2(A,B) = x_A^2 \cdot \sigma_A^2 + x_B^2 \cdot \sigma_B^2 + 2 \cdot x_A \cdot x_B \cdot \text{cov}(r_A, r_B)$$

Die Kovarianz cov (r_A, r_B) ist eine Art Maßzahl für den Grad der Abhängigkeit der Renditen zweier Investitionen, d. h. sie drückt die Korrelation der Renditen aus. Bei einer negativen Kovarianz reagieren die Renditen der Wertpapiere auf das Eintreten eines bestimmten Umweltzustandes gegenläufig und bei einer positiven Kovarianz gleichgerichtet. Die Höhe der Wertausprägungen der Kovarianzen gibt die Stärke des Zusammenhangs der Renditen an:

$$\text{cov}(r_A, r_B) = \sum_{j=1}^{n} (r_{Aj} - \mu_A) \cdot (r_{Bj} - \mu_B) \cdot p_j$$

Die Interpretation der Kovarianz ist problematisch, da eine Normierung fehlt und damit die Höhe ihres Wertes keine endgültige Aussage über die Stärke des gleichgerichteten oder entgegengesetzten Renditezusammenhanges zulässt. Erhält man beispielsweise einen Wert in Höhe von 100, so stellt dies zwar eine positive Kovarianz dar und man weiß, dass sich die Renditen der beiden Wertpapiere tendenziell gleichläufig bewegen: steigt die Rendite des einen Wertpapiers, so steigt auch die Rendite des anderen Wertpapiers und umgekehrt. Der Wert 100 kann jedoch ein sehr starker, aber auch nur ein schwacher Renditezusammenhang sein.

Deshalb verwendet man an Stelle der Kovarianz allgemein den Korrelationskoeffizienten ($\rho_{A,B}$):

$$\rho_{A,B} = \frac{\text{cov}(r_A, r_B)}{\sigma_A \cdot \sigma_B}$$

Der Korrelationskoeffizient ist ebenso wie die Kovarianz ein Maß für die Abhängigkeit der Renditen zweier Wertpapiere. Die größere Aussagefähigkeit erlangt er dadurch, dass er auf das Intervall [−1, +1] normiert ist:

-1	$\leq$	$\rho_{A,B}$	$\leq$	$+1$
vollständig negative Korrelation				vollständig positive Korrelation

Die besondere Bedeutung des Korrelationskoeffizienten $\rho_{A,B}$ leitet sich daraus ab, dass dessen Wert das Ausmaß der Risikoreduktion bestimmt. Bei jedem Korrelationskoeffizienten $\rho_{A,B} < +1$ führt die Diversifikation der Investitionsobjekte in einem Portefeuille zu einer Risikoreduktion. Je kleiner der Wert in Richtung -1 wird, desto stärker ist der Reduktionseffekt. Ist der Korrelationskoeffizienten $\rho_{A,B} = +1$ (vollständig positive Korrelation), entspricht das Portefeuille-Risiko dem Durchschnittsrisiko ($\sigma_P = x_A \times \sigma_A + x_B \times \sigma_B$). Die Renditen der beiden Wertpapiere A und B sind völlig gleichgerichtet, so dass eine Risikoreduktion nicht erzielen lässt.

Mit einem Korrelationskoeffizient $\rho_{A,B} = -1$ (vollständig negative Korrelation) ist es möglich, durch die Mischung der Wertpapiere in **einem ganz bestimmten Verhältnis** ein vollständig risikoloses Portefeuille zusammenzustellen; die Renditen der diversifizierten Wertpapiere verhalten sich vollständig gegenläufig.

Abgeleitet aus dem Korrelationskoeffizienten lässt sich die Kovarianz auch durch folgende Gleichung ausdrücken:

$$\text{cov}(r_A, r_B) = \sigma_A \cdot \sigma_B \cdot \rho_{A,B}$$

Ersetzt man nun in der Formel für das Portefeuille-Risiko die Kovarianz durch den Korrelationskoeffizienten, ergibt sich folgender Zusammenhang:

$$\sigma_p^2(A,B) = x_A^2 \cdot \sigma_A^2 + x_B^2 \cdot \sigma_B^2 + 2 \cdot x_A \cdot x_B \cdot \sigma_A \cdot \sigma_B \cdot \rho_{A,B}$$

Die Berechnung und Interpretation der bisher für die Portefeuille Auswahl relevanten Parameter soll an einem Beispiel verdeutlicht werden:

Beispiel:

Die Investitionen A und B sollen in das Portefeuille von Herrn Schneidewind aufgenommen werden. Exemplarisch werden die zwei Portefeuilles I und II betrachtet. Portefeuille I (P_I) besteht je zur Hälfte aus IO_A und zur Hälfte aus IO_B ($x_A = 0,5$; $x_B = 0,5$). Portefeuille II (P_{II}) besteht zu 2/3 aus IO_A ($x_A = 2/3$; $x_B = 1/3$):

p_{ij}	S_1 0,2	S_2 0,2	S_3 0,2	S_4 0,2	S_5 0,2
Rendite r_A	15	5	−5	25	10
Rendite r_B	10	30	50	−10	20

Um die Diversifikation des Risikos im Portefeuille darzustellen, sind einige Berechnungen notwendig:

1. Ermittlung der Erwartungswerte der Renditen von IO_A und IO_B:

   $\mu_A = 15 \cdot 0{,}2 + 5 \cdot 0{,}2 + (-5 \cdot 0{,}2) + 25 \cdot 0{,}2 + 10 \cdot 0{,}2 = +10$

   $\mu_B = 10 \cdot 0{,}2 + 30 \cdot 0{,}2 + 50 \cdot 0{,}2 + (-10 \cdot 0{,}2) + 20 \cdot 0{,}2 = +20$

2. Ermittlung der Erwartungswerte der Rendite des Portefeuilles P:

   $\mu_P = 10 \cdot 2/3 + 20 \cdot 1/3 = +13{,}3$

3. Berechnung der Standardabweichungen:

   $\sigma_A^2 = [(15{-}10)^2 + (5{-}10)^2 + (-5{-}10)^2 + (25{-}10)^2 + (10{-}10)^2] \cdot 0{,}2 = 100$

   $\sigma_A = 10$

   $\sigma_B^2 = [(10{-}20)^2 + (30{-}20)^2 + (50{-}20)^2 + (-10{-}20)^2 + (20{-}20)^2] \cdot 0{,}2 = 400$

   $\sigma_B = 20$

4. Zur Berechnung der Portefeuille-Risiken werden die Werte für die Kovarianz bzw. den Korrelationskoeffizienten benötigt:

   $$\begin{aligned} \text{cov}(r_A, r_B) &= (15{-}10) \cdot (10{-}20) \cdot 0{,}2 + (5{-}10) \cdot (30{-}20) \cdot 0{,}2 \\ &+ (-5{-}10) \cdot (50{-}20) \cdot 0{,}2 + (25{-}10) \cdot (-10{-}20) \cdot 0{,}2 \\ &+ (10{-}10) \cdot (20{-}20) \cdot 0{,}2 \\ &= -200 \end{aligned}$$

   $$\rho_{A,B} = \frac{-200}{10 \cdot 20} = -1$$

5. Nun kann das Risiko für die beiden oben angegebenen Portefeuilles P_I und P_{II} ermittelt werden:

   P_I: $\quad \sigma_{P_I}^2 = 0{,}5^2 \cdot 10^2 + 0{,}5^2 \cdot 20^2 + 2 \cdot 0{,}5 \cdot 0{,}5 \cdot 10 \cdot 20 \cdot (-1) = 25$

   $\qquad \sigma_{P_I} = 5$

   P_{II}: $\quad \sigma_{P_{II}}^2 = 2/3^2 \cdot 10^2 + 1/3^2 \cdot 20^2 + 2 \cdot 2/3 \cdot 1/3 \cdot 10 \cdot 20 \cdot (-1) = 0$

   $\qquad \sigma_{P_{II}} = 0$

Durch das Beispiel wird deutlich, dass sich bei unterschiedlichen Portefeuille-Zusammensetzungen ein differenziertes Portefeuille-Risiko einstellt. Da der Korrelationskoeffizient der beiden Investitionen A und B genau −1 beträgt, kann ein Investor aus A und B ein vollständig risikoloses Portefeuille konstruieren. Gleichzeitig sollte auch deutlich geworden sein, dass ein Korrelationskoeffizient mit $\rho_{A,B} = -1$ **nicht zwangsläufig** zu einer vollständigen Beseitigung des Risikos durch Diversifikation führt, sondern nur eine **einzige** Mischung existiert, die dies ermöglicht.

Ob allerdings ein risikoscheuer Investor tatsächlich dieses risikolose Portefeuille anstrebt, hängt vom Grad seiner Risikoscheu ab. Denn ein Anleger möchte nicht immer das geringste Risiko in seinem Portefeuille erreichen, sondern viel eher eine bestimmte Rendite mit zur Auswahl stehenden Wertpapieren bei gleichzeitiger Risikominimierung.

4.4.4 Die Konstruktion effizienter und optimaler Portefeuilles

Die Ermittlung eines optimalen Portefeuilles erfolgt in zwei Schritten:

(1) Bestimmung der effizienten Portefeuilles.

(2) Auswahl des optimalen Portefeuilles entsprechend dem Grad der Risikoscheu des Investors.

Für risikoscheue Investoren sind Portefeuilles effizient, die

(1) bei einer angestrebten Rendite das geringste Risiko **oder**

(2) bei einem angestrebten Risiko die höchste Rendite aufweisen.

Anders ausgedrückt: Ein Portefeuille ist effizient, wenn es von keinem anderen Portefeuille hinsichtlich μ und σ dominiert wird.

Jeder Punkt auf der gekrümmten Linie stellt Portefeuilles der beiden Wertpapiere A und B mit einer unterschiedlichen Zusammensetzung dar (Abbildung 4.5). Man erhält diese Linie durch eine systematische Variation der Portefeuille-Anteile von A und B für den Fall, dass die Renditen der Wertpapiere **nicht vollständig positiv** miteinander korreliert sind.

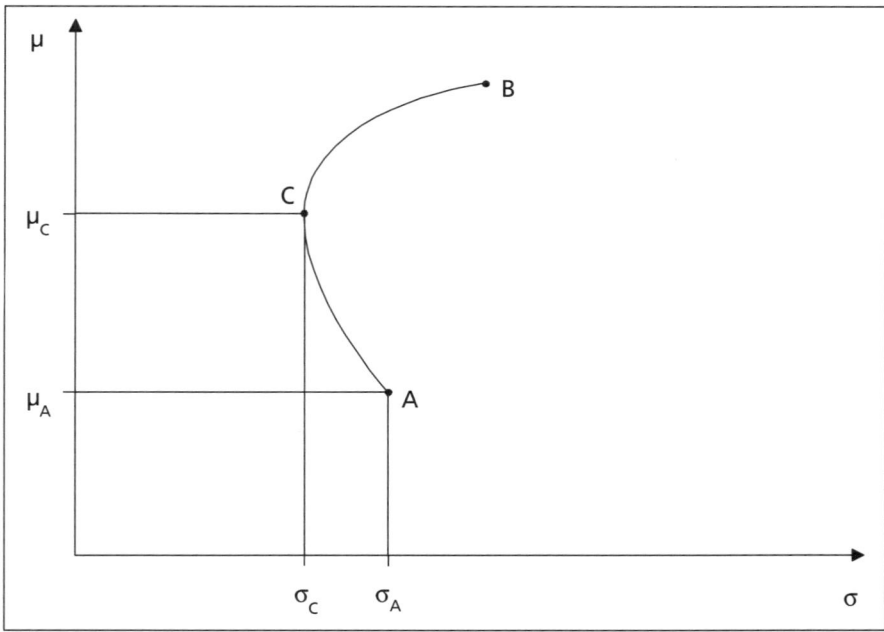

Abbildung 4.5: Rendite und Risiko eines Portefeuilles im 2-Wertpapier-Fall

Die Höhe des Korrelationskoeffizienten bestimmt die Krümmung der Kurve. Das Portefeuille C stellt das **risikominimale Portefeuille** mit der geringsten Standardabweichung dar. Es bietet gegenüber der Einzelanlage im Wertpapier A folgenden Vorteil: Das Risiko von C ist kleiner als das des risikoärmsten, im Portefeuille enthaltenen Wertpapiers A, und trotzdem wird in C eine höhere Rendite im Vergleich zu Wertpapier A erzielt. Allerdings muss der Anleger auf die hohe Rendite des Wertpapiers B beim Erwerb des Portefeuilles verzichten.

Die Portefeuilles auf der Strecke zwischen C und A sind nicht effizient, weil bei einem gleich hohen Risiko jeweils ein Portefeuille auf der Strecke zwischen C und B existiert, das eine höhere Rendite aufweist.

Mathematisch lässt sich das risiko- bzw. varianzminimale Portefeuille C im vereinfachten 2-Wertpapier-Fall dadurch bestimmen, dass die Gleichung der Varianz unter Berücksichtigung der Nebenbedingung, dass die Summe der Portefeuille-Anteile x_i gleich 1 ist, abgeleitet und gleich null gesetzt wird.

Ist im Sonderfall der Korrelationskoeffizient $\rho_{A,B} = -1$, so ist die sich aus den Mischungen ergebende graphische Darstellung durch zwei Geraden charakterisiert, die ihren Scheitelpunkt auf der Ordinate haben (Abbildung 4.6). Auch die beiden Investitionsobjekte A und B im Beispielfall haben einen Korrelationskoeffizienten $\rho_{A,B} = -1$.

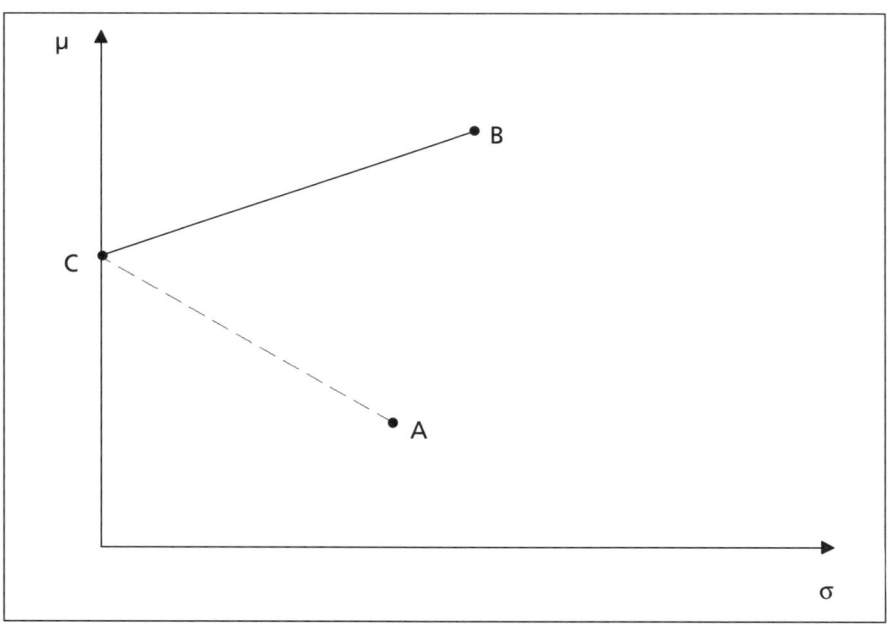

Abbildung 4.6: Rendite und Risiko eines Portefeuilles mit $\rho_{A,B} = -1$

Effizient sind alle Punkte auf dem durchgezogenen Teil der Kurve. Alle Portefeuilles unterhalb von C sind **nicht effizient**, da sie beim gleichen σ von den darüber liegenden Portefeuilles durch einen höheres μ dominiert werden.

Wird ein drittes Wertpapier in die Betrachtung einbezogen, das wiederum weder vollständig positiv noch vollständig negativ mit den Wertpapieren A und B korreliert, dann verändert sich die Menge der effizienten Portefeuilles. Es kommen neue effiziente Portefeuilles hinzu und Portefeuilles, die im 2-Wertpapier-Fall effizient waren, sind es nun nicht mehr.

Die Einbeziehung aller weiteren vorhandenen Wertpapiere verschiebt die Linie der effizienten Portefeuilles immer weiter nach links oben. Die vollständige Ausnutzung des Diversifikationseffektes führt so stets zu einer weiteren Reduktion des Risikos.

Die weitest links liegende Linie effizienter Portefeuilles wird als **effiziente Linie** oder **„efficient frontier"** bezeichnet (Abbildung 4.7).

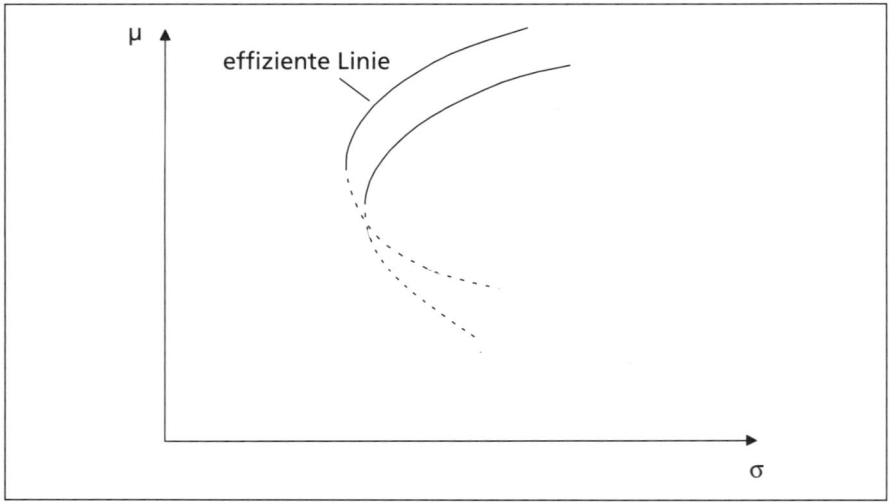

Abbildung 4.7: Effiziente Linie

Wenn die effiziente Linie bekannt ist, kann ein Investor, je nach dem individuellen Grad der Risikoscheu, das optimale Portefeuille unter den effizienten Portefeuilles auswählen. Optimal ist das Portefeuille für einen bestimmten Investor in dem Punkt, in dem die effiziente Linie die höchstmögliche Indifferenzkurve des Investors berührt (T). Mathematisch werden die Indifferenzkurven durch die Präferenzfunktion $\Phi(\mu,\sigma)$ abgebildet (s. Abschnitt 4.3.2). An diesem Punkt entspricht die Grenzrate der Substitution der Steigung der effizienten Linie.

Je nach dem Grad der Risikoscheu und damit der Lage der Indifferenzkurven ergibt sich ein anderer Tangentialpunkt und damit ein anderes optimales Portefeuille.

In den bisherigen Überlegungen zur Portfolio Selection-Theorie fehlt die Einbeziehung einer risikofreien Anlagemöglichkeit, so dass die Wahl des optimalen Portefeuilles aus riskanten Wertpapieren unabhängig ist von der Möglichkeit,

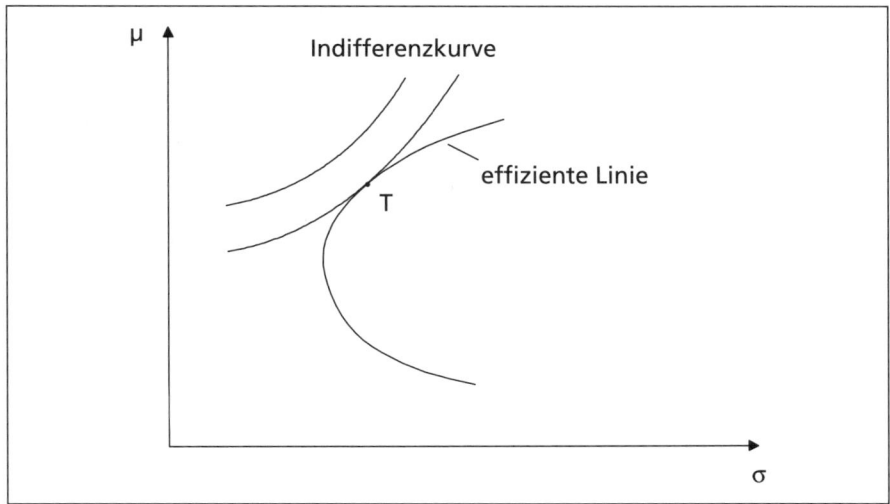

Abbildung 4.8: Optimales Portefeuille

Kapital auch am Kapitalmarkt sicher anzulegen. Diese sichere Alternativanlage wird im Rahmen des **Tobin-Separationstheorems** zusätzlich berücksichtigt.

4.4.5 Tobin-Separationstheorem

Die Annahme, dass es nur Anlagemöglichkeiten gibt, deren Renditen unsicher sind, wird nun aufgehoben und durch die Prämisse ersetzt, dass eine risikolose **Anlagemöglichkeit** existiert, deren Verzinsung sich durch die Rendite r_f ausdrücken lässt. Zu dem sicheren Zinssatz r_f können Investoren nicht nur Geld anlegen, sondern auch aufnehmen **(vollkommener Kapitalmarkt)**.

Der Vorstellung einer risikolosen Anlagemöglichkeit entsprechen am ehesten die vom Staat emittierten Wertpapiere (Bundesanleihen), die in der Betrachtungsperiode endfällig sind.

Das Portefeuille eines Investors besteht bei Existenz einer risikolosen Anlage aus einem sicheren und einem unsicheren Anteil. Ein solches Portefeuille wird als **Mischportefeuille** bezeichnet.

Die Bestimmung des optimalen Mischportefeuilles ist für den Anleger ein Entscheidungsproblem, das sich in zwei Teile zerlegen (separieren) lässt **(Tobin-Separationstheorem)**:

(1) Bestimmung des einzigen, effizienten riskanten Wertpapierportefeuilles, das gleichzeitig optimal ist. Die Ermittlung des optimalen Wertpapierportefeuilles erfolgt unabhängig vom Grad der Risikoscheu, so dass alle Investoren dieses Portefeuille auf der effizienten Linie realisieren.

(2) Entsprechend der Risikoeinstellung des Investors wird das optimale Mischportefeuille bestimmt, das sich aus dem optimalen Wertpapierportefeuille M und der sicheren Anlage verzinst mit r_f zusammensetzt.

Wie aus Abbildung 4.9 ersichtlich wird, steigt das Risiko der Mischportefeuilles linear mit dem Anteil des riskanten Wertpapierportefeuilles x_M an, da das Risiko der sicheren Anlage gleich null ist:

T_1: Der Anleger legt einen Teil des Eigenkapitals in M und einen Teil in der risikolosen Anlage zum Zinssatz r_f an.

T_2: Der Anleger legt das gesamte Eigenkapital in M an.

T_3: Der Anleger legt sowohl das gesamte Eigenkapital als auch das zum Zinssatz r_f aufgenommene Fremdkapital in M an.

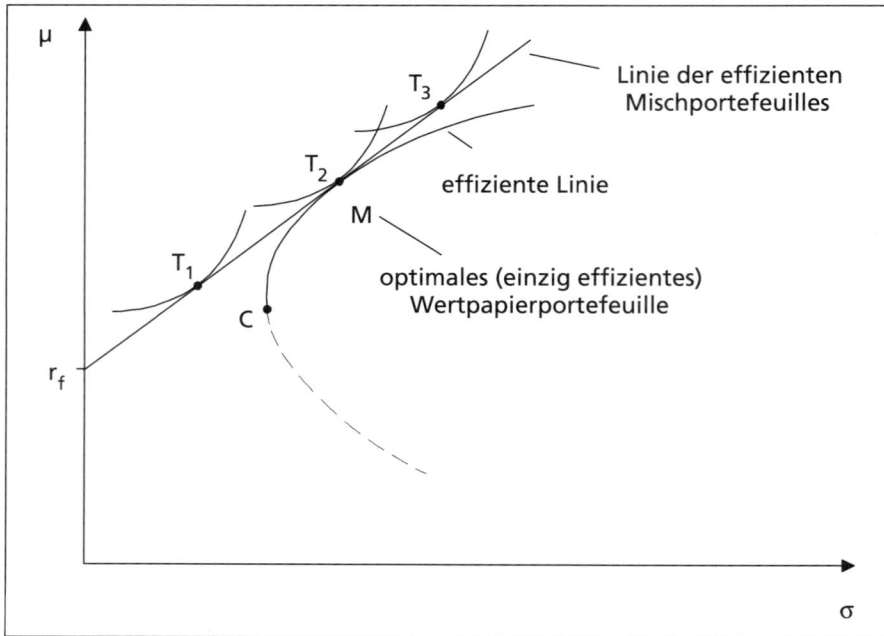

Abbildung 4.9: Optimale Mischportefeuilles und Tobin-Separationstheorem

Das Verhältnis, in welchem die Wertpapiere im Portefeuille M zueinander stehen, ist im Zusammenhang mit einem vollkommenen Kapitalmarkt unabhängig vom Grad der Risikoscheu der Investoren. Der Grad der Risikoscheu bestimmt lediglich die **Aufteilung der Mittel** im optimalen Mischportefeuille auf

• das optimale Wertpapierportefeuille M und

• die sichere Anlagemöglichkeit zum Zinssatz r_f.

4.4.6 Zusammenfassende Beurteilung

Die Anwendung der Portfolio Selection-Theorie ist vor allem mit einem **Informations- und Kostenproblem** verbunden. Im Einzelnen ergeben sich folgende Kritikpunkte:

(1) Die Beschaffung der benötigten Daten für die Berechnung des Erwartungs-wertes der Renditen, der Varianzen und der Kovarianzen bzw. Korrelati-onskoeffizienten ist **sehr aufwendig**. Außerdem ist für die Ermittlung der optimalen Portefeuilles ein **umfangreiches wissenschaftliches Instrumen-tarium** erforderlich.

(2) Jeder Anleger muss für sich eine geeignete **Indifferenzkurvenschar bzw. Präferenzfunktion** bestimmen. Dieses Unterfangen sollte nicht unterschätzt werden, allein wenn man bedenkt, dass selbst schon die Bewertung des Risikos Probleme verursacht.

(3) Im Modell werden **keine Transaktionskosten** erfasst, die jedoch errechnete Portefeuilleumschichtungen gegebenenfalls unprofitabel machen würden.

(4) Entscheidungen nach dem (μ, σ)-Prinzip führen nur zu einer optimalen Entscheidung, wenn eine Normalverteilung der Renditen der Investitionen bei beliebiger Risikonutzenfunktion gegeben ist oder bei beliebiger Rendi-teverteilung eine quadratische Nutzenfunktion vorliegt.

Die Portfolio Selection-Theorie ist heute, trotz der beschriebenen Probleme, aufgrund ihrer vielfältigen Anwendbarkeit ein fester Bestandteil des modernen Finanzmanagements geworden.

4.5 Capital Asset Pricing Model

4.5.1 Grundidee

In den bisherigen Ausführungen dieses Kapitels wurden Lösungsansätze zur Berücksichtigung von Unsicherheit bzw. der rechentechnischen Einbeziehung von Risiko vorgestellt. Wird dabei allerdings im Zusammenhang mit der Ziel-setzung des Shareholder Value-Ansatzes die Kapitalwertmethode verwendet, stellt sich unweigerlich die Frage, mit welchem Kalkulationszinsfuß (KZF) eine Abzinsung der unsicheren Inputgrößen zu erfolgen hat. Denn im Rahmen der vereinfachenden Prämisse zur Darstellung der Kapitalwertmethode wurde von einem gegebenen KZF ausgegangen, der für die Diskontierung aller zu beurteilenden Investitionen herangezogen werden soll. Bewertet man aber ris-kante Investitionsobjekte, weist jede Investition einen differenzierten Grad an Risiko auf. Damit wird es notwendig, jedes Investitionsobjekt mit einer anderen risikoadäquaten Alternativanlage zu vergleichen und deshalb auch mit einem anderen KZF abzuzinsen. Mit der Berücksichtigung von Risiko ist deshalb auch die fünfte Prämisse eines für alle Investitionen gleichen und fest vorgegebenen KZF aufzuheben.

Die Aufhebung dieser Prämisse ist verbunden mit der Anwendung des **Capi-tal Asset Pricing Model (CAPM)**, dessen Inhalt darin besteht, für **jede Investition einen risikoadäquaten Kalkulationszinsfuß (KZF$_{Risiko}$)** zu bestimmen. Dabei ist dieser KZF nichts anderes als der unter Risiko zu berücksichtigende Eigen-kapitalkostensatz (e) der Eigenkapitalgeber. Der so mit dem CAPM ermittelte

KZF_{Risiko} kann zur Beurteilung von Investitionsobjekten unter Risiko herangezogen werden.

Das CAPM hat seinen Ursprung in der Portfolio Selection-Theorie, in der man der Frage nachgeht, in welcher Weise Investoren effiziente und optimale Portefeuilles bilden sollen. Es wird also eine Empfehlung darüber gegeben, wie Entscheider im Rahmen von Investitionsentscheidungen Portefeuilles zusammenstellen sollen, um den Effekt der Risikoreduktion durch Diversifikation auszunutzen.

Demgegenüber will das CAPM keine Empfehlungen abgeben, sondern den Zustand des Kapitalmarktes unter ganz bestimmten Bedingungen beschreiben, um so zum KZF_{Risiko} zu gelangen. Dazu werden **zusätzlich** zur Anwendung der Portfolio Selection-Theorie folgende Annahmen unterstellt:

(1) Für alle Anleger gelten dieselben Kurse bzw. Renditen. Und alle Entscheider gehen von denselben Kursen bzw. Renditen der am Markt notierten Wertpapiere bzw. Investitionen aus (homogene Erwartungen).

(2) Es herrscht atomistische Konkurrenz, d.h. die Markthandlungen des einzelnen Investors ändern die Marktdaten nicht.

(3) Es liegt ein vollkommener Kapitalmarkt vor.

(4) Es existiert eine risikofreie Verzinsung. Zu diesem Zinssatz kann jederzeit beliebig viel Kapital angelegt, aber auch aufgenommen werden.

Wenn nun alle Investoren am Kapitalmarkt dieselben (homogenen) Erwartungen und Anlagemöglichkeiten haben, dann wird jeder Entscheider am Kapitalmarkt die im Rahmen des Tobin-Separationstheorems abgeleitete Linie der effizienten Mischportefeuilles (s. Abschnitt 4.4.5) wählen.

Die Anleger werden den zu investierenden Betrag entsprechend ihrer Risikoneigung zwischen der **Anlage zum sicheren Zinssatz r_f** und dem **unsicheren Aktienportefeuille M** aufteilen. Weniger risikoscheue Anleger nehmen einen Kredit zum Zinssatz r_f auf und mischen diesen mit dem Aktienportefeuille M, indem sie den aufgenommenen Kreditbetrag zusätzlich in das unsichere Portefeuille M investieren.

Die Anlage in das Portefeuille M soll dabei mit einer Investition in einen Investmentfonds als Abbildung des DAX verglichen werden: Die Struktur dieses Fonds ist das Verhältnis zwischen dem in A-Aktien angelegten Kapitalbetrag zu dem in B-Aktien angelegten Kapitalbetrag usw. Da bei einer Investition in diesen Fonds für alle Anleger die gleiche Struktur gilt, haben alle Anleger den riskanten Teil ihrer Anlage gleich auf die einzelnen Aktien aufgeteilt. Die Situation stellt sich so dar, als ob alle Anleger ihr Kapital teilweise sicher zum Zinssatz rf und teilweise in den Investmentfonds investiert hätten.

Daraus abgeleitet und aufbauend auf den skizzierten Annahmen geht das CAPM bei den weiteren Überlegungen von einem **vollkommenen Kapitalmarkt im Gleichgewicht** aus, d.h. die Überschussnachfrage für alle am Markt gehandelten Wertpapiere ist gleich null. Weiterhin entsprechen sich die aggregierte Nachfrage nach Verschuldung und das aggregierte Angebot an Ausleihungen. Ist diese Gleichgewichtsbedingung erfüllt, dann **ist jede, aber auch jede riskante**

Anlagemöglichkeit im Aktienportefeuille M enthalten. Denn wäre irgendeine risikobehaftete Anlage nicht ein Teil des Portefeuilles M, würde dies implizieren, dass sich der Markt im Ungleichgewicht befindet, da ein Überangebot für dieses Wertpapier besteht.

4.5.2 Kapitalmarktlinie

Wie gerade beschrieben bildet die Linie der effizienten Mischportefeuilles aus dem Tobin-Separationstheorem mit der Möglichkeit, Kapital zum sicheren Zinssatz r_f in das unsichere Aktienportefeuille M anzulegen, die Grundlage zur Ableitung des Gleichgewichtszustandes des vollkommenen Kapitalmarktes. Im Rahmen des CAPM wird die Linie der **effizienten Mischportefeuilles als Kapitalmarktlinie (capital market line)** bezeichnet (Abbildung 4.10).

Das einzige noch verbleibende riskante Aktienportefeuille M wird dabei als Marktportefeuille bezeichnet, weil – wie oben beschrieben – auf einem vollkommenen Kapitalmarkt im Gleichgewicht alle Wertpapiere des Marktes in diesem Portefeuille anteilsmäßig enthalten sind. Zwar wurde auch die Linie der effizienten Portefeuilles eingezeichnet; sie ist aber für die weitere Darstellung ohne Bedeutung, da jeder rationale Anleger bei gleich hohem Risiko immer ein Portefeuille auf der Kapitalmarktlinie mit einer höheren Rendite wählt. Zur Beschreibung des Kapitalmarktes bleibt damit die Kapitalmarktlinie übrig, auf der alle Portefeuilles angeordnet sind, die einem Investor für seine Investitionsentscheidung zur Auswahl stehen.

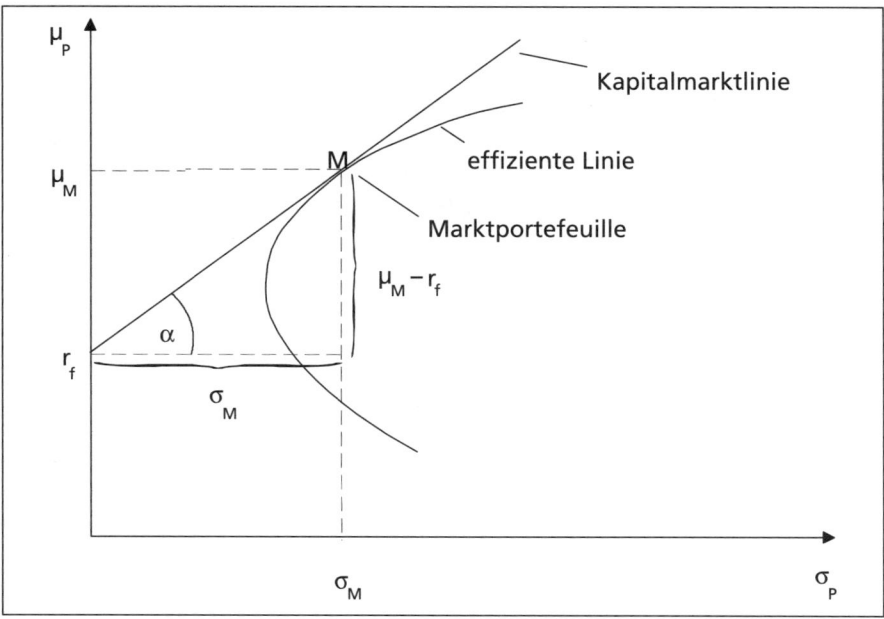

Abbildung 4.10: Kapitalmarktlinie im CAPM

Die Kapitalmarktlinie beschreibt die Beziehung zwischen Risiko und erwarteter Rendite eines effizienten Portefeuilles. Die Funktion der Kapitalmarktlinie lässt sich aus der allgemeinen Form der Geradengleichung ableiten:

$$y = a \times x + b$$

Aus dieser Geradengleichung ergibt sich die mathematische Funktion der Kapitalmarktlinie durch folgende Beziehungen:

$$b = r_f \quad \text{und} \quad y = \mu_p \quad \text{und} \quad x = \sigma_p$$

Die Steigung der Kapitalmarktlinie, in der Geradengleichung durch die Variable a ausgedrückt, lässt sich über den Tangens α des Steigungsdreiecks wie folgt bestimmen:

$$\tan \alpha = \frac{Gegenkathete}{Ankathete} = \tan \alpha = \frac{\mu_M - r_f}{\sigma_M} = a$$

Damit kann man abgeleitet aus der Geradengleichung folgenden Zusammenhang notieren:

$$\mu_p = \frac{\mu_M - r_f}{\sigma_M} \cdot \sigma_P + r_f$$

Die erwartete Rendite eines Portefeuilles μ_p setzt sich demnach aus der risikolosen Verzinsung r_f, der Risikoprämie aufgrund der Risikoübernahme pro Einheit Risiko ($(\mu_M - r_f)/\sigma_M$) und der übernommenen Risikohöhe (σ_{pM}) zusammen.

Durch eine Neuanordnung der Variablen führt das zu der allgemein in der Literatur bekannten Gleichung der Kapitalmarktlinie:

$$\mu_p = r_f + (\mu_M - r_f) \cdot \frac{\sigma_P}{\sigma_M}$$

Stellt sich ein Investor allerdings die Frage, wie hoch die erwartete Rendite einer von ihm zu bewertenden Investition sei, kann er **nicht** die **Kapitalmarktlinie** zur Beantwortung heranziehen, weil hier lediglich der Zusammenhang zwischen der erwarteten Rendite eines Portefeuilles und dem Risiko dieses Portefeuilles beschrieben wird. Der Investor muss vielmehr die **Wertpapierlinie** zu Hilfe nehmen.

4.5.3 Wertpapierlinie

Die **Wertpapierlinie (security market line)** stellt eine Funktion zwischen dem Risiko und der erwarteten Rendite eines einzelnen Wertpapiers bzw. einer einzelnen Investition dar. Dabei werden im Folgenden die Begriffe Investitionen, riskante Wertpapiere oder Aktien synonym verwendet, weil Wertpapiere oder Aktien nichts anderes sind als die Verbriefung erwarteter Bruttoeinzahlungsüberschüsse durch Investitionen. Auch die Beziehung der Wertpapierlinie gilt für einen vollkommenen Kapitalmarkt im Gleichgewicht. Auf diesem Kapitalmarkt existiert ein Marktportefeuille M, in dem alle am Markt notierten Investitionen enthalten sind und damit auch die zu bewertende Investition.

Dadurch kann das Risiko eines einzelnen Wertpapiers nicht mehr isoliert betrachtet werden, sondern nur noch im Verbund zu den anderen im Marktportefeuille enthaltenen Wertpapieren. Das Risiko einer Investition wird somit nicht mehr isoliert gemessen, sondern im Vergleich zum Marktrisiko. Zur Messung dieses Investitionsrisikos wird als Risikomaß der β-Faktor herangezogen. Die Wertpapierlinie wird in Abbildung 4.11 dargestellt.

Die Gleichung für die Wertpapierlinie lautet in Anlehnung an den Zusammenhang der Kapitalmarktlinie:

$$\mu_i = r_f + (\mu_M - r_f) \cdot \beta_i$$

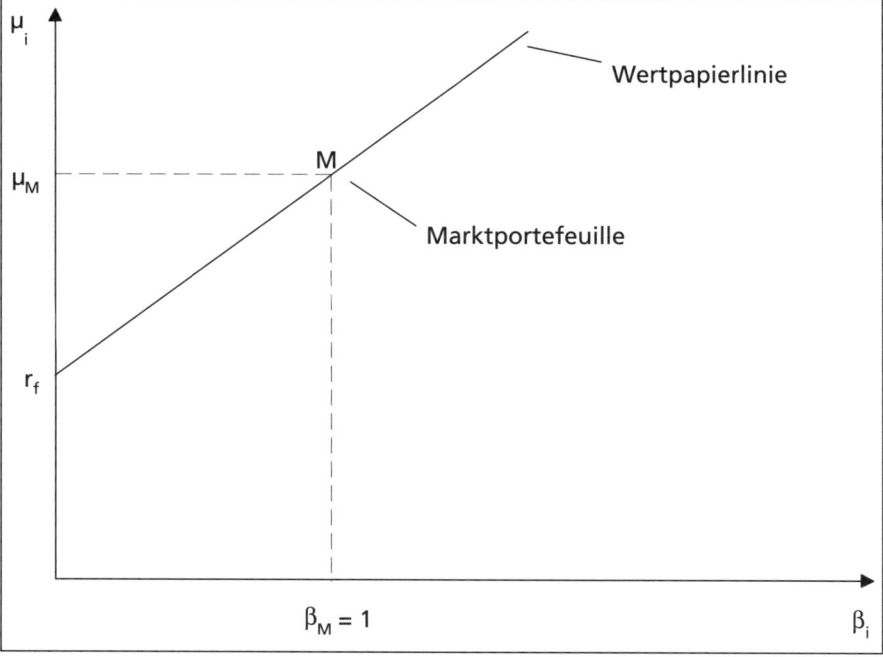

Abbildung 4.11: Wertpapierlinie im CAPM

Als erwartete Rendite einer Investition i erhält ein Investor mindestens die Verzinsung einer risikolosen Anlagemöglichkeit r_f zuzüglich einer Risikoprämie ($\mu_M - r_f$) multipliziert mit der Risikohöhe der Investition i (β_i).

4.5.4 Systematisches Risiko

Soll ein Wertpapier bzw. eine Investition bewertet werden, hängt dies in erster Linie vom zugrundeliegenden Risiko ab. Dabei setzt sich das Gesamtrisiko eines riskanten Wertpapiers aus

- dem **unsystematischen** (titelspezifischen) **Risiko** und
- dem **systematischen Risiko** (Marktrisiko)

zusammen.

Diese Art der Aufteilung des Risikos resultiert aus der Portefeuillebildung und der Betrachtung eines Wertpapiers als Teil dieses Portefeuilles. Dabei kann schon eine geringfügige Diversifizierung das Risiko eines Portefeuilles erheblich reduzieren. Empirische Untersuchungen haben gezeigt, dass bereits eine geringe Anzahl von Wertpapieren ausreicht (etwa 10), um den größten Teil des risikomindernden Diversifikationseffektes zu erzielen.

Weitere Wertpapiere, die dem Portefeuille hinzugefügt werden, reduzieren das Risiko nur noch geringfügig. Der Teil des Risikos, der durch Diversifikation vermieden werden kann, wird **unsystematisches** Risiko genannt. Derjenige Teil des Risikos, der allerdings auch durch weitere Diversifizierung nicht zu eliminieren ist, wird als **systematisches** Risiko bezeichnet.

Das systematische Risiko hat seine Ursache in ökonomischen und politischen Faktoren, die eine Volkswirtschaft insgesamt beeinflussen. Zwar spiegelt das systematische Risiko die gemeinsam die einzelnen Wertpapiere oder Investitionen betreffenden Risiken wider, allerdings haben diese Risiken unterschiedliche Auswirkungen auf die Rendite- oder Kursschwankungen dieser riskanten Anlagen.

Für die Investitionsentscheidung eines Investors ist nur das systematische Risiko von Bedeutung, da sich das unsystematische Risiko durch Diversifikation beseitigen lässt. Ein risikoscheuer Investor wählt deshalb ein Portefeuille, bei dem das unsystematische Risiko gleich null ist. Da aber weiterhin das systematische Risiko in einem solchen Portefeuille noch enthalten ist, ist es erforderlich, dem risikoscheuen Investor eine Risikoprämie zu bezahlen, um ihn zu veranlassen, statt einer risikofreien Anlagemöglichkeit, risikobehaftete Wertpapiere zu erwerben.

Das Risiko eines vollständig diversifizierten Portefeuilles ist deshalb lediglich eine Funktion des systematischen Risikos der an der Portefeuillebildung beteiligten Investitionen. Dieses systematische Risiko misst man im CAPM durch den β-**Faktor**, weshalb das systematische Risiko auch β-**Risiko** genannt wird:

$$\beta_i = \frac{\text{cov}\,(r_i, r_M)}{\sigma_M^{\,2}}$$

In dieser Formel erkennt man, dass das für die Bewertung am Markt relevante Risiko einer einzelnen Investition i ihr Beitrag zum Risiko des Marktportefeuilles ist (cov (r_i, r_M)). Die Ermittlung der Kovarianz (cov (r_i, r_M)) erfolgt analog zur Berechnung im Rahmen der Portfolio Selection-Theorie (s. Kapitel 4.4.3):

$$\text{cov}\,(r_i, r_M) = \sigma_i \cdot \sigma_M \cdot \rho_{i,M}$$

Dabei ist der Korrelationskoeffizient $\rho_{i,M}$ auf der Wertpapierlinie 1 (vollständig positive Korrelation), so dass sich die Berechnung der Kovarianz für den β-Faktor vereinfacht:

$$\text{cov}\,(r_i, r_M) = \sigma_i \cdot \sigma_M$$

Der β-Faktor drückt die Anfälligkeit (Volatilität) eines Wertpapiers i auf Kursbewegungen des gesamten Wertpapiermarktes aus:

$\beta_i = 1{,}0$ Verändert sich der Markt um 1 %, so steigt oder fällt der Kurs des Wertpapiers auch um 1 %. Das Wertpapier bewegt sich wie der Markt bzw. der zugrundeliegende Wertpapierindex.

$\beta_i = 1{,}2$ Verändert sich der Index des Marktes um 1 %, so steigt oder fällt der Kurs des Wertpapiers um 1,2 %. Das Wertpapier schwankt stärker als der Markt und weist neben überdurchschnittlichen Gewinnchancen auch entsprechend höhere Verlustrisiken auf (das Wertpapier läuft vor dem Markt her).

$\beta_i = 0{,}8$ Verändert sich der Index des Marktes um 1 %, so steigt oder fällt der Kurs des Wertpapiers um 0,8 %. Das Wertpapier ist weniger volatil als der Markt und weist sowohl unterdurchschnittliche Gewinnchancen als auch niedrigere Verlustrisiken auf (das Wertpapier läuft dem Markt hinterher).

4.5.5 Marktbewertungslinie

Ausgangspunkt der Überlegungen des CAPM ist die Frage nach der Bestimmung eines risikoadäquaten Kalkulationszinssatzes (KZF_{Risiko}), so dass sich nun die Frage anschließt, wie dieser KZF_{Risiko} berechnet werden kann. Dazu wird die Gleichgewichtsverzinsung der Wertpapierlinie zu Hilfe genommen:

$$\mu_i = r_f + (\mu_M - r_f) \cdot \beta_i$$

Graphisch entspricht die Wertpapierlinie der **Marktbewertungslinie**, mit der einzelne Investitionen auf ihre Vorteilhaftigkeit hin überprüft werden sollen (Abbildung 4.12).

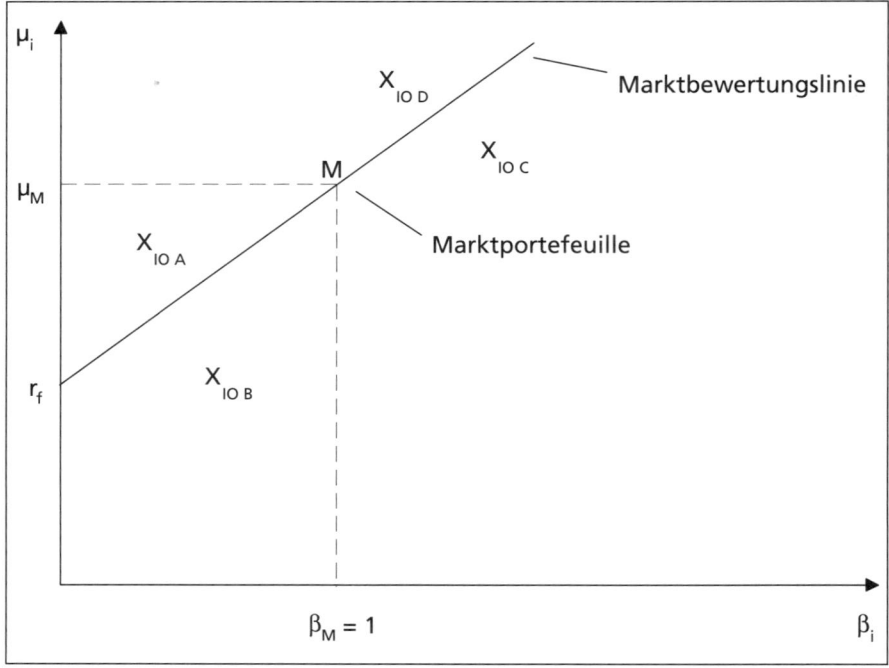

Abbildung 4.12: Marktbewertungslinie im CAPM

Der Gleichgewichtszinssatz (μ_i) auf der Marktbewertungslinie entspricht der Alternativverzinsung aller Anleger am Kapitalmarkt, der bei einer Investition mit einem gleich hohen Risiko mindestens erreicht werden muss, um ein Investitionsobjekt für den Entscheider vorteilhaft erscheinen zu lassen. Damit gilt:

$$\mu_i = KZF_{Risiko}$$

Wie in Abbildung 4.12 zu erkennen ist, sind die Investitionsobjekte A und D vorteilhaft, weil die erwarteten Renditen der beiden Investitionen größer sind als die zu fordernde Mindestverzinsung des Kapitalmarktes bei gleichem β-Risiko. Die Investitionsobjekte B und C sind abzulehnen, da die erwarteten Renditen der Investitionen kleiner sind als die Gleichgewichtsrenditen. Investitionsobjekt C zeigt, dass die Marktrendite (μ_M) kein geeignetes Entscheidungskriterium ist, weil dadurch das Risiko der Investition nicht berücksichtigt werden würde. Obwohl nämlich die erwartete Rendite der Investition C höher ist als μ_M, ist das Investitionsobjekt unter Einbeziehung des β-Risikos abzulehnen, da seine Rendite kleiner ist als die Gleichgewichtsverzinsung.

Abschließend stellt sich nun noch die Frage, wie die Bestimmung des KZF_{Risiko} mit dem Shareholder Value-Ansatz bzw. der Ermittlung des Kapitalwertes zusammenhängt. Anders formuliert, es ist zu zeigen, wie unter der Zielsetzung des Shareholder Value-Ansatzes mit Hilfe des CAPM optimale Investitionsentscheidungen getroffen werden können.

Dazu wird in der Kapitalwertformel der KZF bzw. e durch den risikoadäquaten Kalkulationszinssatz μ_i ersetzt:

$$K_0 = \sum_{t=1}^{T} \frac{BEZÜ_t}{\left(1 + \left[r_f + (\mu_M - r_f) \cdot \beta_i\right]\right)^t} - BAZÜ_0$$

Durch die Berücksichtigung des KZF_{Risiko} ist es möglich, Investitionsobjekte in Abhängigkeit von ihrem individuellen Investitionsrisiko (β_i) zu beurteilen. Auch hierbei gilt, dass Investitionen durchzuführen sind, deren Kapitalwert positiv ist bzw. bei mehreren zur Auswahl stehenden Investitionsobjekten, die mit dem höchsten Kapitalwert. Streng genommen kann die Kapitalwertmethode aufgrund der Annahme der Einperiodigkeit (s. Annahmen der Portfolio-Selection-Theorie) auch nur für einperiodige Investitionen gelten. In der Praxis wird trotz dessen gerne eine Übertragung auf mehrperiodige Investitionsobjekte vorgenommen.

Beispiel:

Die X-Soft AG beabsichtigt eine einperiodige Investition Z mit einem β-Faktor von 0,4 durchzuführen. Vereinfachend soll weiter angenommen werden, dass die X-Soft AG die Investition mit 100 % Eigenkapital finanziert. Alternativ kann die X-Soft AG Kapital im Marktportefeuille zu 7 % anlegen, während sich Bundesanleihen zu 5 % verzinsen. Die Zahlungsreihe der Investition Z stellt sich wie folgt dar (in Mio. EUR):

IO_Z	t_0	t_1
$BEZÜ_t$	−10	+11,1

Die Gleichgewichtsverzinsung für die X-Soft AG und die Investition Z lautet:

$$\mu_Z = 0,05 + (0,07 - 0,05) \cdot 0,4 = 0,058$$

Würde somit die X-Soft AG ihr Kapital alternativ am Kapitalmarkt mit der gleichen Risikohöhe ($\beta_Z = 0,4$) wie die Investition Z anlegen, würde sie 6,2 % Rendite erhalten. Die Investition Z müsste somit eine Verzinsung von mehr als 6,2 % abwerfen, damit die X-Soft AG die Investition Z und nicht die risikoadäquate Anlage am Kapitalmarkt durchführt. Diese Entscheidung soll mit Hilfe der Kapitalwertmethode vorgenommen werden:

$$K_{0Z} = -10 + \frac{11{,}1}{1{,}058^1} = 0{,}491 \; Mio. \; EUR$$

Aufgrund des positiven Kapitalwertes sollte die X-Soft AG die Investition Z durchführen.

Zinst man also in Abbildung 4.12 die Investitionen A und D mit der Gleichgewichtsverzinsung ab, so erhält man einen positiven Kapitalwert; für die Investitionsobjekte B und C ergibt sich ein negativer Kapitalwert. Allgemein formuliert bedeutet dies, dass alle Investitionen, die sich oberhalb der Marktbewertungslinie befinden, einen positiven Kapitalwert abwerfen, wohingegen die unterhalb der Marktbewertungslinie positionierten Investitionen einen negativen Kapitalwert aufweisen.

4.5.6 Zusammenfassende Beurteilung

In erster Linie setzt eine zusammenfassende Beurteilung des CAPM an den damit verbundenen Annahmen an:

(1) Die Existenz eines **vollkommenen Kapitalmarktes** ist problematisch: Das CAPM ist zwar unter dieser Annahme ein logisches und konsistentes Modell, kann aber die Realität nur unvollständig abbilden. Die Prämisse des vollkommenen Kapitalmarktes ist aber wichtig zur Herleitung des linearen Zusammenhangs der Marktbewertungslinie. Ohne vollkommenen Kapitalmarkt existiert keine Linearitätsbeziehung und damit auch kein Marktportefeuille.

(2) Schwierig ist auch die Prämisse **homogener Erwartungen** für alle Anleger. Neben der Tatsache, dass nicht jeder Investor den gleichen Zugang zu den marktrelevanten Informationen hat, wertet jeder Entscheider auch gleiche Informationen mit einem unterschiedlichen Ergebnis aus.

(3) Die **Einperiodigkeit** führt zur Problematik, dass sich streng genommen nur Investitionsobjekte mit der Laufzeit eines Jahres durch das CAPM bewerten lassen.

Weitere Kritikpunkte liegen in folgenden Problembereichen:

(1) Das **Marktportefeuille** ist ein theoretisch einwandfreies Konstrukt. Jedoch wirft die Unterstellung, dass sämtliche risikobehafteten Anlagemöglichkeiten in ihm enthalten sein sollen, die Frage auf, ob dies alle Aktien in Deutschland oder auch alle Investitionen in Deutschland oder etwa in Europa oder der ganzen Welt sein sollen.

(2) Auch die **Bestimmung des β-Faktors** ist problembehaftet. Existiert tatsächlich ein β-Faktor, so ist zu beachten, dass er für einzelne Wertpapiere nicht sehr zuverlässig ist, weil er sich im Zeitablauf ständig verändert. Außerdem ist zu berücksichtigen, dass β-Faktoren aus Regressionsanalysen von Werten aus der Vergangenheit ermittelt werden, die man dann in die Zukunft extrapoliert, um zukünftige Entwicklungen abzuschätzen. Andererseits

sind für sehr viele Investitionen β-Faktoren nur annäherungsweise zu bestimmen.

(3) Unterstellt man einen vollkommenen Kapitalmarkt dürften gar keine Investitionen existieren, die einen positiven Kapitalwert aufweisen. Dies widerspricht eigentlich der Gleichgewichtsbedingung und ist nur durch die Annahme der atomistischen Konkurrenz aufrecht zu erhalten.

(4) Praktische Probleme des CAPM ergeben sich außerdem bei der **Datenbeschaffung**. Dies wurde schon als ein Problembereich im Zusammenhang mit der Portfolio Selection-Theorie genannt. Weniger das **wie** ist heute das Problem als die dabei auftretenden Kosten. Um diese Problematik in den Griff zu bekommen, ist von Fall zu Fall eine Kosten-Nutzen-Betrachtung durchzuführen.

(5) Die in das CAPM eingehenden Daten sind ex-post-Werte, von denen auf die zukünftige Entwicklung geschlossen werden soll. Die Gültigkeit eines solchen Induktionsprinzips kann wissenschaftlich nicht bewiesen werden.

Die praktische Bedeutung des CAPM hängt aber vor allem von der empirischen Bestätigung der Modellaussagen ab. Zwar erhält man je nach Basis und Art der Untersuchung widersprüchliche Ergebnisse, aber letztendlich wurde in empirischen Arbeiten bestätigt, dass

- eine signifikante positive Beziehung zwischen Rendite und systematischem Risiko besteht,
- die Linearitätsannahme haltbar erscheint und
- mit Hilfe des CAPM annäherungsweise optimale Entscheidungen getroffen werden konnten.

Da weiterhin das CAPM ein in sich geschlossenes und logisch einwandfrei abgeleitetes Modell ist und bisher kein anderes Modell empirisch besser bestätigt wurde, wird das CAPM – trotz der berechtigten Kritik – vom Finanzmanagement in wachsendem Maße zur Beurteilung optimaler Investitionen herangezogen.

4.6 Optionspreisbewertung

4.6.1 Optionen

Eine Finanzoption ist ein Titel, der dem Inhaber das Recht gibt, einen anderen Finanztitel, z.B. eine Aktie, innerhalb einer bestimmten Frist zu einem im Voraus festgelegten Basispreis zu kaufen (Kaufoption, Call) oder zu verkaufen (Verkaufsoption, Put). Nimmt der Optionsinhaber das ihm gewährte Recht wahr, so erhält er bei einer Kaufoption den dem Optionsgeschäft zugrunde liegenden Vermögenswert wie etwa eine Aktie und zahlt dafür den vereinbarten Basispreis. Bei einer Verkaufsoption liefert er bei Ausübung den entsprechenden Vermögenswert und erhält den Basispreis. Es wird zwischen amerikanischen Optionen, die zu jedem Zeitpunkt innerhalb der Optionsfrist, und europäischen Optionen, die nur am Ende der Optionslaufzeit ausgeübt werden können, unterschieden.

Es gibt somit zwei grundlegende Typen von Optionen: Eine Call Option oder Kaufoption gibt dem Inhaber das Recht, einen Vermögenswert zu einem bestimmten Termin und einem bestimmten Preis zu kaufen. Eine Put Option oder Verkaufsoption gibt dem Inhaber das Recht, einen Vermögenswert zu einem bestimmten Termin und einem bestimmten Preis zu verkaufen. Dieser im Kontrakt spezifizierte Termin ist der sogenannte Auslauftag, Ausübungstag, Erklärungstag, Fälligkeitstag, Fälligkeitstermin oder das Verfallsdatum. Der in dem Kontrakt angegebene Preis ist der Ausübungskurs oder Basispreis. Bei dem Kauf einer Option befindet man sich in einer Long-Position, bei ihrem Verkauf in einer Short-Position. Damit ergeben sich die folgenden vier Grundgeschäftsarten, mit denen eine Beteiligung an einem Optionsgeschäfts möglich ist:

- Long Call
- Short Call
- Long Put
- Short Put

Es wird davon ausgegangen, dass der zugrunde liegende Vermögenswert, den man durch die Ausübung einer Option erhält, direkt nach Erhalt veräußert wird. Daher ist der Gewinn bei einer Kaufoption der Betrag, um welchen der aktuelle Kurs bei Ausführung den Basispreis übersteigt. Der Call nimmt also an Wert zu, wenn der Kurs des Vermögenswerts steigt und verliert an Wert, wenn der Basiswert steigt. Bei einem Put gilt der umgekehrte Zusammenhang: Der Gewinn hierbei ist der Betrag, um welchen der Basispreis über dem Kurs liegt. Deshalb nimmt der Wert einer Verkaufsoption ab, wenn der Kurs steigt, und zu, wenn der Basispreis steigt. Hieraus kann man erkennen, dass sich Verkaufsoptionen entgegengesetzt zu Kaufoptionen verhalten. Der Gewinn des Käufers der Option ist somit der Verlust des Verkäufers und umgekehrt.

Die Ausübung einer Option hängt von der künftigen Entwicklung des Kurses ab. Der Optionsinhaber wird die Option nur dann ausüben, wenn er dadurch einen finanziellen Vorteil erzielen kann. Er ist so gegen eine ungünstige Entwicklung geschützt und sein **Risiko** ist entsprechend **asymmetrisch** verteilt. Bei Kaufoptionen ist z. B. der maximale Verlust auf den zu Beginn der Optionsfrist zu zahlenden Optionspreis begrenzt, während die Gewinnmöglichkeit unbegrenzt ist.

4.6.2 Grundgeschäftsarten

4.6.2.1 Long Call

Der Besitzer einer Kaufoption hat das Recht, den Vermögenswert zu einem bestimmten Basispreis zu kaufen. In manchen Fällen kann dieses Vorkaufsrecht nur an einem bestimmten Tag wahrgenommen werden und wird dann üblicherweise als **European Call** bezeichnet. Falls die Option entweder am Stichtag oder davor ausgeübt werden kann, wird sie als **American Call** bezeichnet. Aus

Vereinfachungsgründen wird im Folgenden nur die europäische Kaufoption betrachtet, wobei die Ausführungen auf die amerikanische Variante übertragen werden können.

Das Positionsdiagramm in Abbildung 4.13 zeigt die möglichen Wertstellungen kurz vor Ablauf des Calls auf eine Aktie mit einem Basispreis von 100 Euro. Wenn der Kurs zu dieser Zeit unter den Basispreis fällt, wird niemand 100 Euro zahlen, um Anteile aufgrund des Calls zu erwerben. Der Call wäre in diesem Fall wertlos und wird vom Inhaber nicht in Anspruch genommen. Auf der anderen Seite wäre die Ausübung des Calls vorteilhaft, sobald der Kurs höher als 100 Euro ist. In diesem Fall entspricht der Wert der Kaufoption dem Marktwert der Aktie abzüglich der gezahlten 100 Euro.

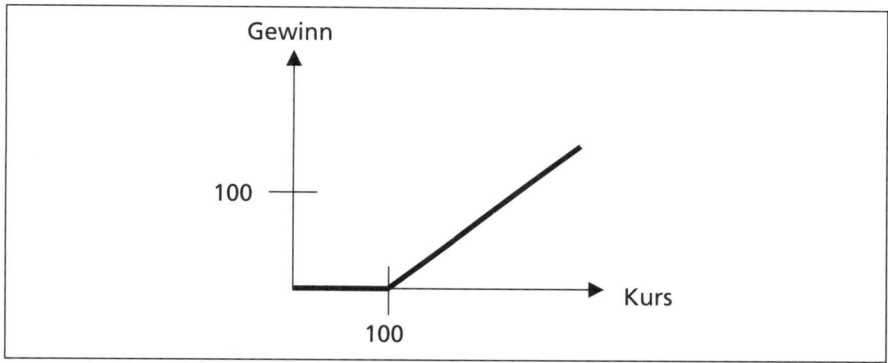

Abbildung 4.13: Gewinn für den Käufer eines Calls (Long Call)

Selbstverständlich wird der Verkäufer des Calls seine Verpflichtung nicht kostenlos eingehen. Da der Kaufpreis vom Käufer in jedem Fall zu begleichen ist, verschiebt sich die Kurve aus Abbildung 4.13 um genau diesen Betrag nach unten. Im Beispiel der Abbildung 4.14 beträgt der Kaufpreis 10 Euro. Dieser ist vom Käufer in jedem Fall zu entrichten, auch wenn die Option nicht ausgeübt wird.

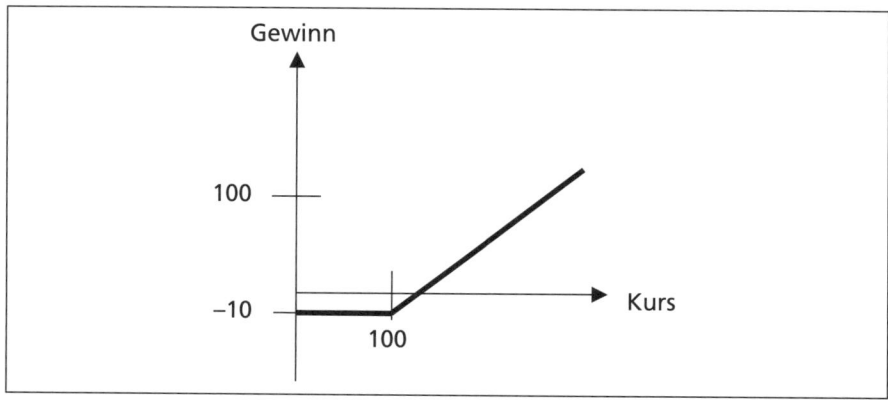

Abbildung 4.14: Gewinn für den Käufer eines Calls (Long Call) unter
Berücksichtigung des Kaufpreises

4.6.2.2 Short Call

Die Wertstellung eines Investors, der einen Call **verkauft** (Short Call), ist genau umgekehrt zu derjenigen des Käufers, d.h. der Gewinn des Käufers ist der Verlust des Verkäufers. Derjenige, der eine Kaufoption verkauft, verspricht, die Vermögenswerte zum vereinbarten Basispreis zu liefern, falls der Optionskäufer dies verlangt. Wenn zum Stichtag der aktuelle Kurs unter dem Basispreis liegt, wird der Käufer die Option nicht nutzen und der Verkäufer hat keinerlei Verpflichtungen. Wenn der Kurs aber über dem Basispreis liegt, wird der Käufer sein Recht ausüben und der Verkäufer muss ihm die Vermögenswerte liefern (oder die Differenz zahlen). Der Verkäufer verliert die Differenz zwischen dem Kurs und dem tatsächlich vom Käufer bezahlten Preis.

Angenommen, bei einem Call auf eine Aktie betrage der Ausübungskurs 100 Euro und der aktuelle Kurs 150 Euro, so wird der Käufer des Calls die Kaufoption wahrnehmen. Der Verkäufer ist in diesem Fall verpflichtet, die Aktie, die aktuell 150 Euro wert ist, für 100 Euro zu verkaufen, und verliert somit 50 Euro. Der Käufer hingegen gewinnt 50 Euro. Abbildung 4.15 zeigt den Verlust des Verkäufers; sie entspricht der Abbildung 4.13, nur auf dem Kopf stehend.

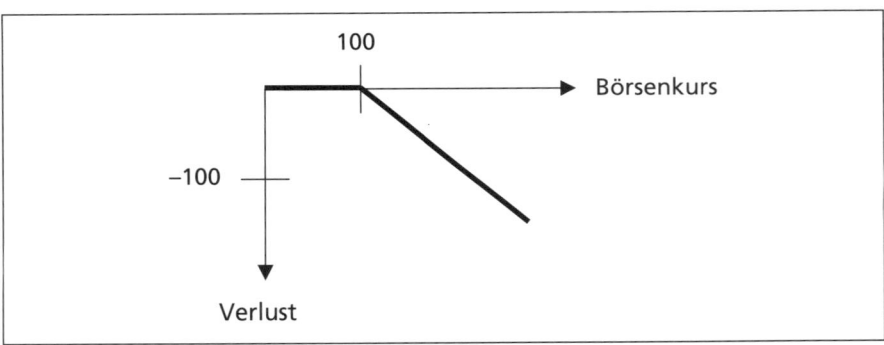

Abbildung 4.15: Verlust für den Verkäufer eines Calls (Short Call)

Die Abbildung wirft die Frage auf, warum der Verkäufer des Calls überhaupt an diesem Geschäft interessiert ist, wo er doch nur einen Verlust erwirtschaften kann. Die Antwort liegt in der Tatsache, dass auch hier der Verkaufspreis der Option vernachlässigt wurde. Bei einem positiven Verkaufspreis verschiebt sich auch die Kurve in Abbildung 4.15. Da der Kaufpreis der Option vom Käufer zu entrichten ist, verschiebt sich die Kurve in Abbildung 4.15 um genau diesen Betrag nach oben (Abbildung 4.16).

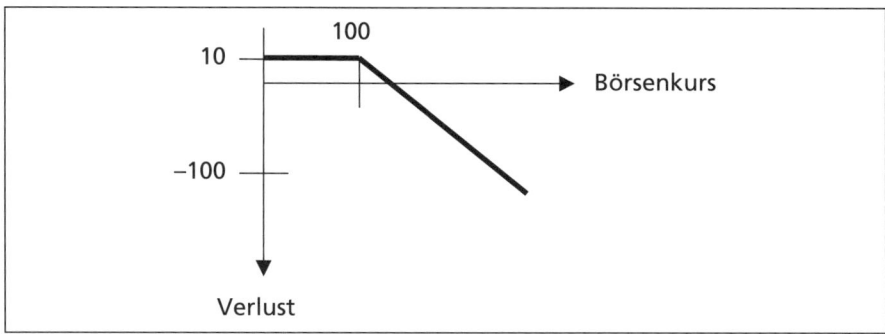

Abbildung 4.16: Verlust für den Verkäufer eines Calls (Short Call) unter
Berücksichtigung des Kaufpreises

4.6.2.3 Long Put

Die anderen beiden Möglichkeiten stellt eine europäische Verkaufsoption dar.
Während eine Kaufoption das Recht einräumt, den Vermögensgegenstand
zum Basispreis zu kaufen, ermöglicht eine vergleichbare Verkaufsoption, den
Vermögensgegenstand zum Basispreis zu verkaufen. Daher sind die Umstände,
unter denen eine Verkaufsoption vorteilhaft ist, genau das Gegenteil von denen
einer Kaufoption (Abbildung 4.17). Wenn der Kurs über dem angenommenen
Basispreis von 100 Euro liegt, wird niemand Aktien zu diesem Preis verkaufen
wollen; die Verkaufsoption ist dann wertlos. Wenn jedoch der aktuelle Kurs
unter 100 Euro sinkt, ist es vorteilhaft, die Verkaufsoption auszuüben und Aktien zum Basispreis zu verkaufen. In diesem Fall entspricht der Wert der Verkaufsoption zum Fälligkeitstermin exakt der Differenz zwischen den 100 Euro
Verkaufserlös und dem Marktpreis der Aktie. Wenn die Aktien z. B. 60 Euro
wert sind, beträgt der Wert einer Verkaufsoption 40 Euro.

Der Wert der Verkaufsoption bei Fälligkeit ist der tatsächlich gezahlte Preis
abzüglich des Marktpreises der Aktie, im Beispiel:

$$= \text{Euro } 100 - \text{Euro } 60 = \text{Euro } 40$$

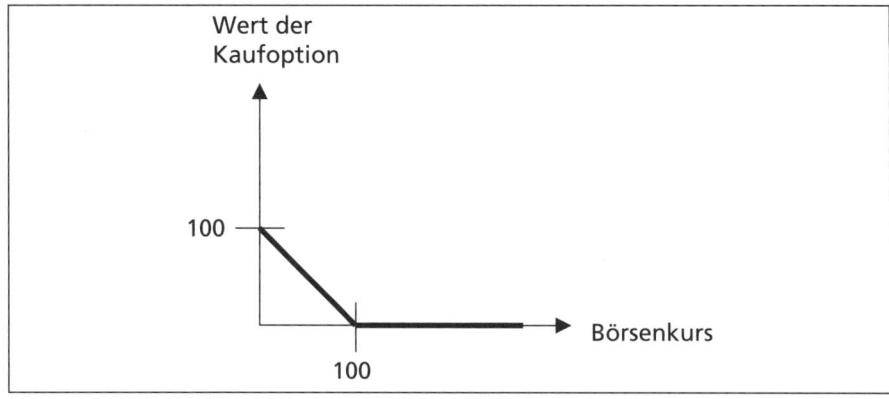

Abbildung 4.17: Gewinn für den Käufer eines Puts (Long Put)

Unter Berücksichtigung eines angenommenen Kaufpreises von 10 Euro verschiebt sich die Kurve um jeweils 10 nach unten (Abbildung 4.18).

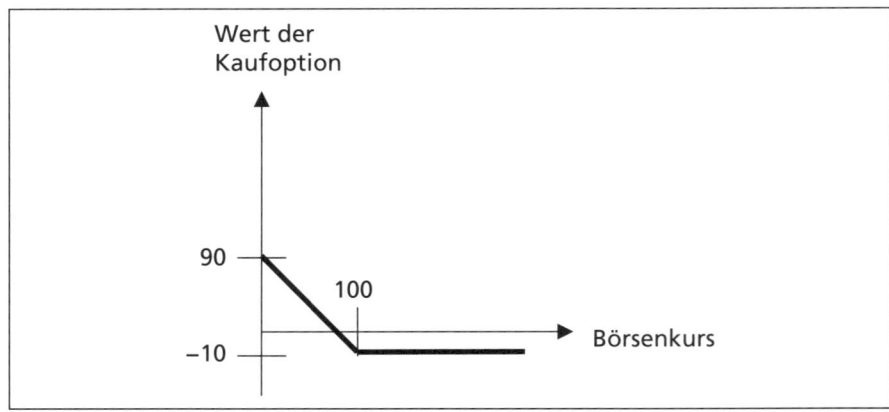

Abbildung 4.18: Gewinn für den Käufer eines Puts (Long Put) unter Berücksichtigung des Kaufpreises

4.6.2.4 Short Put

Auf dieselbe Art kann die Situation eines Investors, der eine Verkaufsoption verkauft, dargestellt werden, indem die Abbildung 4.18 an der x-Achse gespiegelt wird (Abbildung 4.19). Der Verkäufer der Verkaufsoption hat sich mit dem Verkauf seines Anteils zum Basispreis einverstanden erklärt, wenn der Käufer der Verkaufsoption dies verlangen sollte. Sicherlich hat der Verkäufer nichts zu befürchten, solange der Börsenwert über dem Basispreis liegt, weil die Option in diesem Fall für den Käufer wertlos ist. Sollte der aktuelle Kurs aber unter den Basispreis fallen, so wird der Käufer seine Verkaufsoption ausüben und die Zahlung der Differenz verlangen. Im schlimmsten Fall kann der zugrundeliegende Vermögensgegenstand wertlos sein. Dann wäre der Verkäufer verpflichtet, den Basispreis für einen wertlosen Vermögensgegenstand zu zahlen. Der Verlust durch die Verkaufsoption wäre dann gleich dem Basispreis.

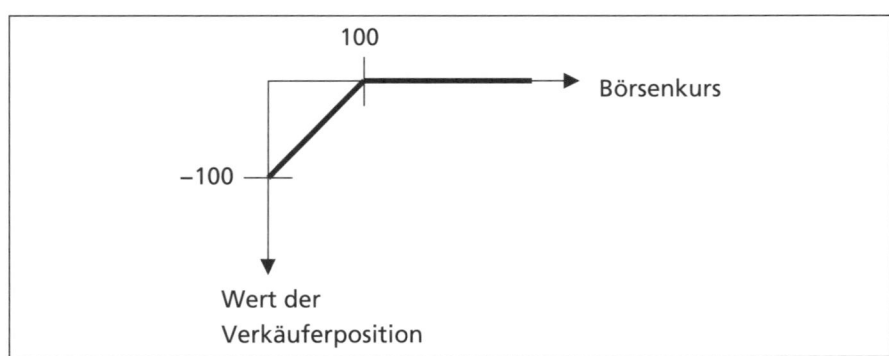

Abbildung 4.19: Gewinn für den Verkäufer eines Puts (Short Put)

Unter Berücksichtigung eines angenommenen Kaufpreises von 10 Euro verschiebt sich die Kurve um jeweils 10 nach oben (Abbildung 4.20).

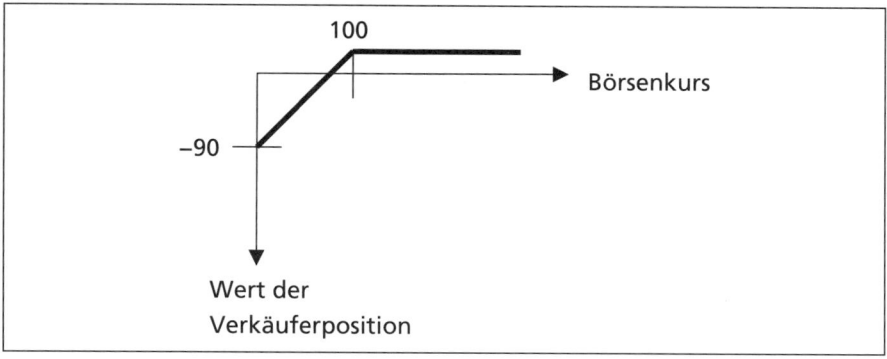

Abbildung 4.20: Gewinn für den Verkäufer eines Puts (Short Put) unter Berücksichtigung des Kaufpreises

4.6.3 Optionsbewertung

4.6.3.1 Einflussfaktoren des Optionspreises

Während bislang nur der Wert einer Option bei Fälligkeit betrachtet wurde, soll im Folgenden der Marktwert während der Laufzeit ermittelt werden. Dieser lässt sich zumindest näherungsweise über den Wert bei Fälligkeit bestimmen, indem man folgende Argumentation anlegt: Bei einem Ausübungspreis von 100 wäre die Kaufoption wertlos, wenn der aktuelle Kurs am Fälligkeitstag unter 100 läge. Im anderen Fall beträgt der Wert der Kaufoption die Differenz zwischen dem aktuellen Kurs und dem Ausübungspreis. Dies wird in Abbildung 4.21 durch die bekannte dicke Linie dargestellt. Diese dicke Linie stellt die absolute Wertuntergrenze der Option dar, da vor Fälligkeit der Marktwert der Option niemals **unterhalb** diese Line fallen kann. Lägen der Marktwert der Option beispielsweise bei 50 und der Wert der Aktien bei 200, so würde sich für jeden Investor der Kauf der Option lohnen. Dann könnte er sie für zusätzliche 100 ausüben und die Aktien zum Kurs von 200 verkaufen. Durch diese risikolose Transaktion könnte ein Gewinn von 50 erzielt werden (Arbitrage). Allerdings würde dies zu einem Anstieg des Marktwerts der Option auf die dicke Linie führen, die somit die Untergrenze darstellt.

Neben der Untergrenze kann jedoch auch eine Obergrenze für den Wert der Option ausgemacht werden, die durch die diagonale Linie in Abbildung 4.21 dargestellt wird. Dies hängt damit zusammen, dass eine Option nicht ausgeübt werden muss, sondern sich der Kurs der Aktie bis zum Fälligkeitstag noch verändern kann (Zeitwert). Wenn der Börsenkurs am Fälligkeitstag über dem Optionspreis liegt, so ist der Wert der Kaufoption der Börsenkurs abzüglich des Optionspreises. Wenn der Börsenkurs hingegen unter dem Optionspreis liegt, so ist die Kaufoption zurzeit wertlos, während die Aktie einen positiven

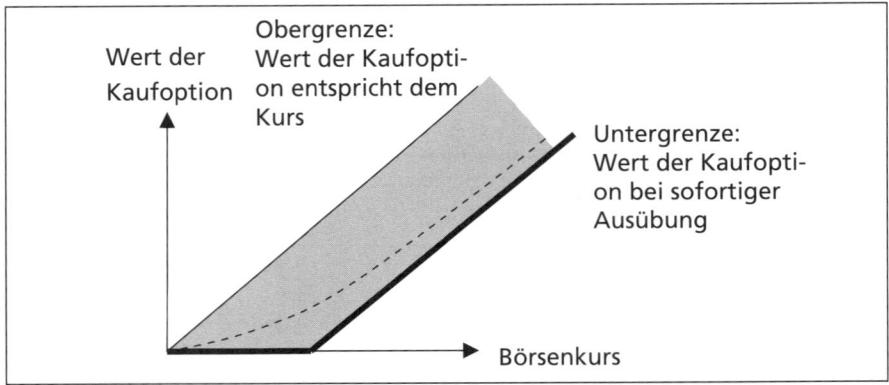

Abbildung 4.21: Wert eines Calls vor Ende der Optionslaufzeit

Wert aufweist. Wenn die Variable P den Börsenkurs am Fälligkeitstag der Option angibt und der Ausgabepreis der Option 100 beträgt, so können zwei Fälle unterschieden werden:

1. P ist größer als 100: Die Kaufoption wird ausgeübt.

2. P ist kleiner oder gleich 100: Die Kaufoption wird nicht ausgeübt.

Es ist unmittelbar einsichtig, dass die Aktie in jedem Fall den Wert P aufweist. Die Kaufoption hat im Fall 1 einen Wert von P – 100 und im Fall 2 einen Wert von null. Die Differenz zwischen dem Wert der Aktie und der Kaufoption beträgt damit 100 (Fall 1) bzw. P (Fall 2). Wenn der Börsenkurs und der Optionspreis gleich sind, wird jeder Investor seine Option verkaufen, um Aktien zu kaufen. Daher muss der Optionspreis im grau schraffierten Bereich der Abbildung 4.21 liegen. Den zu erwartenden Verlauf des Marktwerts der Kaufoption stellt die gestrichelte Linie dar, die im Nullpunkt ihren Ursprung hat und sich immer mehr der Untergrenze annähert.

4.6.3.2 Optionsbewertung mittels des Binomialmodells

Der Wert einer Aktienoption setzt sich – wie im vorigen Abschnitt erläutert – aus zwei Komponenten zusammen. Der **innere Wert** entspricht dem möglichen Gewinn bei sofortiger Ausübung. Bei einer Kaufoption entspricht er dem Betrag, um den der aktuelle Aktienkurs den Basispreis übersteigt, bei einer Verkaufsoption wird er genau umgekehrt ermittelt. Die zweite Komponente des Optionswerts ist der **Zeitwert**, der durch die Möglichkeit entsteht, die unsichere Entwicklung des Aktienkurses abzuwarten, bevor eine Kauf- oder Verkaufsentscheidung getroffen wird. Am Ende der Optionslaufzeit ist der Wert einer Aktienoption eindeutig bestimmt. Er entspricht dann dem inneren Wert. Welchen Wert besitzt eine Aktienoption jedoch zu Beginn bzw. während der Optionslaufzeit?

Diesem Problem widmet sich die Optionspreistheorie. Die Bewertung von Optionen vor dem Laufzeitende beruht auf der Grundannahme eines arbitragefreien Kapitalmarktes. Unter dieser Annahme müssen eine Option und ein Portfolio, das die möglichen Rückflüsse der Option genau dupliziert, den gleichen Wert haben. Ein solches Portfolio kann für eine Aktienoption durch den Kauf oder Verkauf von Aktien des Typs, auf den die Option ausgestellt ist, und eine gleichzeitige Kreditaufnahme oder Kapitalanlage gebildet werden.

Die Bewertung soll am Beispiel einer europäischen Kaufoption verdeutlicht werden. Dazu wird angenommen:

- Es besteht ein friktionsloser und kompetitiver Kapitalmarkt. Insbesondere existieren keine Transaktionskosten oder Steuern. Leerverkäufe sind uneingeschränkt möglich. Die Kapitalmarktteilnehmer sind Mengenanpasser.

- Der risikolose Zinsfuß ist im Zeitablauf konstant. Zu diesem Zinsfuß können Kapitalmarktteilnehmer beliebig Kapital anlegen bzw. aufnehmen.

- Die Kapitalmarktteilnehmer haben homogene Erwartungen bezüglich der möglichen Aktienkurse am Verfalltag der Option.

Aufgrund der Annahme eines **einperiodigen Binomialprozesses** können am Verfalltag der Option nur zwei Aktienkursausprägungen auftreten. Ausgehend vom heutigen Aktienkurs K_0 wird der Aktienkurs bis zum Ende der Optionslaufzeit in T entweder auf $u \cdot K_0$ steigen oder auf $d \cdot K_0$ fallen. Für den Fall, dass der Aktienkurs den Basispreis B übersteigt, ist der Optionswert am Verfalltag gleich der Differenz zwischen Aktienkurs und Basispreis, ansonsten ist die Option wertlos.

Um nun die Realoption (Call) zu bewerten, bildet man ein sogenanntes **Duplikationsportfolio (Arbitrageportfolio)** (Annahme: Eigenkapital ist nicht vorhanden, so dass der Erwerb der Investition vollständig fremdfinanziert erfolgt) aus

- der zugrundeliegenden Investition, die erworben werden soll,

- der Realoption (Call der Investition), die zur Finanzierung der Investition verkauft wird, und

- einer Kreditaufnahme zu einem risikolosen Zinssatz, die den restlichen Betrag zum Erwerb der Investition finanziert.

Dieses Arbitrageportefeuille wird so gebildet, dass es die gleiche Zahlungsstromentwicklung aufweist wie die Realoption (Call). Da die Zahlungsströme der Investition und der Fremdfinanzierung bekannt sind oder den Erwartungswerten entsprechen, lässt sich so der Wert des Calls berechnen. Allgemein kann man das Arbitrageportefeuille wie folgt charakterisieren:

t_0	t_{1d} (Wertverfall)	t_{1u} (Wertanstieg)
Verkauf von n Calls mit dem Wert in t_0 ($+nC_0$)	Ausübung von n Calls am Verfalltag bei gesunkenem Wert ($-nC_{1d}$)	Ausübung von n Calls am Verfalltag bei gestiegenem Wert ($-nC_{1u}$)
Aktienkurs ($-K_0$)	Aktienkurs bei gesunkenem Wert ($+K_{1d}$)	Aktienkurs bei gestiegenem Wert ($+K_{1u}$)
Kreditaufnahme ($+L_0$)	Kreditrückzahlung ($-L_1$)	Kreditrückzahlung ($-L_1$)
Portfoliowert = 0	**Portfoliowert = 0**	**Portfoliowert = 0**

Beispiel:

Bei einem Aktienkurs von 30 Euro (= K_0), einer möglichen Steigung von 25 %
(u = 1,25) und einer möglichen Senkung von 20 % (d = 0,8) sowie einer dreimona-
tigen Optionslaufzeit wird der Aktienkurs in drei Monaten entweder 37,5 Euro
(= u · K_0) oder 24 Euro (= d · K_0) betragen. Bei einem Basispreis von 32,5 Euro
(= B) nimmt die Option am Verfalltag in Abhängigkeit der Umweltzustände 1
und 2 folgende zwei Werte an:

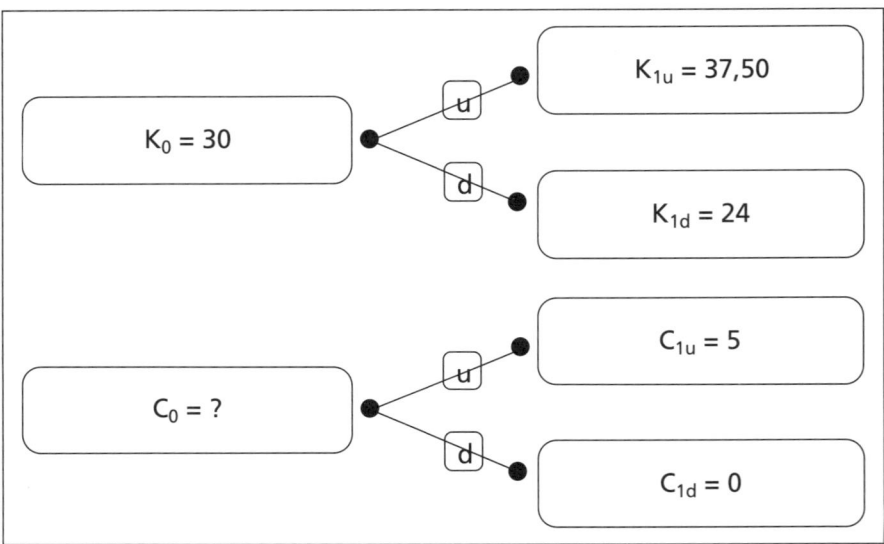

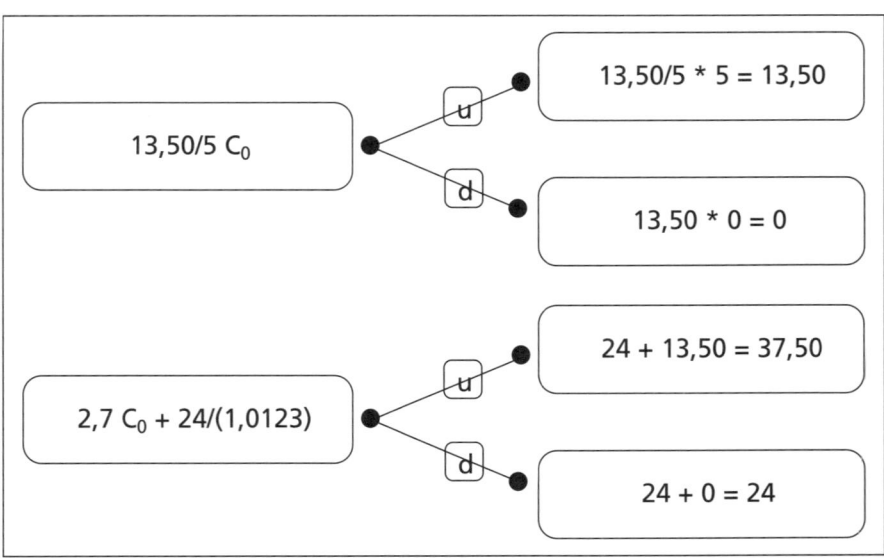

Für das Arbitrageportfolio ergibt sich damit folgende Gleichung:

$$K_0 = 30 = 2,7 \cdot C_0 + \frac{24}{1,0123}$$
$$30 = 2,7 \cdot C_0 + 23,71$$
$$6,29 = 2,7 \cdot C_0$$
$$2,33 = C_0$$

Für die Bewertung der Investitionsmöglichkeit W_0 liegen nun folgende Daten vor. Der Barwert des Bezugsguts (= geschätzter Marktpreis) beläuft sich auf 100 Mio. Euro. Der Markteintritt der neuen Produktgruppe macht eine Investitionsauszahlung zum Ausbau des Vertriebsnetzes von 90 Mio. Euro erforderlich. Tritt nach einem Jahr Szenario 1 ein, verdoppelt sich der Gegenwartswert des Bezugsguts. Dies entspricht einer Steigerung von 100 % bzw. einem Steigungsfaktor von 2. Tritt Szenario 2 ein, verringert sich der Gegenwartswert um die Hälfte, was einem Senkungsfaktor von 0,5 entspricht. Die Entscheidung für oder gegen den Markteintritt wird nach einem Jahr getroffen, so dass die Laufzeit der Investitionsmöglichkeit ein Jahr beträgt. Der risikolose Zinsfuß soll sich auf 5 % belaufen.

Barwert des Bezugsguts:	$I_0 = 100$ Mio. Euro
Investitionsauszahlung:	$B = 90$ Mio. Euro
Steigungsfaktor:	$u = 2$
Senkungsfaktor:	$d = 0,5$
Risikoloser Zinsfuß der Teilperiode:	$r_f = 5\,\%$
Optionslaufzeit:	$T = 1$ Jahr

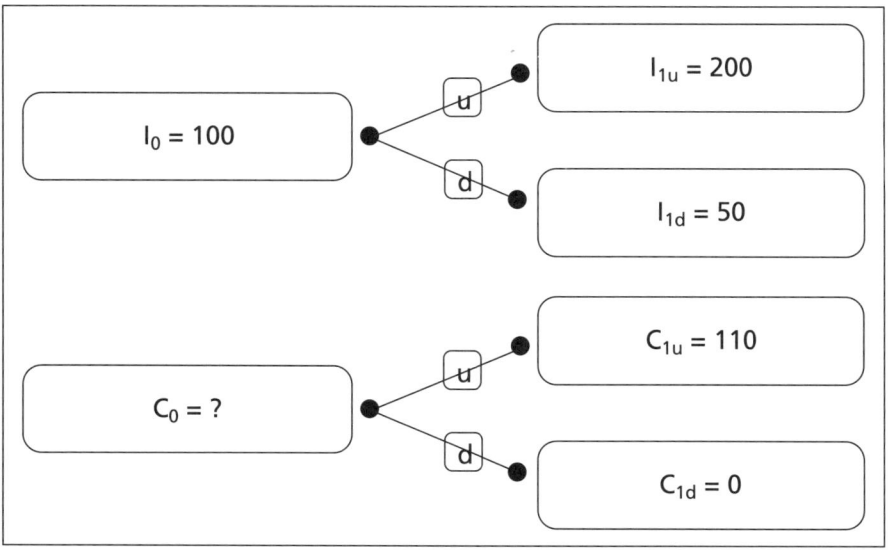

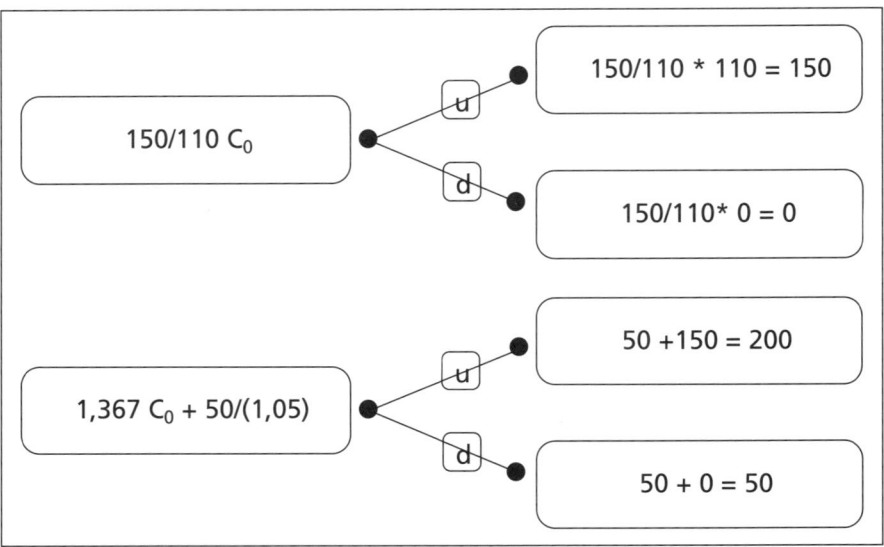

Für das Arbitrageportfolio ergibt sich damit folgende Gleichung:

$$I_0 = 100 = 1,36 \cdot C_0 + \frac{50}{1,05}$$

$$52,38 = 1,36 \cdot C$$

$$C_0 = 38,52$$

Abbildung 4.22 zeigt den Binomialbaum für die Investitionsmöglichkeit. $V_{t,s}$ beschreibt den Wert des Bezugsguts zum Zeitpunkt t im Umweltzustand s, $KW_{t,s}$ den entsprechenden Kapitalwert nach Abzug der Investitionsauszahlung und $W_{t,s}$ den Wert der Investitionsmöglichkeit.

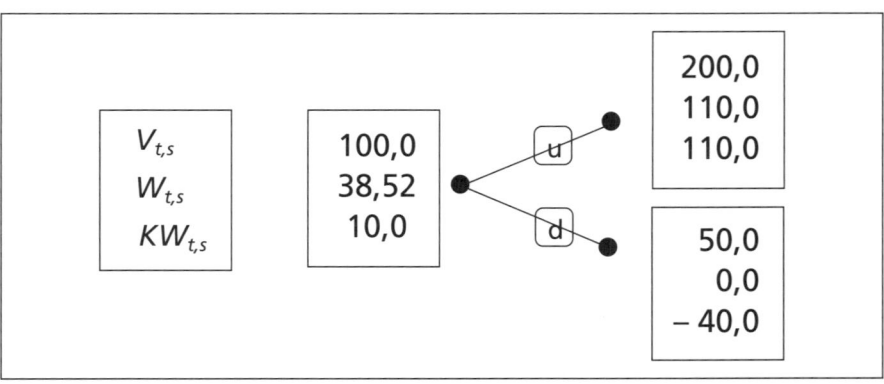

Abbildung 4.22: Einperiodiges Binomialmodell (Laufzeit ein Jahr)

Der aktuelle Wert der Investitionsmöglichkeit von 38,52 Mio. Euro ist ein Flexibilitätswert, der durch die Möglichkeit entsteht, die unsichere Umfeldentwicklung vor der endgültigen Entscheidungsfindung abzuwarten, die in der traditionellen Kapitalwertberechnung nicht berücksichtigt wird. Würde das Unternehmen die Investitionsentscheidung aufgrund des positiven Kapitalwerts sofort treffen, würde es auf den Flexibilitätswert verzichten. Es gilt:

> Wert der Investitionsmöglichkeit = Kapitalwert + Flexibilitätswert

Der Wert des Unternehmens B aus Sicht des Unternehmens A setzt sich aus dem oben ermittelten Kapitalwert (oder auch DCF) von 195 Mio. Euro und dem Wert der Investitionsmöglichkeit in Höhe von rund 38,52 Mio. Euro zusammen. Die Preisobergrenze beim Erwerb des Unternehmens B beläuft sich unter diesen Annahmen auf 233,52 Mio. Euro.

4.6.4 Realoptionen

Die Kapitalwertmethode erlaubt grundsätzlich die Beurteilung einer Investitionsalternative, indem diese bei der Prognose der Ein- und Auszahlungen zugrunde gelegt wird. Sie versagt jedoch bei komplexen Investitionen, bei denen die Planung mit einer solchen Unsicherheit verbunden ist, dass ihre Beurteilung zwar qualitativ, jedoch nicht quantitativ möglich ist. Denn selbst die flexible Planung setzt die Kenntnis von Wahrscheinlichkeitsverteilungen voraus. Beispielsweise dient ein grenzüberschreitender Unternehmenskauf dazu, in einem Land Fuß zu fassen und weitere Investitionen zu tätigen (Brückenkopfakquisition). In diesem Fall liegt das strategische Ziel des Unternehmenskaufs nicht in den Ein- und Auszahlungen des erworbenen Unternehmens, sondern in den weiteren Entwicklungsmöglichkeiten, die mit diesem Unternehmen verfolgt werden können. Dies hat zur Folge, dass das erworbene Unternehmen nicht isoliert bewertet werden kann, sondern nur zusammen mit den übrigen, noch ausstehenden Maßnahmen zur Verwirklichung der Strategie, da es mit diesen eine Erfolgseinheit bildet. Gerade solche strategischen Werte lassen sich jedoch nur schwer mit der Kapitalwertmethode erfassen. Aufgrund der Unsicherheit der zukünftigen Entwicklungsmöglichkeiten ist es denkbar, dass nicht einmal Wahrscheinlichkeitsvorstellungen hinsichtlich der Ein- und Auszahlungen in verschiedenen Umweltzuständen existieren. Die hier zu bewältigende Problematik liegt in der Tatsache, dass lediglich Potenziale, also Wahlmöglichkeiten, eröffnet werden, deren Ausschöpfung jedoch erst zu finanzwirtschaftlich bewertbaren Ein- und Auszahlungen führt. Die Kapitalwertmethode versagt daher gerade bei der Bewertung von Unternehmen im Hochtechnologiebereich. Zwar kann eine vereinfachte Ermittlung erfolgen, indem die Ein- und Auszahlungen ab einer bestimmten Periode mit Hilfe einer Wachstumsrate berücksichtigt werden. Dabei werden sich jedoch Ungenauigkeiten bezüglich der geschätzten Wachstumsrate der Ein- und Auszahlungen relativ stark auf den ermittelten Unternehmenswert auswirken.

Beispiel:

Als anschauliches Anwendungsbeispiel wird häufig die Bewertung von Start Up Unternehmen im Bereich der Biotechnologie genannt. Da die etablierten Unternehmen der pharmazeutischen Industrie historisch aus dem Chemie-Sektor stammen, verfügten sie gerade in diesem Bereich lediglich über geringe Kompetenzen. Die Biotechnologie Start Up Unternehmen besaßen in der Anfangsphase zu Beginn der 1970er Jahre dagegen nicht mehr als exzellente Wissenschaftler und „gute Ideen"; selbst in einer langfristigen Betrachtung war nicht abzusehen, ob sie jemals marktfähige Produkte (und damit positive Cash Flows) hervorbringen würden. Es war allerdings absehbar, dass diese neuen Technologien ein ungeheures Potenzial aufweisen würden. Bei einer alleinigen Orientierung an den durch die Akquisition eines solchen Unternehmens verursachten Cash Flows wäre die Akquisition allerdings eindeutig als unvorteilhaft anzusehen gewesen, da meist noch viele Jahre ausschließlich negative Cash Flows prognostiziert wurden. Ein solches Vorgehen vernachlässigt jedoch die Tatsache, dass es nicht die zugrunde liegende Unternehmensstrategie war, sofort hohe Cash Flows zu erzielen, sondern an den Chancen dieses Marktes (sowie der zugehörigen Technologie) zu partizipieren.

Investitionsmöglichkeiten weisen viele Parallelen zu Finanzoptionen auf. Eine Investitionsmöglichkeit stellt die Gelegenheit dar, gegen Entrichtung der Investitionsauszahlung ein Vermögensgut mit unsicherer Wertentwicklung zu erwerben. Dieses Vermögens- bzw. Bezugsgut ist durch den Gegenwartswert der aus der Investition resultierenden Rückflüsse gekennzeichnet. Die Investitionsauszahlung lässt sich als Basispreis interpretieren. Eine Verschiebung der Investitionsentscheidung geht i. d. R. mit zusätzlichen Informationen über den tatsächlichen Wert des durch die Investition erhaltenen Vermögensguts einher. In der Zukunft kann die endgültige Investitionsentscheidung aufgrund einer verbesserten Informationsbasis getroffen werden. Der Zeitraum, bis zu dessen Ende mit der Investitionsentscheidung gewartet werden kann, stellt die Optionslaufzeit einer solchen Realoption dar. Da in den meisten Fällen Investitionsentscheidungen zu einem beliebigen Zeitpunkt getroffen werden können, entsprechen Investitionsmöglichkeiten i. d. R. amerikanischen Optionen. Jedoch sind auch Beispiele denkbar, in denen eine bestimmte Investition erst nach Ablauf einer Frist möglich oder sinnvoll ist (z. B. behördliche Genehmigungsfristen).

Kaufoption auf Aktien	Investitionsmöglichkeit
Aktienkurs (K_0)	Barwert der erwarteten Rückflüsse (ohne Investitionsauszahlung) (I_0)
Basispreis (B)	Künftige Investitionsauszahlung (B)
Optionslaufzeit	Zeitraum, bis zu dessen Ende mit der Investitionsentscheidung gewartet werden kann

Tabelle 15: Parallelen zwischen Finanzoptionen und Investitionsmöglichkeiten

Investitionsmöglichkeiten lassen sich je nach Art der anstehenden Entscheidung klassifizieren. Im Zusammenhang mit strategischen Akquisitionen sind speziell **Wachstums-, Umstellungs- und Desinvestitionsoptionen** zu unterscheiden.

Im Rahmen einer strategischen Akquisition werden neben dem eigentlichen Erwerb des Unternehmens vor allem **zusätzliche Investitionsmöglichkeiten** gesehen. Wird durch die Realisation des Anfangsprojekts (Akquisition eines Unternehmens) die Möglichkeit geschaffen, in ein eigenständiges Folgeprojekt (z. B. die Möglichkeit zur Erschließung eines neuen Markts) zu investieren, handelt es sich hierbei um eine **Wachstumsoption.** Besteht die Möglichkeit das Anfangsprojekt zu „vergrößern", kann von einer Erweiterungsoption gesprochen werden. Diese ist z. B. beim Erwerb einer Minderheitsbeteiligung (bzw. eines Joint Ventures) gegeben, wenn neben dem Kauf der aktuellen Beteiligungstranche zusätzlich die Möglichkeit eines (zukünftigen) Erwerbs weiterer Anteile zu einem bereits heute festgelegten Preis ausgehandelt wird.

Umstellungsoptionen ermöglichen die Entscheidung zwischen zwei alternativen Verwendungsmöglichkeiten eines bestimmten „Vermögensguts". Eine Umstellungsoption besteht z. B., wenn über das Vertriebsnetz des Akquisitionskandidaten mehrere Produktgruppen alternativ vertrieben werden können. Entwickelt sich der Absatzmarkt für Produkte des Akquisitionskandidaten unvorteilhaft, kann das Vertriebsnetz zum Absatz der Produkte des Erwerbers genutzt werden.

Mit Akquisitionen können auch **Desinvestitionsmöglichkeiten** verbunden sein. Sie ermöglichen eine vollständige oder teilweise Wiedergewinnung des ursprünglich gezahlten Kaufpreises. Bezugsgut einer Desinvestitionsoption ist somit das gesamte akquirierte Unternehmen oder ein Teil des Unternehmens. Die Möglichkeit, Anteile einer erworbenen Beteiligung wieder verkaufen zu können, ist ein typisches Beispiel für eine solche Option. Desinvestitionsoptionen dienen i. d. R. nicht der strategischen Zielsetzung einer Akquisition. Der Risikoreduktionseffekt, der von ihnen ausgeht, sollte aber bei der Bewertung nicht vernachlässigt werden.

Beispiel:

Als Beispiel sei ein Unternehmen A betrachtet, das plant, ein anderes Unternehmen B zu erwerben. Durch die Akquisition erwirbt Unternehmen A einen Anspruch auf die künftig von Unternehmen B erwirtschafteten Rückflüsse. Die aus dem bestehenden Geschäft des Unternehmens B erwarteten Rückflüsse werden zusammen mit erwarteten Kostenersparnissen durch Zusammenlegung von Verwaltungsaktivitäten in periodenindividuellen Cash Flows erfasst und mit einem einheitlichen risikoadjustierten Zinsfuß von 10 % p. a. abgezinst (traditioneller Ertragswert bzw. Discounted Cash Flow). Bei der Prognose der Cash Flows wird ab dem fünften Jahr vereinfachend von einem konstanten (unendlichen) Cash Flow ausgegangen. Bei prognostizierten Rückflüssen in Höhe von $CF_1 = 15$, $CF_2 = 18$, $CF_3 = 20$, $CF_4 = 22$, sowie ab t_5 CF = 20 Mio. Euro beläuft sich der Kapitalwert auf 195 Mio. Euro.

$$K_0 = \frac{15}{1,1} + \frac{18}{1,1^2} + \frac{20}{1,1^3} + \frac{22}{1,1^4} + \frac{20}{0,1 \cdot 1,1^4} = 195 \; Mio. \, Euro$$

Neben den aus dem bestehenden Geschäft und der Zusammenlegung von Verwaltungsaktivitäten realisierbaren Cash Flows wird von Unternehmen A die Möglichkeit gesehen, mit Hilfe von Unternehmen B in Zukunft eine weitere, bisher nicht vertriebene Produktgruppe auf den Markt zu bringen. Die Entscheidung über die Einführung dieser neuen Produktgruppe und die dafür notwendige Ausweitung des bestehenden Vertriebsnetzes soll nach eingehender Marktbeobachtung getroffen werden. Für diese sei zunächst ein Zeitraum von einem Jahr angenommen. Die Ausweitung des Vertriebsnetzes hätte eine Investitionsauszahlung von 90 Mio. Euro zur Folge. Die Existenz dieser Investitionsmöglichkeit erhöht den Preis, den Unternehmen A maximal für Unternehmen B zu zahlen bereit ist. Abbildung 4.23 stellt die beiden Komponenten des so definierten strategischen Unternehmenswerts dar.

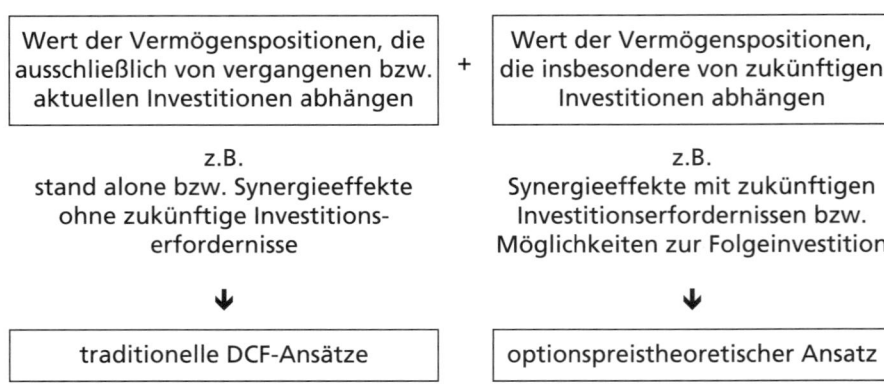

Abbildung 4.23: Komponenten des strategischen Unternehmenswerts

Für den Zeitpunkt der Markteinführung der neuen Produktgruppe werden zwei gleichwahrscheinliche Szenarien erwartet. Bei Eintritt von Szenario 1 kann mit einer sehr hohen Nachfrage und einem Gegenwartswert der Investitionsmöglichkeit von 200 Mio. Euro gerechnet werden. Tritt Szenario 2 ein, ist von einer niedrigen Nachfrage und einem Gegenwartswert von 50 Mio. Euro auszugehen. Unabhängig davon, ob die Entscheidung heute oder in einem Jahr getroffen wird, werden Rückflüsse aus dem Investitionsobjekt erst in zwei Jahren erwartet.

Unternehmen A ist nicht verpflichtet, die Markteinführung der neuen Produktgruppe vorzunehmen. Es wird die Möglichkeit wahrnehmen, falls zum Entscheidungszeitpunkt der Gegenwartswert der erwarteten Rückflüsse die notwendige Investitionsauszahlung übersteigt. Dies ist dann der Fall, wenn die einjährige Marktbeobachtung zum Ergebnis geführt hat, dass Umweltzustand 1 eingetreten ist.

Die Möglichkeit, die Investitionsentscheidung in die Zukunft zu verschieben hat einen ökonomischen Wert, der in der oben skizzierten Vorgehensweise des DCF-Konzepts nur schwer bzw. nicht erfasst werden kann. Die Diskontierung mit einem periodenunabhängigen risikoadjustierten Zinsfuß impliziert ein konstantes Risiko der zu bewertenden Rückflüsse im Zeitablauf. Dies ist jedoch nicht mehr gegeben, wenn Investitionsentscheidungen erst in der Zukunft in Abhängigkeit von Umweltentwicklungen getroffen werden.

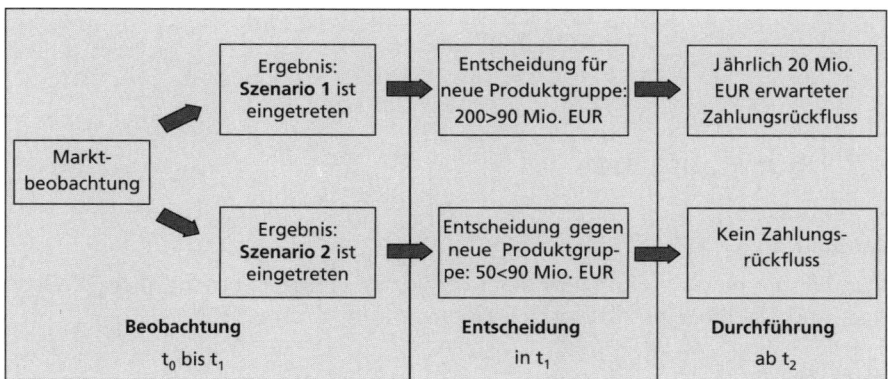

Abbildung 4.24: Markteintrittsentscheidung für die neue Produktgruppe

Bei der Anwendung von Optionsbewertungsmodellen auf Realoptionen stellt sich das zusätzliche Problem, dass das Bezugsgut der Option – die künftig erwarteten Cash Flows – nicht auf einem organisierten Markt gehandelt wird. Es existiert deshalb kein Marktpreis, in dem sich die tatsächlich erwarteten Eintrittswahrscheinlichkeiten sowie die Risikopräferenzen der Marktteilnehmer widerspiegeln. Während z. B. bei Aktienoptionen der Aktienkurs den Marktpreis repräsentiert, muss hier vor der eigentlichen Optionsbewertung der „Marktpreis" des Bezugsguts erst noch ermittelt werden.

Zur Lösung dieses Problems bieten sich zwei Möglichkeiten an. Zum einen kann der Marktpreis mit Hilfe eines marktgängigen, in der Risikostruktur stark korrelierenden Vermögenstitels abgeschätzt werden. So wird beispielsweise vorgeschlagen, die Preisentwicklung natürlicher Ressourcen (Gold, Kupfer, Öl) zur Bewertung von Gold- und Kupferminen bzw. Ölbohrrechten zu nutzen. Zum anderen kann der Marktpreis des Bezugsguts durch Diskontierung der erwarteten Investitionsrückflüsse mit einem über den Kapitalmarkt ermittelten risikoadjustierten Zinsfuß bestimmt werden. Dabei kann auf Standardbewertungsmethoden zur Ermittlung eines Barwerts, wie z. B. traditionelle DCF-Ansätze, zurückgegriffen werden. Deren Ziel ist ohnehin die Bestimmung eines Werts, zu dem ein Investitionsobjekt am Kapitalmarkt unter den in diesen Modellen angenommenen Bedingungen gehandelt **würde.**

Zur Bestimmung eines solchen Barwerts werden tatsächlich erwartete Eintrittswahrscheinlichkeiten und Risikopräferenzen benötigt, was auf den ersten Blick als Rückschritt erscheinen mag. Die Anwendung von Standardbewertungsmethoden erfordert jedoch die gleichen Informationen. Der hier vorgestellte Lösungsansatz bietet den Vorteil, diesen Schritt einmalig bei der Bewertung des Bezugsguts und nicht mehr im Rahmen der Realoptionsbewertung durchführen zu müssen. Die Bewertung der Investitionsmöglichkeit kann anschließend ohne Kenntnis eines hierfür adäquaten risikoadjustierten Zinsfußes stattfinden.

Für die Periode der Marktbeobachtung soll ein risikoadjustierter Zinsfuß von 25 % p. a. gelten. Der Barwert des Bezugsguts V_0 beträgt somit 100 Mio. Euro.

$$V_0 = \frac{0,5 \cdot 200 + 0,5 \cdot 50}{1,25} = 100 \; Mio. \, Euro$$

4.7 Übungsaufgaben

Aufgabe 4.1

Wie könnte man das Konzept des Korrekturverfahrens beschreiben? Welche Vor- und Nachteile beinhaltet diese Konzeption?

Aufgabe 4.2

Als Assistent des Leiters des Rechnungswesens der Mammut AG sollen Sie überprüfen, ob es sich lohnt, die Gottschalk GmbH, die Gummibärchen produziert und vertreibt, zu erwerben. Aufgrund der unsicheren Datenlage werden die der Investitionsrechnung zugrundeliegenden Daten vereinfachend für eine unendliche Lebensdauer der Gottschalk GmbH prognostiziert. Man geht auf dieser Grundlage davon aus, dass die Absatzmenge für den unendlichen Planungshorizont konstant 60 Mio. Stück beträgt. Der zu realisierende Absatzpreis liegt bei 2,25 Cents/Gummibärchen und die Herstellkosten betragen pro Gummibärchen 0,25 Cents.

Die Gottschalk GmbH soll 8 Mio. EUR kosten. Andere ähnliche Beteiligungen der Mammut AG rentieren sich derzeit zu 12 %.

a) Verwenden Sie ein geeignetes Investitionskalkül, um festzustellen, ob der Kauf der Beteiligung vorteilhaft ist.

b) Kurz vor dem Kauf der Beteiligung trübt sich die Konjunktur merklich ein. Dies führt dazu, dass die Absatzmenge der Gummibärchen nur noch auf 50 Mio. Stück (pro Jahr für einen unendlichen Planungshorizont) geschätzt wird (vereinfachend sollen Absatzpreis und Herstellkosten pro Stück unverändert bleiben). Durch das konjunkturelle höhere Risiko legt die Mammut AG eine risikoadäquate Mindestverzinsung von 20 % zugrunde. Überprüfen Sie die sich nun ergebende Vorteilhaftigkeit des Kaufs der Beteiligung.

c) Ermitteln Sie die pro Jahr konstante Mindestabsatzmenge an Gummibärchen, die für einen unendlichen Zeithorizont erzielt werden muss, damit sich auch unter konjunkturell schlechten Vorzeichen der Erwerb der Gottschalk GmbH für die Mammut AG lohnt!

Aufgabe 4.3

Was verstehen Sie unter der Sensitivitätsanalyse?

Aufgabe 4.4

Wie kann der Ablauf der Sensitivitätsanalyse dargestellt werden? Geben Sie ein Beispiel zur Illustration an!

Aufgabe 4.5

Das Spielwarenunternehmen Toys AG steht vor der Wahl eine neue Produktionsanlage für die Produktion von Spielzeugwaren zu erwerben. Zur Auswahl stehen die Anlagetypen U und Z. Der Typ U kostet 100.000 EUR in der Anschaffung, Z hingegen 140.000 EUR. Bei der Produktion auf der Anlage U wird ein Absatzpreis der Spielzeugbagger pro Stück von 10 EUR erwartet, bei der Produktion auf der Anlage Z können aufgrund einer höheren Qualität voraussichtlich 11 EUR pro Bagger erlöst werden. Die variablen Stückkosten betragen 6 EUR. Fixkosten fallen vereinfachend nicht an. Die Produktion auf den Anlagen U und Z soll aufgrund von Produktionsumstellungen auf zwei Jahre begrenzt sein. Die Verzinsung für alternative Kapitalanlagen der Toys AG beträgt 10 %.

a) Im Rahmen der Bandbreitenanalyse erwartet die Toys AG bei der Produktion auf der Anlage U ein Absatzvolumen zwischen 10.000 Stück und 18.000 Stück. Wie beurteilen Sie dafür die Vorteilhaftigkeit der Investition?

b) Berechnen Sie für den Produktionszeitraum von zwei Jahren die konstante, kritische Absatzmenge x pro Jahr für die Anlagen U und Z.

c) Tatsächlich erweist sich beim Kauf der Anlage U ein Absatz von 12.000 Stück und beim Kauf der Anlage Z ein Absatz von 20.000 Stück als durchsetzbar. Ermitteln sie dafür die konstanten kritischen Absatzpreise p pro Jahr.

Aufgabe 4.6

Beschreiben Sie die einzelnen Stufen der Risikoanalyse an einem Beispiel!

Aufgabe 4.7

Beurteilen Sie die Risikoanalyse! Vergleichen Sie die Risikoanalyse mit der Sensitivitätsanalyse!

Aufgabe 4.8

Gegeben sei folgende Ergebnismatrix der Kapitalwerte für die Investitionsalternativen A_1, A_2 und A_3:

| | p = 0,2 | p = 0,4 | p = 0,4 |
	S_1	S_2	S_3
A_1	10	15	15
A_2	10	40	15
A_3	30	40	5

a) Beurteilen Sie die Investitionsalternativen nach der Erwartungswert-Regel. Welchen entscheidenden Nachteil weist diese Entscheidungsregel auf?

b) Ermitteln Sie die beste Investitionsalternative bei Verwendung der Präferenzfunktion $\Phi = \mu - a \cdot \sigma$ mit a = 0,2. Welchen entscheidenden Vorteil besitzt dieses Entscheidungsprinzip im Vergleich zur Erwartungswert-Regel?

Aufgabe 4.9

Welcher Unterschied besteht zwischen der starren und der flexiblen Planung im Rahmen von Investitionsentscheidungen?

Aufgabe 4.10

Warum kann die flexible Planung gegenüber der starren Planung nie von Nachteil sein, wenn die Planungskosten gleich hoch sind?

Aufgabe 4.11

Der Unternehmer Glaubwohl erwägt den Kauf einer Produktionsanlage zur Herstellung von Kugelschreibern, die im Planungszeitraum von zwei Perioden in Abhängigkeit vom Umweltzustand die folgenden Einzahlungsüberschüsse erwirtschaftet (in EUR):

	Gute Ertragslage	Schlechte Ertragslage
Periode 1	12.000,00	0,00
Periode 2	14.400,00	0,00

Der Kaufpreis für die Anlage beträgt 12.000,00 EUR und der Wiederverkaufspreis der Anlage beläuft sich auf 6.000,00 EUR (unabhängig von der Ertragslage) nach einer Periode 1 und 4.320,00 EUR nach der Periode 2. Der Unternehmer geht von einem Kalkulationszinsfuß von 20 % aus.

a) Zunächst nimmt Glaubwohl an, dass in beiden Perioden mit Sicherheit eine gute Ertragslage vorliegt. Entscheiden Sie über die Vorteilhaftigkeit der Investition.

b) Nun überlegt Glaubwohl, was die Konsequenzen einer potentiell schlechten Ertragslage auf sein Investitionsprogramm wären. Er schätzt, dass in der 1. Periode mit 80 %iger Wahrscheinlichkeit eine gute Ertragslage vorliegen wird und beim Eintreten dieses Umweltzustandes in der folgenden 2. Periode die gute Ertragslage mit 80%iger Wahrscheinlichkeit erhalten bleibt.

Sollte es in der 1. Periode dagegen zu einer schlechten Ertragslage kommen, wäre in der darauffolgenden 2. Periode mit Sicherheit von einer schlechten Ertragslage auszugehen.

Glaubwohl ist risikoneutral und geht ansonsten von den gleichen Annahmen aus wie in Teilaufgabe a). Geben Sie den vollständigen Strategieplan mittels eines Entscheidungsbaumes an und bestimmen Sie die optimale Strategie mittels der Kapitalwertmethode.

Aufgabe 4.12

Welche grundlegenden Annahmen beinhaltet die Portfolio Selection-Theorie?

Aufgabe 4.13

Wann ist ein Portefeuille effizient, wann ist es optimal? Verdeutlichen Sie Ihre Antwort graphisch!

Aufgabe 4.14

Stellen Sie die möglichen Mengen von effizienten Portefeuilles in Abhängigkeit vom Korrelationskoeffizienten graphisch dar!

Aufgabe 4.15

Max Raffgier erhält von seiner Hausbank den Tipp, in Aktien der Automobil AG (A) und der Bahn AG (B) zu investieren. Zu seiner Entscheidungsfindung werden ihm folgende Daten an die Hand gegeben:

Umweltzustand	Benzin- preise steigen	KfZ- Steuer entfällt	Benzin- preise sinken	Tempolimit wird einge- führt
Wahrscheinlichkeit	0,2	0,3	0,15	0,35
Wertpapier A (Renditen in %)	5,5	7,5	8,0	2,0
Wertpapier B (Renditen in %)	11,0	6,5	4,0	7,0

Mit welchen Erwartungswerten, Varianzen und Standardabweichungen der Renditen der Wertpapiere A und B hat Raffgier zu rechnen? Berechnen Sie auch die Kovarianz und den Korrelationskoeffizienten!

Aufgabe 4.16

Die Erwartungswerte der Renditen der Wertpapiere A und B seien 0,25 und 0,15, die Standardabweichungen 0,3 und 0,1. Der Korrelationskoeffizient beträgt −0,2.

a) Errechnen Sie den Erwartungswert und die Standardabweichung der Portefeuillerendite bei folgenden Portefeuilleanteilen der beiden Wertpapiere:

(1) PF$_1$: $x_A = 0,5$ $x_B = 0,5$

(2) PF$_2$: $x_A = 0,75$ $x_B = 0,25$

b) Ermitteln Sie den Erwartungswert und die Varianz der Rendite des varianz-minimalen Portefeuilles, das aus den Wertpapieren A und B gebildet werden kann und berechnen Sie den entsprechenden Portefeuilleanteil x_A.

Aufgabe 4.17

Die Portfolio Selection-Theorie beschäftigt sich mit der Risikoreduktion durch die Mischung von Wertpapieren.

a) Welche Konsequenzen ergeben sich für die Entscheidungssituation eines Investors, wenn das Portfolio Selection-Modell für riskante Wertpapiere um eine risikolose Geldanlagemöglichkeit und eine Verschuldungsmöglichkeit zum (gleichen) risikolosen Zinssatz erweitert wird.

b) Geben Sie an, wie ein Investor investiert, dessen optimale Anlagemöglichkeit in der folgenden Grafik durch den Tangentialpunkt T gekennzeichnet ist, und errechnen Sie sowohl seinen erwarteten Gewinn als auch die Standard-abweichung des Gewinns am Periodenende.

- Das anzulegende Eigenkapital betrage 200.000 Geldeinheiten.
- Die erwartete Rendite μ_M des Marktportefeuilles M sei 15 %, ihre Standardabweichung μ_M 10 %.
- Der risikolose Zinssatz r_f betrage 7,5 %.
- U sei die Indifferenzkurve des Investors.

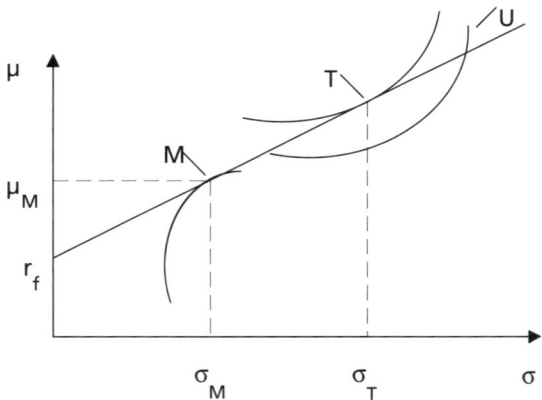

Aufgabe 4.18

Beschreiben Sie die grundsätzliche Logik des Capital Asset Pricing Models (CAPM) und erläutern die erforderlichen Annahmen des Modells.

Aufgabe 4.19

Welche Probleme können in der Praxisanwendung des CAPM auftreten?

Aufgabe 4.20

Wenn Investitionen unter Sicherheit zu beurteilen sind, verwendet man gern die Kapitalwertmethode, wobei man (im Einperiodenfall) prinzipiell mit

$$\text{Kapitalwert} = -\text{Investitionsauszahlung} + \frac{\text{BEZÜ}}{1 + \text{risikoloser Zinssatz}}$$

rechnet. Bei unsicheren Erwartungen verwendet man entsprechend

$$\text{Kapitalwert} = -\text{Investitionsauszahlung} + \frac{\text{BEZÜ}}{1 + \text{risikoloser Zinssatz} + \text{Risikoprämie}}$$

a) Beschreiben Sie, aus welchen Komponenten die Risikoprämie besteht, wenn man das CAPM zugrunde legt, und wie man vorgehen kann, um diese Komponenten zu ermitteln.

b) Üblicherweise sind Betafaktoren von Unternehmen aus der Versorgungsbranche niedriger als solche aus der High-Tech-Branche. Womit ist das zu erklären?

c) Firmen mit hohem Verschuldungsgrad haben höhere Betafaktoren als solche mit niedrigem Verschuldungsgrad. Worauf führen Sie das zurück?

Aufgabe 4.21

Ermitteln Sie (unter Angabe der Rechenwege):

a) den Erwartungswert der Rendite einer Aktie i mit einem β-Risiko von 0,8,

b) die Varianz des Marktportefeuilles, wenn die Kovarianz der Rendite der Aktie i mit der Rendite des Marktportefeuilles 0,25 beträgt,

c) den Kapitalwert einer einperiodigen Investition mit einem b-Risiko von 0,9, einer erwarteten Einzahlung von 116 und einer Auszahlung von 100.

Der risikolose Zinssatz beträgt 8 %, die erwartete Rendite des Marktportefeuilles 11 %.

Aufgabe 4.22

Als Finanzmanager eines am Kapitalmarkt gehandelten Unternehmens sollen Sie über die Vorteilhaftigkeit verschiedener Investitionsobjekte entscheiden. Die für die nächste Periode erwarteten Kapitalmarktdaten sehen wie folgt aus:

$\mu_M = 10\,\%$, $\sigma_M = 8\,\%$, $r_f = 7\,\%$

Welche der folgenden fünf Projekte sollen realisiert werden? Zeichnen Sie dazu die Projekte bezüglich ihrer Lage zur Marktbewertungslinie des CAPM in ein geeignetes Diagramm ein.

a) $\mu_A = 6\,\%$ $\text{cov}\,(r_A, r_M) = 0$

b) $\mu_B = 9\,\%$ $\text{cov}\,(r_B, r_M) = 0,32\,\%$

c) $\mu_C = 12\,\%$ $\text{cov}\,(r_C, r_M) = 1,28\,\%$

d) $\mu_D = 10\,\%$ $\beta_D = 0,83$

e) $\mu_E = 5\%$ $\qquad$ $\beta_E = 0{,}9$

Aufgabe 4.23

Erläutern Sie die Grundgeschäftsarten im Zusammenhang mit Optionen. Nennen Sie Beispiele.

5 Zusammenfassung

Nach der Lektüre des Repetitoriums ist der Leser mit den wesentlichen Ansätzen des Finanzmanagements zur Bestimmung optimaler Investitionen vertraut und kann ohne Angst und Prüfungsstress an die anstehenden Prüfungsaufgaben herangehen.

Dazu werden die Instrumente zur Erreichung optimaler Investitionsentscheidungen in drei Schritten vorgestellt:

Im zweiten Kapitel werden die Grundlagen zur Beurteilung von Investitionsobjekten vermittelt. Vor allem wird die Zielsetzung herausgearbeitet, unter der das Finanzmanagement optimale Investitionsentscheidungen zu treffen hat. Der Shareholder Value-Ansatz wird dazu identifiziert und erläutert. Dies ist wichtig, denn ohne die Kenntnis der Zielsetzung ist es nicht möglich, optimale Investitionsentscheidungen zu treffen.

Unter der Zielsetzung des Shareholder Value-Ansatzes ist eine Investition dann optimal, wenn bei Einzelentscheidungen ein positiver Kapitalwert erzielt und bei Auswahlentscheidungen die Investition mit dem höchsten Kapitalwert durchgeführt wird. Dazu erfolgt im dritten Kapitel unter der Annahme sicherer Erwartungen eine ausführliche Darstellung der Vorgehensweise zur Ermittlung des Kapitalwertes, auch unter Berücksichtigung von Fremdfinanzierung und Steuern. Die Bestimmung der optimalen Nutzungsdauer und des optimalen Ersatzzeitpunktes ist ebenfalls ein Entscheidungsproblem, das mit der Kapitalwertmethode gelöst werden kann.

Im vierten Kapitel werden Investitionsentscheidungen bei unsicheren Erwartungen erläutert. Hierzu erfolgt eine Aufteilung in die Verfahren (Korrekturverfahren, Sensitivitäts- und Risikoanalyse), die lediglich Unsicherheit transparent machen, ohne sie rechnerisch einbeziehen zu können. Diese Verfahren stellen lediglich entscheidungsvorbereitende Instrumente dar, deren Ergebnisse in die eigentlichen Methoden zur Beurteilung optimaler Investitionsentscheidungen eingehen. Von diesen Verfahren werden vor allem die Erwartungswert-Regel, das (μ,σ)-Prinzip, die flexible Planung sowie die Portfolio Selection-Theorie und das Capital Asset Pricing Model (CAPM) ausführlich beschrieben.

Vor allem die Portfolio Selection-Theorie und das Capital Asset Pricing Model (CAPM) sind heute wichtige Instrumente des modernen Finanzmanagements. Deshalb erfolgt eine ausführliche Erläuterung wie mit der Portfolio Selection-Theorie für risikoscheue Investoren ein Portefeuille unter Ausnutzung des Effektes der Risikoreduktion durch Diversifikation zusammengestellt werden kann. Weiterhin werden im Zusammenhang mit dem Capital Asset Pricing Model (CAPM) die einzelnen Komponenten systematisch beschreiben, mit denen es einem Entscheider möglich ist, einen risikoadäquaten Kalkulationszinssatz zur Beurteilung riskanter Investitionen zu bestimmen.

Darüber hinaus behandelt das vierte Kapitel die Optionspreisbewertung. Neben der Darstellung der Grundgeschäftsarten wird die Bewertung von Optionen mittels des Binomialmodells aufgezeigt. Aufgrund der steigenden Relevanz von Optionen im Rahmen von Investitionsentscheidungen, liegt ein weiterer Fokus auf den Realoptionen. Diese greifen den Optionscharakter im Zusammenhang mit Investitionsobjekten auf, um Wahl- und Handlungsmöglichkeiten umfassend abzubilden.

Lösungshinweise

zu Aufgabe 2.1

Monat	Einzahlung (+) Auszahlung (–)	Ertrag (+) Aufwand (–)	Leistung (+) Kosten (–)
Januar	–40.000 (2)		
Februar	–50.000 (1)		
März	–3.000 (5)	–10.000 (3) –3.000 (3)	–10.000 (3) –3.000 (3)
April		+20.000 (4)	+20.000 (4)
Mai	+20.000 (4)		
Juni			
Juli			
August			
September			
Oktober	–10.000 (5)		
November			
Dezember	–3.000 (6)	–4.000 (2) –3.000 (6)	–5.000 (2)
Jahressaldo	**–86.000**	**0**	**+2.000**

zu Aufgabe 2.2
s. Kapitel 2.1.3

zu Aufgabe 2.3
s. Kapitel 2.1.5

zu Aufgabe 2.4
s. Kapitel 2.1.1 und Kapitel 2.2

zu Aufgabe 2.5
s. Kapitel 2.2.2

zu Aufgabe 2.6

a) Jahresüberschuss: 500.000 EUR

b) Cash Flow: 190.000 EUR

Aufgabe 2.7

a) Jahresüberschuss

	Nr.	Geschäftsvorfall	€
	3	Zinsertrag	12.000
−	5	Gehaltsaufwand	156.000
+	7	Verkauf auf Ziel	537.000
−	9	Verlust aus dem Verkauf von Sachanlagen	1.500
+	11	Ertrag und Zahlungseingang von Dividenden	4.500
+	13	Umsatz gegen Barzahlung	138.000
−	14	Abschreibungsaufwand	48.000
−	17	Aufwand und Auszahlung von Zinsen	16.500
+	19	Gewinn aus dem Verkauf von Finanzanlagen	19.500
−	20	Umsatzaufwand	426.000
−	22	Aufwand und Zahlung von Steuern	24.000
=		**Jahresüberschuss**	**39.000**

b) Operativer Cash Flow und Free Cash Flow der Eigenkapitalgeber

	Nr.	Geschäftsvorfall	€
	4	Zahlungseingang wegen Zinsforderungen	10.500
−	6	Zahlung von Gehalt	165.000
+	10	Einzahlungen von Kunden	553.500
−	12	Zahlung an Lieferanten	478.500
+	13	Umsatz gegen Barzahlung	138.000
−	17	Aufwand und Auszahlung von Zinsen	16.500
−	22	Aufwand und Zahlung von Steuern	24.000
=		**operativer Cash Flow nach der direkten Methode**	**18.000**

	Nr.	Geschäftsvorfall	€
+	9	Nettoeinzahlungen aus dem Verkauf von Sachanlagen	27.000
−	21	Auszahlungen zum Kauf von Sachanlagen	124.500
+	18	Nettoeinzahlungen aus Verkauf eines Grundstücks zum Buchwert	76.500
+	19	Nettoeinzahlungen aus Verkauf von Finanzanlagen	33.000
+	11	Ertrag und Zahlungseingang von Dividenden	4.500
+	1	Nettoeinzahlungen aus der Ausgabe junger Aktien	46.500
−	2	Bekanntmachung und Zahlung von Bardividenden	33.000
+	15	Einzahlung aus der Aufnahme kurzfristigen Fremdkapitals	57.000
−	16	Rückzahlung langfristiger Verbindlichkeiten	85.500
=		**Free Cash Flow der Eigenkapitalgeber**	19.500

zu Aufgabe 3.1

s. Kapitel 3.1.1

zu Aufgabe 3.2

a) (durchschnittlicher) Gewinn A = 500

(durchschnittlicher) Gewinn B = 1.500

b) Rentabilität $(r) = \dfrac{\text{(durchschnittlicher) Gewinn vor Zinsen}}{\text{Kapitaleinsatz}} \cdot 100$

$r_A = 10\%$

$r_B = 7,5\%$

c) $\hat{n}_A = 3$ $t_{A_A} = 2,6666$

$\hat{n}_B = 4$ $t_{A_B} = 3,14$

zu Aufgabe 3.3

a) Airfresh: $\hat{n} = 3 = t_A$

Kompofix: $\hat{n} = 4 =$ und $t_A = 3,9$

b) Es ist zu beachten, dass gilt:

Gewinne = Einzahlungsüberschüsse ./. Abschreibungen

Rentabilität $(r) = \dfrac{\text{(durchschnittlicher) Gewinn vor Zinsen}}{\text{Kapitaleinsatz}} \cdot 100$

Airfresh: 16 % $\Rightarrow$ nicht durchführen!

Kompofix: 20 % $\Rightarrow$ durchführen!

zu Aufgabe 3.4

a) (durchschnittlicher) Gewinn Feuerfix $\quad=\quad$ 500

(durchschnittlicher) Gewinn Wassernix $\quad=\quad$ 1.300

b) Rentabilität $(r) = \dfrac{\text{(durchschnittlicher) Gewinn vor Zinsen}}{\text{Kapitaleinsatz}} \cdot 100$

Feuerfix: 16,66 % $\qquad \Rightarrow$ durchführen!

Wassernix: 15,55 % $\qquad \Rightarrow$ nicht durchführen!

Im Vergleich von a) Umkehrung der Vorteilhaftigkeit aufgrund des unterschiedlichen Kapitaleinsatzes.

c) $\hat{n}_F = 5 \qquad t_{AF} = 4{,}525$

$\hat{n}_W = 5 \qquad t_{AW} = 4{,}674$

d) keine sinnvolle Aussage!

e) (durchschnittlicher) Gewinn Feuerfix $\quad=\quad$ 760

(durchschnittlicher) Gewinn Wassernix $\quad=\quad$ 600

f) s.b), Sprinkleranlage wird nicht angeschafft

g) z. B. gesetzliche Auflagen oder notwendig für die Produktion

zu Aufgabe 3.5

s. Kapitel 3.1.6

zu Aufgabe 3.6

s. Kapitel 3.2.1

zu Aufgabe 3.7

Der Vergleich erfolgt über die Barwertberechnung für t_0!

    (1)   50.000,00 EUR

    (2)   52.514,14 EUR

    (3)   51.250,00 EUR

    (4)   52.752,55 EUR

Die Wahl von James fällt auf Alternative (4) mit dem höchsten Barwert.

zu Aufgabe 3.8

a) $r_1 = 14\% \qquad r_2 = 16\% \qquad\qquad r_1 < r_2$

b) IO_1: $\qquad r_1 = 0 \qquad$ und $\qquad K_{01} = 8.400$

$\qquad\qquad K_{01} = 0 \qquad$ und $\qquad r_1 = 14\%$

$\qquad\qquad IO_2$: $\qquad r_2 = 0 \qquad$ und $\quad K_{02} = 6.400$

$\qquad\qquad K_{02} = 0 \qquad$ und $\qquad r_1 = 16\%$

$\qquad$ S: $\qquad\qquad r \approx 9{,}9\%$ und $K_0 \approx 2.170$

c) KZF = 10%

K_{01} = 2.115,70

K_{02} = 2.132,23

$K_{01} < K_{02}$

KZF = 5%

K_{01} = 5.061,22

K_{02} = 4.140,59

$K_{01} > K_{02}$

zu Aufgabe 3.9

a) $BAZÜ_0$ = −4 Mio. EUR

$BEZÜ_1$ = −8,1 Mio. EUR

$BEZÜ_2$ = 7,5 Mio. EUR

$BEZÜ_3$ = 20,7 Mio. EUR

$BEZÜ_4$ = 12,1 Mio. EUR

$BEZÜ_5$ = 14,6 Mio. EUR

b) K_0 = 14,66 Mio. EUR, also Durchführung!

c) falsch!, s. Kapitel 2.2.5

zu Aufgabe 3.10

a) K_{01} = + 10.000 EUR

K_{02} = + 3.500 EUR

IZF_1 = 20%

IZF_2 = 48,5%

IO_1 ist durchzuführen!

b) IZF_S = 15,56%

c) K0 = 49.472,50 EUR + 2.150 EUR = 51.622,50 EUR

da) Konsum IO_1 = 14.500 EUR

Konsum IO_2 = 14.850 EUR

db) Konsum IO_1 = 16.700 EUR

Konsum IO_2 = 16.335 EUR

zu Aufgabe 3.11

a) IZF_1 = 22%

IZF_2 = 25%

IO_2 wird durchgeführt!

b) K_{01} = 18,84

K_{02} = 17,11

IO_1 wird durchgeführt!

c) s. Kapitel 3.1.2.5

zu Aufgabe 3.12
s. Kapitel 3.3.2

zu Aufgabe 3.13
a) K_{0SF} = 277,90' EUR
b) K_{0SF} = 281,46' EUR
c) schnellere Tilgung aufgrund des positiven Leverage-Effektes!

zu Aufgabe 3.14
a) Kapitalwert ohne Steuern

in TEUR	t_0	t_1	t_2	t_3	K_0
IO 1	−1.500	1.000	700	100	**62,73**
IO 2	−1.500	90	800	1.000	**-5,71**

Kapitalwert nach Steuern
Kalkulationszinssatz nach Steuern = i * (1 − s) = 0,1 * (1 − 0,6) = 0,04

IO_1	t_0	t_1	t_2	t_3	K_0
BEZÜ	−1.500	1.000	700	100	
./. Abschr.		−500	−500	−500	
Gewinn		500	200	−400	
Steuern		−300	−120	240	
NEZÜ		700	580	340	**11,58**

IO_2	t_0	t_1	t_2	t_3	K_0
BEZÜ	−1.500	90	800	1.000	
./. Abschr.		−500	−500	−500	
Gewinn		−410	300	500	
Steuern		246	−180	−300	
NEZÜ		336	620	700	**18,60**

b) Die Berechnung macht deutlich, dass der Kapitalwert des Investitionsobjekts 2 bei Berücksichtigung von Steuern positiv wird und im Vergleich auch dem Investitionsobjekt 1 vorzuziehen ist (Steuerparadoxon, s. Kapitel 3.3.2).

zu Aufgabe 3.15

a) $K_0 = 18.946,79$ EUR

b) in 1.000 EUR:

Presse	t_0	t_1	t_2	t_3	t_4
BEZÜ$_{tS}$	−100	+38,75	+33,25	+23,35	+30,50

$e_S = 0,1 \cdot (1-0,45) = 0,055$

$K_{0S} = 11.108,69$ EUR

c) Tilgungsplan:

Zeitpunkt	Geb. Kapital	Zinsen	Tilgung
t_1	60.000,00	4.800,00	18.480,00
t_2	41.520,00	3.321,60	19.958,40
t_3	21.561,60	1.724,93	21.561,60

Presse	t_0	t_1	t_2	t_3	t_4
BEZÜ$_{tS}$	−40.000,00	+17.630,00	+11.464,72	+846,22	+30.500,00

$e_S = 0,1 \cdot (1-0,45) = 0,055$

$K_{0SF} = 12.352,17$ EUR

zu Aufgabe 3.16

Tilgungsdarlehen: **$K_0 = 1.038,56$ €**

in TEUR	t_0	t_1	t_2	t_3	t_4
BEZÜ	−2.000	850	1.100	1.450	1.150
./. Abschr.		500	500	500	500
./. Zinsen		100	75	50	25
Gewinn		250	525	900	625
Steuern		100	210	360	250
Rate		350	325	300	275
NEZÜ		400	565	790	625

Zinsdarlehen mit endfälliger Tilgung: $K_0 = 1.038,56$ €

in TEUR	t_0	t_1	t_2	t_3	t_4
BEZÜ	−2.000	850	1.100	1.450	1.150
./. Abschr.		500	500	500	500
./. Zinsen		100	100	100	100
Gewinn		250	500	850	550
Steuern		100	200	340	220
Rate		100	100	100	1.100
NEZÜ		650	800	1.010	−170

Zinsdarlehen mit endfälliger Tilgung: $K_0 = 1.040,29$ €

in TEUR	t_0	t_1	t_2	t_3	t_4
BEZÜ	-2.000	850	1.100	1.450	1.150
./. Abschr.		500,00	500,00	500,00	500,00
./. Zinsen		100,00	78,50	54,85	28,84
Gewinn		250,00	521,50	895,15	621,17
Steuern		100,00	208,60	358,06	248,47
Rate		315,00	315,00	315,00	315,00
NEZÜ		435,00	576,40	776,94	586,53

zu Aufgabe 3.17

a) **Zerobond 1:**

Kapitalwert: $\quad K_0 = -100.000 + \dfrac{200.000}{1,08^6} = 26.033,93$ €

Annuität: $\quad A = 26.0333,99 \times 1,08^6 \times \dfrac{1,08-1}{1,08^6-1} = 5.631,54$ €

Zerobond 2:

Kapitalwert: $\quad K_0 = -100.000 + \dfrac{182.000}{1,08^5} = 23.866,14$ €

Annuität: $\quad A = 23.866,14 \times 1,08^5 \times \dfrac{1,08-1}{1,08^5-1} = 5.977,43$ €

b) Bei gleicher Höhe des Kredit- und Anlagezinssatzes kann die Vorteilhaftigkeit über die Kapitalwertmethode bestimmt werden.

Zerobond 1: $\quad K_0 = -100.000 + \dfrac{200.000}{1,08^6} = 26.033,93$ €

Fonds MVN:

$$K_0 = -100.000 + \frac{13.000}{1,08^1} + \frac{13.000}{1,08^2} + \frac{13.000}{1,08^3} + \frac{13.000}{1,08^4} + \frac{13.000}{1,08^5} + \frac{113.000}{1,08^6}$$

$$K_0 = 23.111,40 \,€$$

c) Wenn der Kreditzins (8 %) ungleich dem Anlagezins (6 %) ist, kann die Vorteilhaftigkeit über die Ermittlung des Endvermögens berechnet werden. Denn hierbei muss berücksichtigt werden, dass bei der Anlage in den Zerobond, der Anleger seinen Konsum (jährlich 13.000), der beachtet werden muss, über einen Kredit finanzieren muss. Und wenn die Kreditzinsen höher sind als die Anlagezinsen, ist die Vorteilhaftigkeit dadurch zu ermitteln, dass die Anlage mit dem höchsten Endvermögen gewählt wird. Hierbei ist davon auszugehen, dass bei beiden Anlagen die gleiche Summe investiert wird und die Zahlungen von t=1 bis t=5 des Fonds komplett konsumiert werden.

Zerobond 1:

Kreditbetrag bei Endfälligkeit in Periode 6:

$$K_0 = 13.000 \times 1,08 \times \frac{1,08^5 - 1}{1,08 - 1} = 82.367,08 \,€$$

Dieser Betrag wird mit den EUR 200.000 aus Periode 6 saldiert und ergibt daher ein Endvermögen von EUR 117.632,92.

Fonds MVN:

Das Endvermögen des Zerobonds MVN kann der Tabelle entnommen werden: EUR 113.000.

Beim Vergleich der Ergebnisse aus Aufgabenteil b) und c) zeigt sich beide Male die Vorteilhaftigkeit des Zerobonds 1.

Zerobond 1:

$$K_0 = -100.000 + \frac{200.000}{1,08^6} = 26.033,93 \,€$$

$$IZF = 12,25 \,\%$$

Fonds MVN:

$$K_0 = -100.000 + \frac{13.000}{1,08^1} + \frac{13.000}{1,08^2} + \frac{13.000}{1,08^3} + \frac{13.000}{1,08^4} + \frac{13.000}{1,08^5} + \frac{113.000}{1,08^6}$$

$$K_0 = 23.111,40 \,€ \qquad IZF = 13,00 \,\%$$

Fonds MR:

$$K_0 = -30.000 + \frac{-30.000}{1,08^1} + \frac{-30.000}{1,08^2} + \frac{-10.000}{1,08^3} + \frac{2.500}{1,08^4} + \frac{6.000}{1,08^5} + \frac{172.000}{1,08^6}$$

$$K_0 = 22.873,98 \,€ \qquad IZF = 13,12 \,\%$$

Nach der internen Zinsfußmethode erscheint der Fonds MR am besten. Hierbei werden jedoch Wiederanlagenprämissen nicht berücksichtigt. Besser ist eine Entscheidung mit Hilfe der Kapitalwertmethode, welche Zerobond 1 als zu wählende Anlage ergibt. Zudem ist die Kapitalwertmethode kompatibel mit der Zielsetzung des Shareholder Value-Ansatzes.

zu Aufgabe 3.18

a) Kauf

in TEUR	t_0	t_1	t_2	t_3	t_4
BEZÜ		65.150	55.300	66.125	65.600
Abschreibung		−20.000	−20.000	−20.000	−20.000
Verkaufserlös					−1.500
Gewinn		**45.150**	**35.300**	**46.125**	**44.100**
Investition	−100.000				
Steuern		−18.060	−14.120	−18.450	−17.640
NEZÜ	−100.000	47.090	41.180	47.675	66.460

KZFs = 4,2 %

K_0 = 81.634 €

Leasing

in TEUR	t_0	t_1	t_2	t_3	t_4
BEZÜ		65.150	55.300	66.125	65.600
Leasing		**−25.000**	**−25.000**	**−25.000**	**−25.000**
Gewinn		**40.150**	**30.300**	**41.125**	**40.600**
Investition	−100.000				
Steuern		−16.060	−12.120	−16.450	−16.240
NEZÜ	−100.000	24.090	18.180	24.675	24.360

K_0 = 82.337 €

b) Beide Kapitalwerte werden um den gleichen Betrag kleiner, so dass sich die Reihenfolge der Entscheidungen nicht ändern kann. Da die Summe der Wartungskosten mit 50.160 kleiner ist als die beiden Kapitalwerte, kann auch der Abzug der Barwerte der Wartungskosten nicht zu einem negativen Kapitalwert beim Kauf und Leasing führen. Damit ändert sich die Entscheidung aus a) nicht.

zu Aufgabe 3.19

a) $K_{0(n)} \rightarrow$ Max!

$K_{0(5)} = 17.073,62$

$n_{opt} = 5$

b) $K_{0K(4)} = 27.704,62$

$n_{opt} = 4$

zu Aufgabe 3.20

n_{opt} Rumpel I $= 2$

n_{opt} Rumpel II $= 3$

$K_{0K(5)} = 8.094,67$

zu Aufgabe 3.21

a) Endvermögen bei verschiedenen Soll- und Habenzinsen

Finanzplan für Investitionsobjekt					
in TEUR	t_0	t_1	t_2	t_3	t_4
Umsatzerlöse		600,0	500,0	800,0	800,0
Personal		−125,0	−125,0	−125,0	−125,0
Materialauszahl.		−130,0	−143,0	−157,3	−173,0
Sonstige Auszahl.		−15,0	−15,0	−30,0	−30,0
Zinsaufwand		−37,5	−13,1	−2,0	0,0
Zinsertrag		0,0	0,0	0,0	17,1
Privatentnahme		−130,0	−130,0	−130,0	−130,0
BEZÜ		162,5	73,9	355,7	359,1
Fremdkapital	250,0	87,5	13,6	0,0	0,0
Eigenkapital	0,0	0,0	0,0	342,0	**701,1**

Anlage am Kapitalmarkt					
in TEUR	t_0	t_1	t_2	t_3	t_4
	1.000,0	1.050,0	966,0	877,8	785,2
Privatentnahme		−130,0	−130,0	−130,0	−130,0
Endvermögen		920,0	836,0	747,8	**655,2**

Das Endvermögen im Rahmen der Investition beträgt bei einer Differenzierung in Soll- und Habenzinsen TEUR 701,1. Sofern der Investor sein Eigenkapital zu 5 % am Kapitalmarkt anlegt, erhält er im Jahr t=4 TEUR 655,2. Die Durchführung des Investitionsobjekts ist somit vorteilhaft.

b) Endvermögen bei einem Durchschnittszinssatz von 10%

Finanzplan für Investitionsobjekt					
in TEUR	t_0	t_1	t_2	t_3	t_4
Umsatzerlöse		600,0	500,0	800,0	800,0
Personal		−125,0	−125,0	−125,0	−125,0
Materialauszahl.		−130,0	−143,0	−157,3	−173,0
Sonstige Auszahl.		−15,0	−15,0	−30,0	−30,0
Zinsaufwand		−25,0	−7,5	0,0	0,0
Zinsertrag		0,0	0	0,5	36,3
Privatentnahme		−130,0	−130,0	−130,0	−130,0
BEZÜ		175,0	79,5	358,2	378,2
Fremdkapital	250,0	75,0	0	0,0	0,0
Eigenkapital	0,0	0,0	4,5	362,7	**740,9**

Anlage am Kapitalmarkt					
in TEUR	t_0	t_1	t_2	t_3	t_4
	1.000,0	1.100,0	1.067,0	1.030,7	990,8
Privatentnahme		−130,0	−130,0	−130,0	−130,0
Endvermögen		970,0	937,0	900,7	**860,8**

Das Endvermögen steigt bei einem Durchschnittssatz von 10% auf TEUR 740,9. Sofern der Investor sein Eigenkapital zu 10% am Kapitalmarkt anlegt, beträgt sein Endvermögen im Jahr t=4 TEUR 860,8. In diesem Fall führt die Alternativanlage zu einem höheren Endvermögen, so dass die Durchführung der Investition nicht vorteilhaft ist.

zu Aufgabe 3.22

a) $K_{0(n)} \rightarrow$ Max!

$K_{0(4)} = +238,77'$

$n_{opt} = 4$

b) in 1.000 EUR

	t_1	t_2	t_3	t_4
BEZÜ$_t$ o. V.	445	185	350	400
BEZÜ$_t$ m. V.	1.220	785	775	500

$e_S = 0,2 \cdot (1-0,5) = 0,1$

$K_{0(4)} = +161,91'$

$n_{opt} = 4$

zu Aufgabe 3.23

s. Kapitel 3.4.2.

zu Aufgabe 3.24

s. Kapitel 3.5.1, wobei die Kritik an den Prämissen ansetzt.

zu Aufgabe 3.25

a) Durchführung von IO_1 und IO_2 mit der Finanzierung durch den Kredit; Konsum in $t_1 = 34,50$ GE.

b) Durchführung von

$IO_1/IO_2/IO_3/IO_4$

mit

$FM_1/ FM_2/ FM_3/ \frac{1}{2} FM_4$

zu Aufgabe 3.26

a) Durchführung von

$IO_2/IO_1/IO_4$

mit

$FM_4/FM_2/FM_3$

b) Anwendung des Opportunitätskosten-Gedankens

zu Aufgabe 3.27

s. Kapitel 3.5.1.2 und 3.5.1.3. Die cut-off-rate ist immer ein Zinssatz; der cut-off-point immer ein Kapitalbetrag.

zu Aufgabe 3.28

s. Kapitel 3.5.2.1

zu Aufgabe 3.29

s. Kapitel 3.5.2.1 mit Hilfe des C_0/C_1-Diagramms.

zu Aufgabe 3.30

s. Kapitel 3.5.2.3 mit Hilfe des C_0/C_1-Diagramms.

zu Aufgabe 3.31

a) Schnittpunkte mit der Abszisse: 144 GE

    Schnittpunkte mit der Ordinate: 269 GE

b) i_H = 10 %: I^* = 64 GE und $R(I^*)$ = 176 GE

                   Koordinaten (80/176)

    i_s = 37,5 %: I^* = 100 GE und $R(I^*)$ = 220 GE

                   Koordinaten (44/220)

c) C_1 = 1,375 C_0 + 286

   C_0 = 104 GE

   C_1 = 143 GE

zu Aufgabe 4.1

s. Kapitel 4.2.1

zu Aufgabe 4.2

a) K_0 = 2 Mio. oder IZF = 15 %   →   vorteilhaft

b) K_0 = –3 Mio. oder IZF = 12,5 %   →   nicht vorteilhaft

c) 80 Mio.

zu Aufgabe 4.3

s. Kapitel 4.2.2

zu Aufgabe 4.4

s. Kapitel 4.2.2

zu Aufgabe 4.5

a) K_{0U} (10.000)   –30.578,51 EUR

   K_{0U} (18.000)   +24.958,68 EUR

b) $x_{kritisch}$ U   →   14.405 Stück

                  Z   →   16.134 Stück

c) $p_{kritisch}$ U   →   10,80 EUR

                  Z   →   10,03 EUR

zu Aufgabe 4.6

s. Kapitel 4.2.3; denken Sie daran, dass es sich um 6 Stufen handelt.

zu Aufgabe 4.7

s. Kapitel 4.2.3

zu Aufgabe 4.8

a) $\mu_1 = 14$

$\mu_2 = 24$

$\mu_3 = 24$

Der Entscheider ist indifferent zwischen den Investitionsalternativen a_2 und a_3.

b) $\sigma_1 = 2$ $\Phi_1 = 13{,}6$

$\sigma_2 = 13{,}2$ $\Phi_2 = 21{,}36$

$\sigma_3 = 15{,}9$ $\Phi_3 = 20{,}82$

Der Entscheider wählt bei Zugrundelegung der Präferenzfunktion

$\Phi = \mu - a \cdot \sigma$ die Investitionsalternative a_3.

zu Aufgabe 4.9

s. Kapitel 4.3.3

zu Aufgabe 4.10

s. Kapitel 4.3.3.3; denken Sie an die Anzahl der in den einzelnen Planungsmethoden einbezogenen Strategien!

zu Aufgabe 4.11

a) $K_{0(n)} \rightarrow$ Max!

$K_{0(1)} = +3.000$ EUR

$K_{0(2)} = +11.000$ EUR

b) Optimale Strategie:

Investition in t_0 und Weiterführung in t_1, wenn Gute Ertragslage

oder Verkauf in t_1, wenn Schlechte Ertragslage

$K_0 = +5.800$ EUR

zu Aufgabe 4.12

s. Kapitel 4.4.1

zu Aufgabe 4.13

s. Kapitel 4.4.4. Effizient sind unendlich viele Portefeuilles; optimal ist für jeden Entscheider aber nur ein einziges Portefeuille.

zu Aufgabe 4.14

(1) $\rho_{A,B} = -1$

(2) $\rho_{A,B} = +1$

(3) $-1 < \rho_{A,B} < +1$

zu Aufgabe 4.15

$$\mu_A = 5{,}25$$

$$\mu_B = 7{,}2$$

$$\sigma_A^2 = 6{,}3625 \qquad \sigma_A = 2{,}52$$

$$\sigma_B^2 = 4{,}585 \qquad \sigma_B = 2{,}14$$

$$\text{cov}_{rA,\,rB} = -1{,}375$$

$$\rho_{A,\,B} = -0{,}255$$

zu Aufgabe 4.16

a) $\mu_{P1} = 0{,}2 \qquad \mu_{P2} = 0{,}225$

$\sigma_{P1} = 0{,}148 \qquad \sigma_{P2} = 0{,}221$

b) Ausgangspunkt ist die Formel für das Risiko eines Portefeuilles.

x_A wird durch $(1 - x_B)$ ersetzt und dann nach x_A abgeleitet.

$x_A = 0{,}143$ und $x_B = 0{,}857$

$\mu_P = 0{,}164 \qquad \sigma_P = 0{,}088$

zu Aufgabe 4.17

a) s. Kapitel 4.4.1 bis 4.4.4

b) s. Kapitel 4.4.5

c) Gesamtabweichung in M: 400.000 GE

$\mu_M = 0{,}15 \quad \triangleq \quad 45.000$ GE

$\sigma_M = 0{,}10 \quad \triangleq \quad 40.000$ GE

zu Aufgabe 4.18

s. Kapitel 4.5.1

zu Aufgabe 4.19

s. Kapitel 4.5.6

zu Aufgabe 4.20

a) s. Kapitel 4.5.5

b) Mit dem Betafaktor wird das Risiko einer Investition nicht isoliert gemessen, sondern im Vergleich zum Marktrisiko. β-Faktoren von Unternehmen der Versorgungsbranche haben z.B. einen β-Wert von 1,2, wohingegen Unternehmen der High-Tech-Branche z.B. einen β-Wert von 2,0 aufweisen. Dies bedeutet, dass dann, wenn sich der Markt um 1% verändert, die Versorgungswerte lediglich um 1,1% steigen oder fallen, aber die Wertpapiere aus der High-Tech-Branche um 2% steigen oder fallen. Die Volatilität bzw. Schwankung der Unternehmen aus der High-Tech-Branche ist höher, da das systematische Risiko dieser Unternehmen höher eingeschätzt wird. Dieses höhere Risiko resultiert aus einer höheren Schwankung der Einzahlungsüberschüsse dieser Unternehmen aufgrund ihrer größeren Anfälligkeit bei Konjunkturschwankungen. Bekanntlich werden bei schlechter Konjunktur zuerst die Investitionen in High-Tech-Produkte zurückgeführt, wohingegen der Energieverbrauch eine bestimmte Basisgröße – unabhängig von der Konjunktur – nicht unterschreitet.

c) Unternehmen mit einem hohen Verschuldungsgrad weisen stärker schwankende Einzahlungsüberschüsse auf als Unternehmen mit einem niedrigerem Verschuldungsgrad und damit ein höheres Risiko. Das höhere systematische bzw. β-Risiko kann ebenfalls auf Konjunkturrisiken, Währungsrisiken oder politische Risiken zurückgeführt werden. Fallende Nachfragen aufgrund dieser genannten Risiken führt in der Regel zu niedrigeren Umsatzerlösen bei allen betroffenen Unternehmen, allerdings sind Unternehmen mit einer höheren Verschuldung stärker betroffen, weil die fest zu zahlenden Kreditzinsen die positiven Einzahlungsüberschüsse stärker reduzieren. Außerdem können die genannten Risiken die Höhe der Kreditzinssätze ebenfalls negativ beeinflussen.

zu Aufgabe 4.21

a) $\mu_i = 10{,}4\,\%$

b) $\sigma^2_M = 0{,}3125$

c) $\mu_i = 10{,}7\,\%$

   $K_0 = 4{,}79$

zu Aufgabe 4.22

a) $\beta_A = 0$ $\mu_A = 7\,\%$ IO_A nicht durchführen!

a) $\beta_B = 0{,}5$ $\mu_B = 8{,}5\,\%$ IO_B durchführen!

a) $\beta_C = 2$ $\mu_C = 13\,\%$ IO_C nicht durchführen!

a) $\beta_D = 0{,}83$ $\mu_D = 9{,}49\,\%$ IO_D durchführen!

a) $\beta_E = 0{,}9$ $\mu_E = 9{,}7$ IO_E nicht durchführen!

zu Aufgabe 4.23

s. Kapitel 4.6.2

Literaturverzeichnis

Albert, Günther: Betriebliche Personalwirtschaft, 10. Aufl., Ludwigshafen 2009.

Blohm, Hans/Lüder, Klaus: Investition, 9. Aufl., München 2006.

Born, Karl/Dietz, Friedhelm: Unternehmensanalyse und Unternehmensbewertung, 2. Aufl., Stuttgart 2003.

Brealey, Richard A./Myers, Stewart C./Allen, Franklin: Principles of Corporate Finance, 9. Aufl., Boston 2009.

Brost, Heike /Dahmen, Andreas/Lippmann, Ingo: Corporate Banking, 6. Aufl., Frankfurt 2008.

Dahmen, Andreas: Kompaktstudium Wirtschaftswissenschaften, Band 6: Finanzierung, 3. Aufl., München 2007.

Franke, Günter/Hax, Herbert: Finanzwirtschaft des Unternehmens und Kapitalmarkt, 6. Aufl., Heidelberg 2009.

Freeman, Robert E.: Strategic Management: A Stakeholder Approach, Boston 1984.

Heinhold, Michael: Investitionsrechnung, 8. Aufl., München/Wien 1999.

Koller, Tim/Goedhart, Marc/Wessels, David: Measuring and Managing the Value of Companies, 5. Aufl., New York 2010.

Kruschwitz, Lutz: Investitionsrechnung, 12. Aufl., Berlin 2009.

Oehlrich, Marcus/Dahmen, Andreas: Betriebswirtschaftslehre: Eine Einführung am Businessplan-Prozess, 2. Aufl., München 2010.

Perridon, Louis/Steiner, Manfred/Rathgeber, Andreas W.: Finanzwirtschaft der Unternehmung, 15. Aufl., München 2009.

Pflaumer, Peter: Investitionsrechnung, 5. Aufl., München/Wien 2009.

Rappaport, Alfred: Selecting Strategies That Create Shareholder Value, in: Harvard Business Review, May-June 1981, S. 139-149.

Rappaport, Alfred: Creating Shareholder Value: The New Standard for Business Performance, New York 1986.

Rappaport, Alfred: Creating Shareholder Value. A Guide for Managers and Investors, 3. Aufl., New York 1998.

Schmidt, Reinhard H./Terberger, Eva: Grundzüge der Investitions- und Finanzierungstheorie, 4. Aufl., Wiesbaden 1997.

Süchting, Joachim: Finanzmanagement, 6. Aufl., Wiesbaden 1995.

Swoboda, Peter: Investition und Finanzierung, 5. Aufl., Göttingen 1996.

Sachverzeichnis